银龄时代——中国老龄社会研究系列丛书

杜 鹏 主编

现代性与中国的家庭及养老

曹 婷/著

图书在版编目(CIP)数据

现代性与中国的家庭及养老 / 曹婷著. -- 北京 : 中国人口出版社, 2019.12

(银龄时代 : 中国老龄社会研究系列丛书 / 杜鹏主编)

国家出版基金项目

ISBN 978-7-5101-7020-1

Ⅰ.①现… Ⅱ.①曹… Ⅲ.①家庭社会学-研究-中国②养老-家庭问题-研究-中国 Ⅳ.①C913.11 ②D669.6

中国版本图书馆 CIP 数据核字(2019)第 289480 号

现代性与中国的家庭及养老

XIANDAIXING YU ZHONGGUO DE JIATING JI YANGLAO

曹 婷 著

责任编辑 张宏文
装帧设计 刘海刚
责任印制 林 鑫 单爱军
出版发行 中国人口出版社
印　　刷 北京柏力行彩印有限公司
开　　本 787 毫米×1092 毫米 1/16
印　　张 16.5
字　　数 190 千字
版　　次 2019 年 12 月第 1 版
印　　次 2021 年 1 月第 2 次印刷
书　　号 ISBN 978-7-5101-7020-1
定　　价 68.00 元

网　　址 www.rkcbs.com.cn
电子信箱 rkcbs@126.com
总编室电话 (010)83519392
发行部电话 (010)83510481
传　　真 (010)83538190
地　　址 北京市西城区广安门南街 80 号中加大厦
邮政编码 100054

目　录

第一章

家庭与现代性

本章探讨了现代性与家庭结构和老年人家庭的赡养功能变化之间的关系。为了深入了解这一关系,本章对家庭的概念与现代性的发展、现代性的主要特征及其对家庭结构和功能的影响等主要领域进行了回顾和批判性的探讨。回顾有关现代性的文献可以让我们更加了解社会经济状况的改变,以及被视为现代社会经济发展主要过程的个人价值观、信仰和行为的转变过程。通过回顾现代性的定义和发展,有助于从理论和实证两个方面对家庭的变迁进行全面的阐述,从而为本书的其他章节奠定理论基础。

1.1　何为家庭

家庭也许是人类社会中最重要的个人支持网络。从不同的角度来看,许多学者试图对家庭的概念做出界定,但都未能给出一个可适用于所有社会的定义。例如,乔治·默多克(George Murdock)指出,家庭是一个社会群

体。这个群体至少包括了两名成年成员。他们共同生活、分享资源、一起工作和抚育子女(Murdock,1949)。凯瑟琳·高夫(Kathleen Gough)则将家庭定义为“已婚夫妇或其他成年亲属群体。他们在经济上和抚育子女方面相互合作,在一般情况下所有人或大多数人共同居住”(Gough,1971)。在以上定义中,家庭的组成至少包含共同居住、经济上合作、抚育子女等内容,而血缘及亲属关系则说明了家庭成员之间的联系。然而,有学者认为,这类对于家庭的定义过于狭隘,而且各国之间存在差异。例如,一些学者认为,经济上合作、养育子女已不再是家庭的主要职能,因此,也不再是建立一个家庭的目的所在。其他学者则认为家庭是社会上最重要的情感支持。此外,由于许多新的家庭类型已经开始出现,如单亲家庭、无子女家庭、同居家庭等,家庭的定义似乎变得相当复杂和多种多样。正如迪姆(Diem)所描述“家庭的定义取决于谁来回答这个问题”(Diem,1997)。他列举了社会学家、一般国家和普通人的家庭概念,并得出结论,家庭定义之间的差异可能是由于其包含了许多不同的因素和定义的目的。因此,对于家庭的定义因文化和历史界限的不同而有所差异。

凯瑟琳·艾伦(Katherine Allen)则进一步指出:“我们对家庭过程和结构的洞察力受到我们自己角色的影响(特别是家庭成员),取决于我们所研究的对象,我们所认知及所关心的影响因素(Allen,2000)。”家庭的定义应当与我们意识形态上的差异有关,且随着社会的发展而改变。因此,不可能得出一个普遍的适合所有国家和情况的定义(Trost,1990;Allen,2000)。与此同时,该领域的许多专家放弃对家庭给出一个准确且细致的普遍性定义,转而尝试接受家庭的多样性,基于个人独特的家庭经历对家庭的发展和认知提供更多的经验证据。例如,学者戴维·齐尔(David Cheal)使用“families”一词取代“family”,以强调现代社会中家庭的多样性(Cheal,1993)。他进一步解释,“家庭”取决于不同个人对家庭这个词语本身的认知。这一观点也得到了其他学者的认同。例如,印第安纳大学的布赖恩·

鲍威尔(Brian Powell)和他的团队进行了一项研究,试图从被调查者个人的角度去看家庭定义的发展。从2003年到2010年的三次研究中,2 300位美国群众被访问到关于他们眼中家庭的定义。其研究结果发现,随着时间的推移,家庭的定义正变得越来越宽泛和具有延展性。虽然约98%的受访者仍持认同传统意义上对于家庭的定义——由一对已婚的异性夫妇及他们的未婚子女组成,但其他的家庭形式,例如同性夫妇及他们收养的子女、未婚同居等,也被部分受访者所接受且视为其家庭成员。

上述对家庭定义的讨论表明,对家庭的认识经历了一个持续的、从简单到复杂的过程。早期对家庭的社会学定义更多地强调了家庭的经济功能,之后转向对于不同文化和历史背景的认同,进而与个人对家庭的认知及其定义的目的相联系。可以说,越是在现代社会,对于家庭的定义越是复杂及难以确定,这是因为"家庭"不仅包含了专家学者做出的解释,也包含了普通个人对于家庭的认知。与其对"构成家庭的确切定义"或者"由谁组成家庭"等问题做出回答,不如把重点放在不同文化和历史背景下去考虑家庭结构的共同点与不同点,进而对这些共同点和不同点进行理论分析和应用研究。基于以上认识,联合国对家庭作出了如下总结:

家庭是社会最自然和最基本的群体组织。在现代社会,虽然家庭的功能和所承担的角色有所改变,但是家庭提供了最重要的情感和物质支援,而这些对于家庭中个人的福祉及发展都非常重要(United Nations,1996)。

1.2 现代性的概念

"现代性"是社会学的核心概念之一。据美国著名学者吉登斯(Giddens)所说,"现代性"指的是"17世纪以来欧洲出现的社会生活或组织模式,这些模式后来或多或少地影响到全世界"(Giddens,1990)。对现代性

和现代社会制度的产生的解释和分析是多种多样的。从马克思(Marx)和涂尔干(Durkheim)到韦伯(Weber),都曾经对现代性的过程做出了不同的解释。他们的思想至今仍具有影响力,并为现代社会理论奠定了基础。例如,涂尔干提出了两种基本的社会类型,即"传统"和"现代",后者创造了一种新的有机团结(organic solidarity)。这与以机械团结(mechanical solidarity)为基础的传统社会形成了鲜明对比(Durkheim,1984)。韦伯则探讨了工业化和资本主义在西欧的出现,并从观念、态度和价值观念的不同模式对传统社会和现代社会进行了区分(Weber,1971)。

今天,随着现代性在世界各地的不断扩展,人们提出更多的术语来进一步说明这一转变,其中一些术语用来形容新型社会制度的出现,如"信息社会"(information society)或"知识社会"(knowledge society),但其中大多数学者建议使用与"现代性"更密切相关的概念,如"后工业社会"(post - industrial society)、"后现代主义"(post - modernism)、"后资本主义"(post - capitalism)来解释最近更为普遍的社会变化。在某种程度上,这些术语与概念在涉及世界范围内的社会发展时,是彼此密切相关的。然而,这些术语及其概念因其不同的侧重点和不同的含义而引起了关于社会生活的概括和社会发展模式的广泛辩论。更常见的是,鉴于究竟什么是现代社会,什么不应该被称为现代社会,目前还没有被普遍接受的概念,这些争论似乎更多地集中在哲学和认识论的层面上。在很多情况下,我们似乎过于关注社会科学中的类型学(typology),但实际上对当代世界的复杂特征一无所知。正如吉登斯所主张的,"仅仅创造新的术语是不够的……相反,我们必须重新审视现代性(的概念)本身,因为某些原因,它迄今在社会科学中并没有得到很好的理解"(Giddens,1990)。

基于以上讨论,对于现代化及其影响的相关研究来说,与其用一个前后不一致的现代概念,或者所谓的"后现代"或"后现代性",不如采取一种不同方式,用一个更笼统的术语来解释现代性的关键特征。这是因为现代性作为一种新的生活范式,融合了现代社会经济发展的主要过程,并比以往的社会形式具有更显著和更深远的影响。

1.3 现代性的内涵

尽管社会学家们提出了有关现代性的不同的观点和主张,但人们普遍认为,一个复杂的现代社会在几个关键方面与以往任何类型的社会秩序不同,其发展所产生的重大影响远远超出了其起源地欧洲(Gidden、Duneier & Appelbaum,2002)。一些理论家认为,现代性的出现与一系列的结构和制度发展有关。"现代"社会的若干结构性特征包括社会流动性的增加、大众媒体的发展和传播、结构性分化的趋势以及教育机构和其他社会机构的出现。同时,现代性被看作一个不断建构的过程,具有鲜明的社会、经济和政治特征。

20 世纪 50 年代和 60 年代占主导地位的古典现代化理论以及社会学的理论传统,包括涂尔干和韦伯的理论,在其著作中,都明确地指出了现代性的核心和本质、现代社会结构以及伴随而来的新的结构、制度和文化发展的特征。现代性的流动特征可以用资本主义经济制度的结果来解释,资本主义经济制度刺激了生产的增长,提高了生产力,并刺激了对技术创新和资本设备的再投资。然而,对涂尔干来说,资本主义竞争并不是新兴工业秩序的核心要素(Giddens,1990;Calhoun,2002 年)。他进一步指出,现代生活和社会制度的迅速变化源于复杂的社会分工,在这种分工中,人们并不是按照资本主义的需求,而是按照工业社会秩序,基于个人的才能并得到相应的回报。

韦伯在其著作中也谈到了资本主义,但使用的术语却完全不同。他认为现代社会是以资本主义制度为中心的。"资本主义"这个词语本身所指的是理性化、世俗化和觉醒的过程,以及对传统的权威形式和对世界旧的

理解方式的终结(Habermas,1985)。韦伯认为,“理性资本主义”不仅包括劳动商品化等经济机制,而且代表了一种新的思维方式(Macionis,2012)。

值得留意的是,古典理论家,例如涂尔干和韦伯,似乎都致力于寻找推动社会发展或超越变革动力的一种单一的主要力量用以解释现代性的本质。事实上,正如吉登斯所说:“我们不应把这些因素视为相互排斥的特征。我认为,在制度层面上,现代性是多层面的,不同于传统所规定的每一个要素都发挥了一定的作用(Giddens,1990)。”在这种观点下,任何试图简单化的对于现代性的阐述——仅仅关注一个或两个方面的变化,都是有问题的,并且有潜在的缺点。因此,现代性的本质需要考虑其涵盖的一系列广泛的社会、经济和政治后果。

事实上,随着社会现代性的新看法和理解加深了我们在更广泛意义上对发展的认识。以下是对当代大多数理论家所提出的现代性理论所做出的一个简要概括。

1. 至今为止,还未形成任何统一的且被广泛接受的关于“现代性进程”的普遍概念。现代世界并非如现代化古典学派理论家所希望的那样遵循一定的发展阶段。相反,通往现代性的道路可能是多元性的,而非单一的线性演化。各个国家和地区由于多种因素,例如起点的差异、外部力量(如战争和灾害)的影响、多种文化以及不同的历史条件,都可能有不同的发展途径(Norlan & Lenski,1999)。在不同的历史时期,每一个特定的社会都有可能经历了结构性的转变,而这些转变并不一定完全遵循西方模式。

2. 人们逐渐认识到,现代社会可能以各种形式出现,可能由其独特的文化传统、历史经验和特定的社会经济条件所形成。正如艾森施塔特(Eisenstadt)所言,“在许多非西方社会,它们毫无疑问是现代的,但又是独特的,它们几乎没有意愿去模仿西方,或者称赞西方所引以为傲的品质”(Eisenstadt、Riedel & Sachsenmaier,2001)。这些社会在其政治结构、经济制度、价值和文化制度上各不相同。最近,许多社会学家提出“多元现代性”一词,并且对古典的现代化理论以及当代社会趋向于融合的观点进行了批驳(Eisenstadt、Riedel & Sachsenmaier,2001)。

3. 文化特质与社会发展的总体格局密切相关。在不同的社会中,社会机构和文化结构的形式可能各不相同。例如,英格尔哈特(Inglehart)和韦尔泽尔(Welzel)在对 80 多个社会的研究中发现,文化和价值的变化是"路径依赖的"(Inglehart & Welzel,2005)。一方面,现代性的力量往往带来长期的价值变化,如"性别角色的改变,对权威态度的转变,改变的两性关系,更具有批评性以及不易领导的公众"(Inglehart & Welzel,2005)。然而,另一方面,每个社会仍具有其独特价值体系,仍然深受其文化传统的影响。因此,虽然价值观可能发生变化,并朝着相类似的方向发展,但它们继续反映了一个社会独特的文化体系和传统。

4. 现代性具有"普遍性"和"独特性"的双重特征。虽然不同社会可能具有不同的意识形态和文化特征,但大多数现代社会都有一些核心特征。例如,在社会和经济领域,现代社会的特点是较高的工业化程度、城市化水平、文化教育水准以及收入水平上升和职业专业化程度增加。在政治领域,人们对权威的态度正在发生改变,政治参与也变得更为广泛。但与此同时,现代社会仍具有不同的意识形态和制度活力,这也是一个广泛的事实。例如,许多社会国家在走向现代的同时,其独特的政治和经济制度也随之发展。

5. 现代性是多种维度的,包括制度等不同的层面。例如,吉登斯将现代性描述为:"(1) 对于世界的一种态度,认为世界可以通过人类的干预而改变;(2)一套复杂的经济体系,尤其是工业生产和市场经济;(3)一套政治制度,包括民族国家和大众民主。正是由于以上这些特点,在很大程度上,现代性比以往任何类型的社会秩序都更具活力"(Giddens,1997)。这对于更好地理解现代性,反思现代世界的制度和结构特征具有非常重要的意义。

现代性的概念无可否认是非常复杂的，因为它在本质上具有反思性、多样性和可变性。显然，对于正在经历经济飞速增长和社会迅速变化的国家来说，很难依靠一种普遍的现代性观点来描述这些转变。在人们逐渐认识到现代性和当代社会的复杂性的同时，有必要将这种变化与人们如何看待自己的生活及其与社会的关系联系起来。虽然人们对现代性仍然有不同的思想和观念，在一定程度上引发了关于现代社会的主张和实际发生情况之间的讨论，但现代性仍然被大多数学者视为社会迅速变化的重要原因。

1.4 现代性及其对家庭的影响

如上所述，“现代性”一词的定义，由于涉及经济、政治和哲学领域等不同学科，作为一个社会科学的概念来说仍存在许多定义方面的困难。然而，最近关于现代性的讨论逐渐开始涉及一个范围较窄的定义，即侧重于每一个具体领域的变化。今天，在家庭的形式及其发展方向上具有许多新的趋势，虽然不能说这些改变都应该归因为现代性，然而，现代性无疑是当中至关重要的原因之一（Cheal，1991；Giddens，1992；Morgan，1996，1999；Stacey，1996）。如果要了解现代性对家庭的影响，则必须清楚认识与之相对应的前现代社会的家庭。

1.4.1 现代性及其对家庭结构的影响

一般而言，前现代社会被描述为家庭和亲属关系作为社会生活的基本组织原则的一个阶段。吉登斯对前现代社会（或者说传统社会）作出了3种主要形式的区分，分别是狩猎采集社会（hunting and gathering）、农业社会（pastoral and agrarian）以及前工业化社会（non - industrial civilizations）

(Giddens,1997)。从历史文献记载及研究来看,家庭在传统社会所呈现的是“扩大的形态”(extended form)。如社会学家阿伦斯伯格(Arensberg)和金布尔(Kimball)在他们的著作《爱尔兰的家庭和社会》(*Family and Community in Ireland*)一书中所描述的,这种典型的扩展式家庭通常很大,包括两代或以上的亲属。除此之外,家庭中强调男子的绝对地位,因为财产的继承通常是父系的。在农业合作中,父亲与儿子的关系也是雇佣与被雇佣的关系(Arensber & Kimball,1968)。

在传统社会中,家庭的建立通常和农业生产与生活连在一起,家庭也是经济生产的单位。在自给自足的经济条件下要求对农业知识,例如气候条件、温度等有所掌握。因为年长的一辈(通常也是土地的拥有者)有着丰富的农业知识,所以他们也是家庭的领导者。从文献来看,家庭的组成通常比现代我们称之为“核心家庭”(nuclear family)的结构要大一些,这也是之所以称这样的家庭为“扩展式”的原因。一个典型的“扩展式”家庭包括夫妇、子女以及祖父母,有时也包括未结婚的兄弟姐妹。

虽然在很多文献及研究中,一些学者认为扩展式家庭在前现代社会并不普遍,但是绝大多数学者仍然认同保持一个扩展式的结构能够给家庭当中的个体提供很多支援及帮助。例如:

1. 在缺乏社会福利的社会,个人的生存和发展在很大程度上取决于家庭及亲属关系,家庭在个人的日常生活中有着非常重要的作用。例如,由于缺乏社会福利及其他专门的社会机构,家庭成员的生、老、病、死都需要由家庭来承担。家庭在提供支援和帮助,特别是抚育幼儿,照顾年长的家庭成员方面都发挥着重要的作用。

2. 在高死亡率和高伤残率的社会,扩大的亲属结构有利于扶助个人。亲属和邻里能够给个人提供持续的经济及心理支援。除此之外,高死亡率令很多孤儿需要从他们的亲属那里得到帮助。

3. 在传统社会,一个扩展式的家庭结构相对于核心的家庭结构要更为

稳定。这是因为在以农业为主的经济模式中,家庭通常也是生产的单位。夫妇、子女需要协作劳动才能保持家庭经济的持续和稳定。而共同居住和生活能够分担必要的家庭开销,从而减少支出,促进家庭生产力的发展。

4. 由于传统社会中个人的社会地位更多取决于家庭背景,因而家庭也承担着知识和经验的传承作用。在这样的背景下,一个扩大的家庭结构有助于帮助家庭中的个人获取更多的资源,从而达至个人的成功。

正是出于以上原因,扩展式的家庭结构在传统社会能够适应社会经济,促进个人发展,从而能够成为一个相对稳定的社会结构及履行相应的社会功能。尽管这样的家庭结构在社会变革和发展的影响下经历了上升和衰退的过程,但它仍然在不同的情景和条件下为家庭中的个人提供了支持。然而,随着现代性的出现,前现代社会中占主导地位的"扩展式"家庭逐渐被核心家庭所取代。一个典型的核心家庭由父母和与其有血缘关系或者其收养的子女组成。核心家庭是现代工业社会的典型家庭形式(Parsons,1965;Parsons & Bale,1955)。

著名社会学家帕森斯(Parsons)在其著作中阐释了家庭在现代化过程中的转变及其原因。在帕森斯看来,随着现代性的兴起,核心家庭取代了传统社会的扩展式家庭形式,成为最适应现代社会发展的主流。在关于社会发展的理论叙述中,帕森斯提出社会进化的过程包含了结构性分化,这使得家庭及亲属结构不再承担一系列广泛的责任。取而代之,很多专业机构,例如商业机构、学校、医院、警察局、教堂承担了原本家庭所承担的功能。除了帕森斯,威廉·古德(William J. Goode)在其著作《世界革命及家庭形态》(*World Revolution and Family Patterns*)一书中也提出,现代化和工业化趋向削弱扩展的家庭及亲属结构。虽然他认为"如果出于意愿,个人仍然能够保持扩展的家庭结构",但是核心家庭仍然是现代社会占主要地位的家庭形式(Goode, 1963)。

根据帕森斯和古德的理论，以下内容解释总结了家庭变化的这种过程：

1. 家庭的变化并不是简单、直接以及线性地从传统向“现代”的发展。传统的模式可能会逐渐削弱或者变得相对不那么重要，而后者则变得更为普遍。古德的研究发现，上层阶级更有可能维持“扩展的”大家庭，因为“统治阶级和精英阶层对高层职位的任命有重要影响，保持家庭关系具有重要的经济意义”(Goode，1963)。然而，在现代社会中，较小的家庭结构毫无疑问则更为普遍。

2. 现代社会高度的地域流动破坏了扩展的亲属制度，使得家庭系统普遍走向“某种形式的婚姻制度”(Goode，1963)。古德和安德森(Anderson)都得出了同样的结论。他们认为核心家庭的形成符合现代经济体系的要求，并与社会其他部分有着功能上的联系。例如，现代工业系统要求专业化的分工，也需要劳动力保持较大的地域流动性。因此，许多具有专门技能的工人是大城市发展所需要的，人才被吸引到城市。这种分工和流动性的要求削弱了家庭之间的联系，但同时也使得配偶之间相互依赖。此外，帕森斯还认为，在现代工业社会中，个人人格的稳固化是家庭的主要功能之一。

3. 许多曾经由家庭所履行的职能已被学校、商业公司、医院和其他专门机构等外部机构所取代。1949 年初，默多克(Murdock)曾经将家庭在社会中的四大基本功能定义为：性功能、生殖功能、经济功能和教育功能(Murdock，1949)。古德则指出，人们不能指望从大量的亲属那里获得帮助，而扩展的亲属网络也不能再指望从情感上得到维持(Goode，1964)。

4. 在一个“地位可获得”的社会中，家庭和亲属群体对其成员的贡献较少。任何现代工业企业的一个主要特征都是以能力作为雇佣劳动的基础。这在前工业社会是不可能发生的，因为一个人在家庭和亲属群体中的地位通常决定了他/她的工作。相比而言，在现代社会中，一个父亲不能决定儿子未来的职业。帕森斯进一步指出，在这种情况下，冲突往往发生在一个比核心家庭更大的家庭关系中。在这种情况下，年轻人可能会选择一个

"新的"住所。另外一种可能的解释是工人阶级的家庭成员为了实现向上流动,需要花更多的时间在工作中,并学习和接纳新的社会阶层的生活方式、态度和价值观。以上这些原因都会减少个人对家庭和亲属的依赖。

从以上的观点来看,核心家庭被描述为适应现代工业社会要求的家庭形式。其论点所阐述的一些结论至今仍然被广泛接受,如在社会地域流动率高的社会,工作地点从家庭转移到工厂、商店和办公室。"工资"的出现使得家庭中的个人(大部分为男性)承担了养家的责任且面对越来越大的竞争压力。义务教育的引入则使得识字率得以提升,最终导致传统的扩展家庭削弱和核心家庭逐渐崛起。

然而,上述核心家庭的观点受到了其他学者的质疑。学者们提供了众多案例研究,以表明核心家庭长期以来一直是占主要地位的家庭形式(Laslett,1972,1977;Anderson,1971)。一些学者认为,工业化的早期阶段扩展家庭的数量不但并未减少,反而是增加了(Roberts,1985;Anderson,1971)。帕森斯和古德可能过于简化了家庭发展的一些变化和方向。然而,近代的研究表明,世界各地的核心家庭数量和所占百分比日益突出,从扩展家庭到核心家庭的发展在世界范围内是一种普遍性的转变。

除了帕森斯和古德关于核心家庭及其与工业化和现代性的关系的论述之外,一些学者仍然对现代社会是否存在普遍的核心家庭存疑(Young & Wilmott,1973;Litwak,1960;Allan,1985;Willmott,1987)。一些学者认为,核心家庭的结构并不足以代表家庭和家庭生活中所发生的所有变化。除了结构上的改变,家庭成员之间的关系及互动也应当引起注意。例如,杨(Young)和威尔莫特(Willmott)通过对英国的家庭从传统社会到20世纪70年代的追踪研究发现,现代社会的家庭虽然是以核心为主的结构,但是家庭成员内部的互动和关系已经发生了转变。在《对称的家庭》(*The Symmetrical Family*)一书中,杨和威尔莫特认为,家庭有4个发展阶段。在现代工业社会发展的两个阶段分别是早期工业家庭和"对称家庭",前者将其亲属网络扩展到了包括核心家庭以外的亲属，而后者则是核心家庭结构以及以夫妇为核心的家庭结构（Young & Willmott，1973）。对称家庭被认为是继核心家庭之后成为最适应现代社会家庭形式的另一个重要阶段。在这本著作中，杨和威尔莫特提出了这一时期影响家庭的两个最主要的发展，而这两个发展很少在学术界被讨论。首先，他们论述了从 19 世纪下半叶开始对所有儿童所实行的义务教育问题。这一变化带来了两个损失：儿童可能获得的收入以及用于儿童教育的新支出。另外，他们注意到妇女地位的缓慢改善（Young & Willmott，1973）。他们分析了就业和生产力部门的数据，发现了妇女就业比例与 19 世纪后半期一样保持不变。这两个现象引发了态度和行为的变化，导致了女权主义、更有效的节育、大众消费和家庭科技的发展。与此相适应的生活模式就是作者所称的对称家庭。

所谓的"对称"是指男女在家庭中相对平等的地位。虽然斗争和冲突仍然存在，但在逐渐"对称"的影响下，从长远来看，家庭内部出现了一种新的女权主义状态。义务教育和推迟生育为妇女提供了外出工作的机会，这反过来又引发了更大的对称，因为尽管妇女在就业市场上经历了经济上的不平等以及因此而导致双方不平等的延迟，但妇女仍能为家庭收入做出贡献。此外，最令人感兴趣的一点是，逐步接受传统和现代的节育技术与中产阶级妇女争取法律上平等的大声疾呼一样，两者都引发了社会变革。所有这些变化几乎都反映在家庭生活的每一个方面：两性平等、子女数量减少、教育机会和妇女就业机会增加。

这本书对家庭社会学的另一个重要的理论贡献是分层扩散原则（principle of stratified diffusion）。杨和威尔莫特表示，家庭的未来发展在很大程度上将取决于技术的发展。此外，杨和威尔莫特创建了一个解释这些变化的理论，即分层扩散原则。这意味着"许多社会变革从上层开始，逐渐向下扩散"。工业化为人们提供了更高生活水准的可能，从而导致了道德、态度和期望的变化，这些变化由中上阶层逐渐向下扩散。这意味着今天有些人

所做的事，也许是未来其他人会做的事。与杨和威尔莫特一样，一些学者也批驳了帕森斯所提出的“独立核心家庭”(isolated nuclear family)的概念。他们认为，应该用新的术语来解释适应现代社会的家庭形式，以及更准确地描述亲属关系的范围。“改良的扩展家庭”(modified elementary family)(Litwak，1960)、“改良的基础家庭”(modified elementary family)(Allan，1985)以及“分散的扩展”(dispersed extended)(Willmott，1987)即是学者所提出的用来描述家庭生活的术语。

如今，经济和社会的变化促成了家庭在结构和居住方式等方面的急剧变化。20 世纪 80 年代和 90 年代的相关社会学研究更加强调家庭和亲属关系的改变。在过去的几十年里，婚姻破裂(表现为离婚率上升)有所增加。随着双薪家庭的增加，已婚妇女在很大比例上开始从事家庭以外的有偿工作。以出生率和死亡率下降为特征的人口变化增加了老年人在总人口中的比例，从而影响到家庭和亲属关系。未婚同居、单亲、晚婚和婚外生育都对家庭和家庭生活构成了挑战。今天的家庭结构及其模式比 50 年前要多样化得多。

一些学者提出，传统家庭形式的削弱和家庭多样性发展是全球趋势的一部分(Rapoport、1989、Demo & Acock，1993；Stancey，1996)。核心家庭虽然仍然是现代社会占比例最高的家庭类型，但是对于很多人来说核心家庭仅仅是一生所经历的可能选择之一(Kiernan & Wicks，1990；Silva & Smart，1999)。近年来，关于某一特定家庭类型会成为主导地位的假设不再适用。虽然人们对于是社会经济发展带来了家庭的变化，还是家庭在某种程度上对社会变革和家庭多样性做出了贡献，仍然存在分歧，但许多新的解释被研究者们提出。

吉登斯在《亲密关系的转变：现代社会中的性、爱和情欲》(*The Transformation of Intimacy：Sexuality，Love and Eroticism in Modern Societies*)一书中指出，亲密关系的本质在现代性的最近阶段发生了重大而深刻的变化。他认为,融合在一起的爱和纯粹的关系是现代性发展的一种趋势,这有可能在男女之间建立更加平等的关系。他认为,制度性的自反性(institutional reflexivity)在创造自我认同方面起着重要作用,从而给人们提供了比过去更多的生活方式选择（Giddens,1992）。贝克(Beck)和贝克 - 格尔舍姆(Beck - Gernsheim)也得出了同样的结论。他们认为,家庭不再以一种被所有人普遍接受的特定形式而存在。人们不再受责任和义务的约束,而具有更大的独立性,因而他们在家庭生活中追求更令人满意的关系。然而,贝克和贝克 - 格尔舍姆将这一过程解释为个人化,而不是自反性的原因,并认为这是由现代性所导致的结果,而且并不是悲观主义所决定的。他们认为,个人化并不等同于个人主义。个人化指个体开始塑造自己的个性和身份并对其社会生活方式进行反思。吉登斯、贝克和贝克 - 格尔舍姆似乎为家庭形式的多元化和传统家庭模式的衰落提供了理论解释。他们认为,现代社会所发生的重大变化可以看作现代性发展的特征,对理解当今的家庭观念具有重要的意义。

不同于吉登斯、贝克和贝克 - 格尔舍姆,其他社会学家虽然赞成个人有更多的家庭选择和家庭形式的多样,但他们认为导致这些变化的原因是不同的。例如,一些学者试图避免使用特定的词语,如现代性和后现代性,来区分家庭发展的各个阶段。相反,他们认为家庭是一个持续不断的变化过程,且在变化的过程中有很大的重叠（Morgan,1996;Williams,2005）。现代性与家庭研究的方法应建立在经验数据的基础上,而不是强调对于特定时期“典型”家庭结构的辩论。

1.4.2　现代性及其对家庭功能的影响

从“功能主义”的解释来看,家庭的功能和结构是相互适应的,结构的“扩展”伴随的是功能的多样化。简单来说,在一个传统的社会,家庭所要履行的功能也是“扩展”的，包括生育（reproduction）、保护（protection）、社会化（socialization）、性行为的规范（regulation of sexual behavior）、亲情和友情（affection and companionship）、社会地位的提供（provision of social status）6大核心功能（Ogburn & Tibbits，1934）。然而，随着现代性，特别是工业化、城市化的发展无疑给家庭带来了挑战和冲击，在这样的条件下，家庭的结构和功能也随之发生改变。

帕森斯等功能主义者解释了占绝对地位的核心家庭结构与工业化进程有关的时候，功能主义者也提出了家庭履行职能的丧失。在“结构性分化”（structural differentiation）理论中，随着工作从家庭的分离，学校、医院、福利机构和企业等机构成为提供相关服务的专门社会机构，家庭也随着时间的推移，从生产单位逐渐转变为消费单位。然而，这并不意味着家庭的重要性已经下降。相反，在去除了生产职能之外，家庭在另外两项主要职能中变得更加专业化：年轻人个性的社会化（socializing the personalities of young people），以及成年人性格的稳定（stabilizing the personalities of adults）（Parsons，1965）。类似的观点也得到了其他社会学家的支持，他们同样认为在现代工业社会中，曾经由家庭承担的大量功能已经基本消失（Young & Willmott，1973；Popenoe，1993）。然而，所有学者都认为家庭仍然是支持家庭成员的重要组织。

除此之外，其他学者则认为家庭以外的机构并没有削弱家庭的功能，而是更加专业化以及更为重要（Flectcher，1966；Delphy & Leonard，1992）。例如，弗莱彻（Flectcher）指出，家庭有3项基本职能：为性需求和活动提供稳定的环境、生育和抚育儿童以及提供稳定的家庭环境。尽管他承认家庭失去了作为生产单位的功能，但其消费功能仍然存在。从女权主义的角度来看，德尔菲（Delphy）和伦纳德（Leonard）虽然承认工业化创造了新的生产单位，但她们认为家庭正以更高的标准在履行一些生产职能。家庭中的许多工作并没有得到承认，因为它们是无报酬的，且通常由妇女来完成。

上述研究主要集中在功能主义观点的讨论，即以现代工业社会中家庭所丧失的功能作为出发点。尽管这种观点受到来自其他学者的挑战，但无可否认的是，功能主义者的观点仍然影响深远。然而，20 世纪 80 年代和 90 年代的研究则从另外的角度出发，并以“家庭衰退”作为日益激烈的辩论的焦点。支持者认为，家庭结构和功能明显下降，从而产生了负面的后果，导致离婚、单亲，并特别影响到儿童和老年人等相对需要依赖家庭成员的群体的心理、社会和经济福祉。例如，普雷斯顿（Preston）认为，家庭已经放弃了越来越多的赡养老年人的责任，就像 20 世纪 60 年代他们不再照顾儿童那样。然而，波普诺（Popenode）指出，至少在两个方面，家庭的重要职能无法被取代：养育子女和向其成员提供亲情和陪伴。此外，学者们还认为，纯粹的结构性方法只提供了部分解释，更重要的是，个人基于自身利益而非集体目标的世界观日益盛行。他们声称，追求自利的目标被普遍认为是个人的一项独有和公认的权利。因此，家庭放弃了越来越多的赡养家庭成员的责任（Preston，1984；Popenode，1993）。

“家庭衰落”假设的依据是，近几十年来核心家庭结构的下降，以及与之伴随的离婚率以及单亲子女家庭的比例上升。然而，有学者认为，这一假设主要是基于核心家庭的居住安排所做出的。除此之外，它不包含超出共同居住界限的其他的家庭功能的重要方面（Bengston，2001），例如，莱利所称的“潜在亲属关系”（Riley and Riley，1993），以及本斯顿所强调的家庭中的几代人对其成员的情感和经济支持的考虑（Bengtson，2001）。

过去几十年中，随着科学技术的进步，现代化的发展促进了全世界预期寿命的增加和死亡率的下降。毫无疑问，家庭迅速而深刻的转变会引起社会忧虑，尤其是照顾老年人方面。正如斯泰西（Stacey）所指出的那样，当代西方家庭形式和安排是“多样化的、流动的以及未解决的”（Stancey，1996）。这为我们思考未来家庭为适应迅速变化的世界而履行职能的可能性和可得性创造了空间。因此，有关照顾长者的家庭功能的讨论，将会变得更加刻不容缓。

1.5 本研究的目的及研究假设

1.5.1 研究的目的

随着现代性的兴起,中国似乎正在经历一系列的自适应过程。与此同时,在大致遵循早期发展中国家的发展模式的同时,中国有其独特的历史和文化经验。相比英国和其他欧洲国家(作为18世纪后期和20世纪初现代性最早出现的地区),中国走向现代的道路起步较晚,但速度却快得多。近年来,特别是改革开放以来,中国经历了大量的工业增长、快速城市化和巨大的文化变革,这些变化塑造了"近代中国"(Babkina,1997;Moody,1995)。然而,说中国社会的特殊文化和经济特征已经消失显然是错误的。中国现代性的历史是一个持续适应和发展的过程,人们对新的经济和社会条件作出反应,而不是完全放弃旧的做事方式。文化和社会经济层面塑造了人们为适应其在社会中的新作用和责任而做出的调整。在这个意义上,有必要根据现代性和社会变革理论,以及中国在通往现代的道路上所拥有的特定文化和历史特征,对中国的现代性过程做出回顾和反思。只有这样,才能为我们提供一个更全面和更具动态的观点去了解现代性。

在考虑文化和经济差异时,人们质疑西方学者提出和发展的关于现代性与家庭变化之间关系的理论是否适用于中国社会,西方文化与中国文化在塑造现代家庭的过程中有何不同,回答这些问题需要用一个全面的视角来看待中国的现代性进程和基于经验证据的家庭转变。此外,为了了解人们如何应对"变化",并做出调整,除了仔细回顾工业化和城市化等一般进程之外,还必须了解人们对家庭生活、家庭的形成以及对老年成员提供支持的观点和实际行动。本研究试图将宏观转型和微观的某些特定因素结合起来,从选择—适应的视角(geo - adaptation perspective)[①]出发,描述人们在适应现代性的同时,如何改变他们的信仰、价值观和行为,以及改变他们与家庭成员的关系和家庭生活的过程。研究的主要目的是探讨社会经济快速发展对家庭结构变化的机制的影响,以及中国家庭在养老支持方面的改变。为达到以上目的,本研究提出的问题如下:

1. 在现代性的影响下,中国家庭的结构和家庭对老年人的支持功能转变的主要因素是什么?

2. 这些因素如何影响中国家庭的动态发展(表现在宏观和微观层面的家庭结构及家庭赡养的改变)?

3. 家庭成员在应对外部的变化和挑战过程中,如何适应和处理不断变化的家庭关系,特别是对老年家庭成员的支持和照顾?

1.5.2 现代性与中国家庭变化的假设

现代性的影响间接地与家庭结构和功能的变化有关。家庭的各种形式和功能取决于人们的各种适应策略。

在宏观层面上,工业化和资本主义极大地促进了经济的发展,这体现在 GDP 的快速增长、商业资本制度的创新和新技术的运用等方面。城市化改变了中国一些现代城市劳动力的比例结构。越来越多的农村年轻人离开家乡,去城市寻找更好的机会;频繁的人口流动改变了不同地区的人口分布。乍一看,政治制度的结构和本质并没有颠覆性的改变,但在经历现代性的进程时,中国却没有像大多数西方国家那样遵循同样的发展道路。然而,在政策的制定和决策过程方面所发生的重大变化极大地影响了社会

① 本研究所采用的分析框架来自扎根理论(ground theory),选择—适应的方法则主要基于经验数据得出。

中个人之间的关系。政府政策在很大程度上影响到婚姻和家庭的组成。例如,中国计划生育政策促进了晚婚和晚育,更重要的是,导致出生率大幅下降。

在20世纪下半叶,以东亚为代表的非西方社会,在现代性的某些关键方面出人意料地超越了西方的榜样。今天,关于现代性的理论和新的经验证据在许多方面补充了理论研究,但社会经济发展对社会、文化和政治变革将产生重大影响这一基本规律是正确的,而且这些影响反过来又塑造了家庭。中国的现代性虽然呈现出与其他西方国家不同的道路,但却带来了普遍的影响,导致了基本的经济、社会和文化变革。同时,由于不同文化和传统的差异,现代性的后果及其对家庭的影响可能要复杂得多。这一过程既反映了一般的发展模式,也反映出不同个体之间的差异。

基于以上考虑,本研究的假设如下:

1. 在现代性的影响下,基本价值观、信仰和对家庭的行为可能走向类似于西方国家的现代模式。然而,与此同时,中国独特的文化传统和历史经验可能仍然存在并影响家庭生活。

2. 在不同的社会经济条件和现代性水平下,中国个体家庭的结构和老年人养老功能各不相同。因此,不能就此推断出现代地区的家庭形式可能反映了欠发达地区未来将出现的生活模式,但它可能预示着未来发展的趋势。

3. 通往现代性有多种途径,且可能与家庭结构和老年人家庭照顾的不同结果相关。关于婚姻和家庭的社会政策对家庭的结构和照料功能产生了极大的影响,从而影响到当今在中国家庭所出现的巨大变化。

在微观层面,人们选择不同的适应策略以应对社会中的巨大变化。心理学家通常提到4种基本的适应心理模式来描述个人在面对环境变化时的价值观、思想和行为的变化(Yang,1998)。简单地说,人们通常会抵抗、适应、应付或退出他们遇到的变化。而在实际中,采取一种或多种适应模式是比较普遍的。然而,值得提出的是,相关的心理学理论更强调个体对自然和社会条件的被动适应,而导致人们改变其价值观、思想和行为的机制是多维的,充满了矛盾和妥协。

家庭形成了一个良好的环境,用以观察人们在现代性中的价值观、思想和行为的变化。东亚地区,特别是中国,通常被认为父母与已婚子女共同居住的比例较高(Leung,1996;Jones,1993)。与西方国家相比,直系和扩展的家庭形式仍然占据了较高百分比。人们认为子女有责任照顾他们的年长父母,这已成为社会的普遍共识。近年来的调查也显示,传统家庭价值观在中国仍然持续存在(Leung,1996)。从相关数据上看,核心家庭的比例仍然占据了绝大部分,然而同时也有越来越多的个人单独居住(唐灿,2005;王跃生,2006)。在城市地区,女性生育的子女数更少。这可能是因为今天的年轻人有更多的自由来选择他们所希望的家庭形式,而相对较少受到父母的干预。正因为如此,一些学者声称,中国家庭是"现代的",西方家庭过去所经历的一些变化在当代中国也显而易见(Chan,1997)。以上观点是近年来关于中国家庭讨论的主要焦点之一。然而,学术界对上述论点的必然性和普遍性仍存有疑问。本研究认为,以上对于中国家庭变迁的看法都过于简单化了,因为其仅仅强调了中国家庭的变化的某些方面,而家庭的动态变化过程以及对于老年家庭成员的支持可能是多样化的,需要更深入的分析和探讨。

当人们面临巨大的改变时,选择—适应的视角可以用来解释中国家庭变化的驱动力。在某种程度上,个体差异也是宏观社会发展的结果。例如,现代生产方式导致了更复杂的社会分工,由此而改变了个人的不同社会经济状况,从而影响到人们在应对各种挑战中所做出的决策。城市化使得人口流动变得更加普遍。一些人迁移到城市,而另一些人则留在了家乡。因此,在个人层面上,家庭变化既反映了宏观变革的结果,也反映出个人所经历的具体条件的差异。面对现代性所带来的结果,个人的适应

策略因人而异。例如,个人在面对不同的社会、经济和个人条件时,高收入家庭、中产家庭及低收入家庭的生活大有不同。同样,人们对不断变化的环境和条件会选择不同的家庭模式和生活方式。选择—适应的视角能够帮助我们探讨人们面对改变时如何做出反应,包括个人如何改变他们的价值观、信仰、家庭生活中的行为,以及个人如何适应变化,甚至抵制和逃避这样的改变。

基于此,本研究提出以下假设:

4. 个人的条件差异很大程度上决定了一个人所选择的家庭生活类型。个体差异,如社会经济条件、家庭关系、生活经历和收入水平等,都会影响家庭的结果以及对老年人的照顾和支持。

5. 家庭变迁是一个充满矛盾和妥协的连续而复杂的过程。理论上,一个人的行为与其信仰、思想和价值观密切相关,但在实践中,个人的思想和行为可能在某种程度上是分离的。在为老人提供家庭照顾方面,家庭成员的能力和意愿可能并不一致。

第二章

研究的方法论和数据收集的方法

本研究的目的是从宏观层面——社会文化、政治和经济因素，以及微观层面——个人的适应策略探讨现代性对家庭变化的影响，并通过对案例的探讨来解释这些过程。为了达到以上目的，本研究将采用探索性策略来对相关数据进行探讨及分析。收集数据的类型包括定量数据（主要通过实地调查以及统计资料来获取）和定性数据（深度个人访谈）。鉴于研究的性质，本研究的方法分为两个主要的过程：采用定性的方法回顾中国历史上的家庭变迁，对中国香港、北京和云南地区的案例进行分析以解释家庭在不同现代性水平上的变化。

以下为本研究的两个主要过程（见图 2－1）。

2.1 选择香港、北京市、云南文林村为研究案例的理论依据

在本研究中，我们选取了中国的三个地区来代表社会经济发展的三个

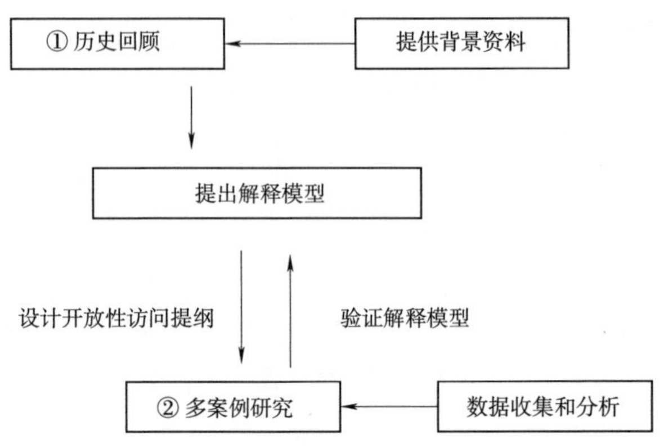

图 2-1　研究的两个主要过程

不同阶段。这三个地区的案例将被用来检验本研究所提出的相关概念以及理论框架。以下部分将对选择中国的香港、北京、云南文林村作为研究案例进行分析和比较的原因从理论和实践上进行描述。

第一，云南可以作为一个前现代和欠发达的地区，而北京和香港则代表着两个正处于现代化过程，或者说已经具有高度现代化的地区。在此可进一步理解为北京作为正在经历现代化的城市代表，以及香港作为已经高度现代化的城市。云南文林村与北京、香港的比较，是基于古典社会学中传统与现代社会的二分法概念（dichotomous conception of traditional as against modern societies）。如艾森斯塔特（Eisenstadt，1974）指出："几十年来，无论对这种类型学提出了何种方法以及实质性批评（而且这些批评非常多），但它们在很长一段时间内主导了关于这一问题的研究，并创作了一幅传统和现代社会的图景。"从这一角度看，云南的传统与北京和香港的现代形成对比，有助于理解不同社会经济条件下社会和家庭的发展。特别是当考虑到某些微观层面时，例如，个人的社会经济和行为特征，传统和现代的二分法有助于反映宏观社会结构（制度特征）对家庭动态的影响。因此，这已经成为解释现代家庭结构和照顾功能转变的一种有效方法。

第二，在认识到社会有可能通过多种途径实现现代性的同时，现代性研究领域正在从其经典的普遍性模式转向强调历史现象和社会进程的文化特性(Eisenstadt et al. ,2001)。从这个意义上说,香港与北京的比较为研究这两个不同体制下的现代性发展提供了一个非常好的机会。特别是当我们把研究的重点放在这两者的结构条件上时,例如政府在经济发展和福利提供方面的作用,这两种制度之间的差别就会变得显而易见。在两种不同的体制下,不同的现代性途径极大地影响了家庭和亲属组织所面临的主要问题和挑战,从而形成了各自独特的反应和适应策略。因此,两者的比较有助于我们了解不同政治制度下的现代性发展经验,以及这些经验如何影响家庭对老年人的照顾。

此外,云南、香港和北京也是中国独特的社会、政治和价值体系的典范,而中国家庭正是在这些体系中扎根而不断发展的。当我们认可现代社会不再在先验秩序中经历同一条道路发展的事实,多种现代性形式的存在也得到了越来越多的承认。在这一背景下,本研究并未将云南、北京和香港看作处于线性发展的不同阶段,而是将它们视为处于不同的现代性水平。因此,本研究不仅回顾了过去几十年来三种不同条件下的发展历史,而且强调了它们在特定时间内的横向比较。对于前者,本文描述了现代性及其相应的变化,为三种情境下不同形式的现代性发展提供了经验证据。对于后者,本文对现代性的一些主要指标进行了比较,且本文认为处于不同现代性水平的社会具有某些核心特征。从这个意义上说,云南、北京和香港的比较可以为相似的社会经济和政治条件下的国家或者地区提供参考。

除了理论上的考虑,在决定研究地点的选择时也有实际的考虑。对于云南,本研究将一个彝族村落选为研究对象,主要是因为其不发达的社会经济特征和独特的文化特征。在云南的禄劝地区,大部分彝族人仍然从事农业,有一小部分在山区饲养牲畜。相对孤立的环境造就了一种相对传统的社会结构,语言、文化和习俗相对没有受到外界的影响。本书的作者在云南生活了近 18 年,并与居住在偏远地区的彝族人有过多次接触。正

是由于这些经历，作者本人对这个彝族村落的社会经济背景、生活特点都较为了解，并有机会深入村庄，而这也使得作者本人对他们在家庭生活中所面临的许多变化更为敏感。

香港和北京是本研究所选择的另外两个地区。在社会经济发展和文化价值方面，它们在许多方面有所不同。这两个地区的选择是基于条件抽样的标准（purposive sampling criteria）和研究对象的可行性。正如上文所述，香港是在资本主义制度下发展的城市，而北京则是处于社会主义制度下经济高速增长的时期。一般认为这两地都是以儒家的孝道伦理为基础且受其影响，但政治制度却各不相同。例如，150 多年的殖民统治将西方文化和价值观带入香港社会，加速了香港的现代性进程，而北京的快速变化则更多地反映了经济发展的影响。

总之，历史回顾对中国家庭在历史上的变迁动态有着重要的启示。同时，在实际案例分析的基础上，本研究运用多案例比较的方法对中国家庭进行了分析。多案例的设计基于理论上的考虑，也对于获取不同现代性水平上的家庭发展模式很有必要，特别是当用来分析人们的态度和行为变化时特别有用。虽然这种研究方法可能不能描述中国家庭的总体变化，但它可以满足一般比较和探索性研究的目的。

2.2 历史研究的方法论

2.2.1 为什么要进行历史研究

本研究的中心前提是，老年人的家庭结构和照顾功能在不同的现代性水平上表现出不同的模式。这一观点在文献中得到了一定的支持，但如果要应用于中国，还需要进一步的经验证据。从这个角度看，历史回顾是非常必要的，因为它有助于我们了解在不同的社会、经济和政治条件下家庭结构和功能的变化，并因此构建一个用来解释不同历史背景下的差异和相似之处的一般模型。此外，通过追溯中国家庭的起源，有助于解释在历史进程中的中国家庭的变化以及决定家庭结构和社会功能的主要因素。通过对中国家庭变迁的回顾，亦可以发掘在家庭研究中仍未得到充分了解和忽视的问题，从而为理解现代中国家庭提供一个新的视角。

另外，回顾中国家庭历史的另一个重要原因是，它为了解中国独特的文化和历史背景提供了一个良好的契机。家庭发展就是这方面的主要例子。正如在文献中所见，孝道对于中国家庭的发展和家庭成员之间的关系显得尤为重要。纵观中国历史上孝道的发展历程，可以看出，家庭价值观的内容在不同的历史阶段是有区别的。价值观的发展并不是一个忽然发生的变化，而是一个渐进的过程。这些改变不仅影响着人们与老年家庭成员沟通的方式，也影响了人们对于家庭的看法。随着社会经济和政治条件的变化，以上因素都对中国家庭产生了非常特殊的社会影响。因此，当我们谈论中国近代家庭变迁时，其独特的文化和历史传统是不容忽视的。

2.2.2 数据的收集方法

本研究采用定性和定量数据的组合来提供支持性证据，以满足对数据“相互验证”(triangulation)的需要。在这项研究中，收集了四种类型的历史证据，包括首要资料、次要资料、官方记录和回忆资料。历史研究的目的在于从宏观历史的角度来了解中国家庭结构和老年人照顾的变化，并通过实证来解释其变化的原因。因此，这一时期的首要数据来源是官方记录、历史文献或相关文章，其次则是历史学家和其他研究人员在这一领域所出版的书籍和文章。其他记录则主要包括政府所公布的数据，以及基于个人的关于过去生活或经历的回忆。以下是历史回顾过程中详细的资料来源情况：

(1)首要资料。已发表和未发表的书面文件是最为重要的首要资料来源(Neuman,2003)。在本研究中,书面文件提供了有关历史时代或作为比较的背景资料。这些资料描述了不同朝代的相关技术、文化信仰、习俗和社会制度。一些经典的历史记录包括《史记》和《礼记》。此外,为获得更丰富的历史全景,历史学家们所著关于中国历史的一些书籍也将作为阅读和收集的资料。此外,由于在史前时期,即旧石器时代和新石器时代,关于社会结构的书面证据很少甚至没有,因此考古记录中的证据也将作为重要的资料来源。

(2)次要资料。次要资料的来源主要包括史学家以及中国家庭研究领域的专家著述。在历史回顾中使用次要资料的一个原因是历史学家的著作提供了大量的细节描述,可作为过去家庭生活的证据。此外,这些著作也包括中国学者所写的文学作品。这些文学作品在很大程度上反映了当时生活的一些代表性的场景。在本研究中,二手的数据资料在数据的收集中起着非常重要的作用。

(3)官方记录。官方记录包括政府报告和相关组织或政府部门所保存的统计文件,其中包含普查和调查报告。在本研究中,官方记录主要来自人口登记、家庭调查方面的官方报告,以及其他相关研究机构所进行的几项社会调查的统计数据。此外,其他数据还包括从试点项目或方案所获得的信息。

2.3 多案例分析的方法论

2.3.1 多案例研究方法的介绍和依据

案例研究是通过收集涉及多个信息来源的详细数据,对一个或几个社会现象实例(案例)进行深入研究的过程(Creswell,2003,2007;Babbie,

2007)。它取决于研究的性质和研究问题,案例研究的目的可能是描述性的、解释性的或者是探索性的。与其他定性研究方法相比,案例研究不适合于科学的概括,而适合于对一个或多个案例进行深入的理解和详细的分析。通常采用案例研究设计的研究有两种类型:单一案例研究和多案例研究,或集体案例研究。当研究人员专注于一个问题并选择一个案例来说明问题时,单个案例研究可能是合适的。另外,对几个案例的深入研究可以得出解释性的见解,例如研究者试图在某种背景或环境下说明不同案例之间的差异时(Yin,1994;Stake,1995)。

本研究试图了解家庭在相应的社会经济条件下的变化,并解释这些过程是如何进行的。在第一阶段分析中提出的模型和理论论证的基础上,第二阶段研究的目的是为家庭变迁的现象提供丰富的例证。正如斯塔克(Stake)所指出的那样,"案例研究是一种很好的方法,如果研究人员有明确的例子,并提供例子的详细描述或几个例子的比较"(Stake,1995)。因此,多案例研究方法在本研究的第二阶段是合适的,因为它符合研究的目的和性质。

2.3.2　研究设计及程序的概述

在一项案例研究中通常包括若干程序(Stake,1995;Creswell,2003,2007):(1) 寻找理论命题,将松散的理论或概念框架规范化,以便将所要收集的数据和提出的初步问题联系起来;(2) 采用初步的模型或理论作为基础,确定抽样的依据并决定研究中的分析单元;(3)通过观察、访谈和文件等多种方法选择收集信息和数据案例;(4) 使用适当的策略对结果进行对比分析。这些一般程序是在多案例设计中的单案例研究时进行的。具体来说,Yin (1994) 提供了进行多个案例研究的更多详细步骤(见图 2-2)。

采用 Yin (1994)所建议的多案例研究方法作为一般程序,此项研究的步骤可归纳如下:

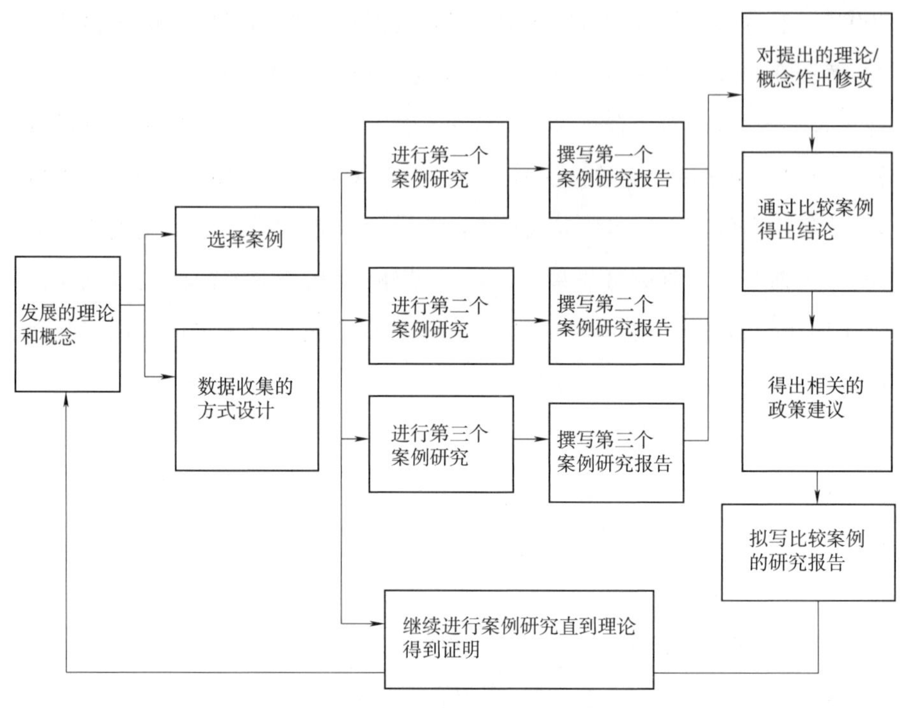

图 2－2　多案例研究的程序

来源:R. K. Yin (1994). *Case Study Research*: *Design and Method* (2 *nd ed.*). Thousand Oaks, CA: Sage.

注:为配合此项研究要求已作出适当修改。

首先,根据历史回顾和一般概念形成框架,提出与家庭结构和照顾老年家庭成员有关的若干研究问题。通过适当的抽样方法,选择证明理论模型的关键性的检验案例。本研究选取了云南、北京和香港三个代表不同现代性水平的地域。对研究问题、分析单元、数据收集方法以及分析策略进行初步设计。透过观察、深入访谈、资料分析等数据收集方法从这三个地域收集数据。数据收集后,每个案例(云南、北京和香港)将会被详细描述并进行分析,有时也称为案例内分析(within - case analysis)。之后是跨案例的专题分析,有时也称为交叉案例分析(cross - case analysis)。不同程度的现代性以及老年人的家庭结构和养老功能的变化将作为分析的主要内容,用以比较不同案例当中所具有的特点和实证结果。最后,将对案例的结论进行解释,并将其作为初步的实证证据来检验理论框架。此外,如果实证分析未能证明所提出的理论框架,则将提供另外的替代说明以及对理论进行进一步完善。

2.3.3 研究的抽样及分析单位

在多案例研究中,研究样本的选择通常是有目的性的,因此有时也被称为目的抽样或判断抽样(Yin,2003;Creswell,2007)。这种类型抽样的主要目的并不是对人口进行统计推断,而是收集资料丰富的案例,用以澄清和加深对所研究现象的理解。在本研究中,为了获得关于不同社会经济条件下的中国家庭的丰富信息并进行比较,采用目的抽样的方法来选择研究样本。研究选取云南、北京及香港作为社会经济发展的不同阶段,其分析单位是与这三个地区有关的家庭,特别是其主流的家庭类型将是本研究的主要对象。由于研究的目的是比较三种环境下老年人的家庭结构和养老功能,因此样本的选择是基于家庭结构的变化,如家庭成员的居住安排。其中,有关老年父母的家庭结构和功能的转变与比较将是研究重点。

2.3.4 数据来源和收集方法

该项多案例研究中的数据收集不限于任何单一类型的证据,不同的数据来源将提供有关背景和研究对象的广泛信息。使用多种证据来源将允许数据和方法的“相互验证”,这将提供探索相同研究问题的多种方法,并通过多个证据来源支持案例研究的事实,从而使研究结果及结论更准确和具有说服力(Yin,2009)。Yin(2003,2009)在研究中指出,在多案例研究中可以收集数据的六种来源:文献、档案记录、访谈、直接观察、参与者观察和相关物品记录。在这项研究中，数据收集主要包括以下四种证据来源。

1. 访谈。半结构性访谈（semi - structured interviews）是个案研究中最重要的证据来源之一，用来描述复杂的互动和过程，并提供关于受访者的行为、认知和观点的丰富信息。此项研究的访谈分为两部分。第一部分包括简短的有关个人背景的问题，包括个人资料，如年龄、性别、受教育程度和家庭构成；第二部分则是关于被访者的家庭经历的开放式问题。每次采访的信息都将在获得被访者许可的前提下录音。这些录音之后再被转录成文字。本研究收集了以下两种访谈的数据。

（1）普通家庭被访者的深度访谈。开放式访谈（Open - ended interviews）的重点是受访者对家庭生活的个人体验，以及他们对老年家庭成员家庭支持的看法。为提供更广泛的关于个人家庭的信息，本研究采用目的或理论抽样的方法从不同的家庭类型中选择个体。具体来说，研究选取了30名来自不同家庭类型的60岁及以上的长者和32名年龄在18～55岁的成年子女，以了解他们对不同家庭结构及照顾年长父母的不同看法。表2-1总结了不同家庭类型在香港、北京、云南的案例分布情况。此外，被访谈者被要求解释和描述他们或其成年子女是如何以及在何种条件下给老年父母或家庭成员提供的实际帮助。

表2-1　不同家庭结构的案例分布

家庭类型	60岁及以上长者			18～55岁的成年子女		
	云南	北京	香港	云南	北京	香港
核心家庭	1	0	4	5	9	8
直系家庭	5	3	2	3	2	1
扩展家庭	3	0	0	2	0	1
单人/独居家庭	0	1	1	0	0	0
空巢家庭	1	6	3	0	0	0
总计	10	10	10	10	11	10

(2)专家访谈。为了更好地了解上述三个地区大众的普遍观点、态度及其行为变化,此研究共进行了八次专家访谈(其中三次在云南,三次在北京,两次在香港),访谈对象主要是家庭研究和养老领域的专家以及政府相关政策制定者,内容主要包括在三个不同地区的家庭变化,以及他们的观点和解释。此外,基于对普通家庭受访者访谈所收集到的数据和信息,在专家访谈中将提出一系列关于在这三种不同条件和情况下对老年人家庭支持的解释,其目的在于验证所提出的理论,以及了解学者以及相关政府官员对于家庭变革过程的理解。

2. 文献回顾/研究。在本研究中,文献回顾的范围包括记录、相关文件和人口普查数据,这些数据提供了一般社会经济、政治和人口学背景的文件证据和其他具体资料。特别是阅读和回顾相关领域专家的著作将有助于证实家庭生活在历史上的变化过程以及相关公共政策的发展。住房、医疗和养老金相关的政府报告将为分析社会福利、计划生育和其他领域的政策变化提供有用的信息。

3. 直接观察。直接观察为多案例研究提供了进一步的证据来源。观察的过程包括记录和描述进行访谈的现场环境。此外,通过描述和详细的记录,直接观察在没有对三个不同的研究背景做任何解释或判断的前提下,真实地记录了人们的行为和环境条件。特别是在统计数据和文件证据非常有限的情况下(例如在云南的乡村),直接观察对于了解人们的日常生活、提供相关背景的额外信息极为有用。对于案例研究地点的拍摄也有助于传达关于自然环境和案例特征的重要信息。

4. 档案记录。本研究中的档案记录包括来自地区政府与本研究问题相关的普查和统计数据。对于三个地区家庭结构的统计数据可以反映出特定时期家庭发展的基本趋势。而相关调查数据,例如有关经济发展、就业和城市化的数据,以及获取的其他相关信息提供了现代性的起源和发展所带来的社会经济和人口变化的整体情况。

2.3.5 数据分析和综合的方法

关于数据分析和综合,本研究采用了个体案例分析(within - case analysis)和交叉案例分析(cross - case analysis)两种方法。在此之后,条件矩阵(conditional matrix)将被建立,用以考察现代性的发展所产生的各种条件和潜在后果。使用个体案例分析和交叉案例分析的原因在于,这两种分析过程可以用来检查和比较案例内部和案例之间的关键特征,从而在特定和一般层次上提供更有说服力的数据(Huberman & Miles,1994;Babbie,2007)。此外,条件矩阵的建立也将有助于理论发展和解释从一般到具体情况之间的区别和联系,而这些区别与联系与所研究的现象和特定后果之间密切相关(Strauss & Corbin,1990,1998)。

本研究采用个体案例分析与交叉案例分析相结合的方法,对三种条件下的现代性水平、家庭结构和养老提供进行了比较,并建立条件矩阵,对研究结果进行进一步的理论阐述、概括或分析。

1. 个体案例分析。个体案例分析的目的是描述和解释关系的模式。这种分析通常在交叉案例分析之前进行(Mishler,1990;Huberman & Miles,1994)。个体案例分析提供了一种有用的方法,通过描述参与者、事件和情景以及解释过程、行为或现象来更深入地理解特定环境中的实际情况。

伯纳德(Bernard)建议在分析中应该"使复杂的事情可以通过将它们减少到不同的组成部件来理解"(Bernard,1988)。在本研究中,个体案例分析将从理论模型出发,通过描述经济模式、劳动分工、城市化、公共政策、家庭结构、家庭养老保障等在三个不同层面的发展对现代性进程进行叙述。在此之后,所有相关的情况及数据将被提取以提供分析所需的信息,同时以此为依据推导出一系列因果联系,并对现象和过程提出叙述性解释。最后,对于每个个案,本研究将以不同的主题为基础进行单独的个案描述。

2. 交叉案例分析。交叉案例分析特别适用于多个案例研究（Yin，2009）。根据休伯曼（Huberman）和麦勒斯（Miles）的研究，交叉案例分析包括以变量为导向或者以案例为导向的分析策略。以变量为导向的分析策略能够有效地发现变量之间的关系，而以案例为导向的分析策略则有利于研究某些典型的或具体的模式（Huberman & Miles，1994）。本研究将采用混合的分析策略，首先以变量为导向的方法将用来进行个案之间的对比，探索变量之间的相互关系。在此之后，以案例为导向的方法将被用于描述具体案例及对案例进行总体说明。

具体来说，经过编码后的三个主要变量涵盖了"现代性水平"，包括经济模式、分工、城市化发展和社会政策发展，"家庭形式（结构）"和"老年人的家庭支持模式"。在三个不同的研究背景下，本研究对现代性水平的主要指标进行比较和分析。然后，通过编制列联表（contingency table）分析信息，以便于最后的检查和比较。每个案例中关于家庭形式和对老年成员的支持的调查结果将按顺序分别进行分析，并进一步做出描述和解释。同时，研究者运用案例导向的方法，重新审视案例层面的数据，寻找案例之间的异同。最后，根据所展现的调查结果，对案例的各个方面提供详细的解释。

在一般情况下，本研究中的个体案例和交叉案例分析策略旨在提供证据，其主要目的在于探索合理的解释，而不是给出理论说明。然而，正如克雷斯韦尔（Creswell）所指出的那样，对事实和解释的详细说明为探讨不同主题下的案例概括和理论发展提供了良好的基础（Creswell，2007）。

3. 条件矩阵。条件矩阵是一种理论驱动的方法，使研究者能够区分条件和后果的联系。斯特劳斯（Strauss）和科尔宾（Corbin）指出，"它（条件矩阵）强调微观和宏观条件对分析都很重要，都应纳入分析"（Strauss & Corbin，1998）。对所有的宏观和微观影响条件进行排序是条件矩阵最有用的方面。由于条件矩阵有助于理论的发展或修正，而不仅仅是描述一种现象，因此它是一个强有力的分析工具,可以解释由各种条件所引起的特定现象。

根据斯特劳斯和科尔宾的解释,条件矩阵表现为一组圆。所有级别(圆圈)的条件应与中心现象相关(Strauss & Corbin,1990)。通过对不同层次的作用/交互的条件和结果路径进行跟踪,研究人员可以对给定现象的宏观和微观影响因素进行研究。在本研究中,条件矩阵包含了对五个层面的条件进行研究和分析:国家、次组织(省级)、群体和个人、互动、行为(见图 2 – 3)。

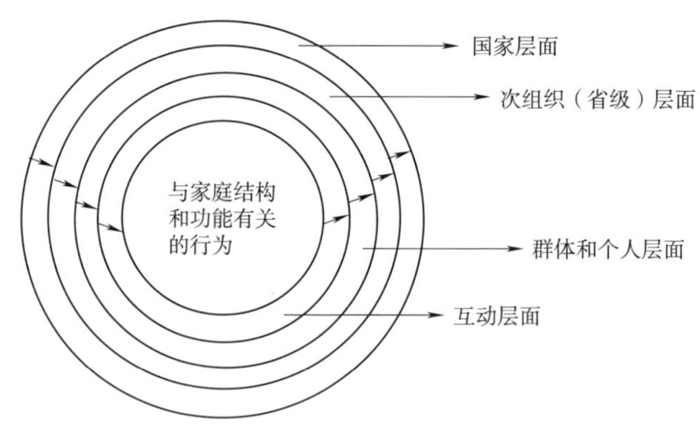

图 2 – 3　本研究中的条件矩阵

1. 国家层面。该层面包括政府法规、文化和与家庭(特别是老年人支持)相关的价值观。在本研究中,将对与家庭和老年人照顾有关的政策、社会福利和服务项目进行考察。

2. 次组织(省级)层面。这一层面考虑了一些主要特征,比如在中国境内选定的环境中,考虑了云南、北京和香港所处的不同现代性水平。

3. 群体和个人层面。这一层面包括了社会文化地位、知识、家庭以及个人的经验和体会,对与老年人、家庭成员和成年子女角度的访谈数据进行的分析和综合。这些数据与家庭变化的解释相关。

4. 互动层面。在互动层面,人们通过与现象有关的互动过程,共同或相互尊重地做事。在这一层面上的描述和分析揭示了各种条件之间的相互作用的过程,并举例说明了宏观结构和微观个体因素等条件如何影响人们对家庭所做出的反应和行动。

5. 行为层面。根据斯特劳斯和科尔宾的描述,这一层面代表了"自我和/或其他为管理、回应等与现象之间所进行的互动,包括主动的、可表达的行为方式"(Strauss & Corbin,1990)。在本研究中,此层面的分析包括了解释为什么人们会选择特定的家庭形式,采取不同的方式照顾老年家庭成员,以及他们如何改变策略来完成与此相关的任务。

通过条件矩阵的分析,可以将家庭变化与上述五个层面的条件联系起来,并将各种可能的宏观和微观条件与行动/互动过程相联系,从而有助于解释后果,并最终探索或修改相关理论。该研究首先考察了现代性对家庭变化有关的宏观和微观因素的主要影响,提出了各种因素之间所存在因果关系的整体图景。然后,本研究将以老年人家庭支持为例,进一步考察所选择的宏观因素与微观个体因素之间的互动过程,为家庭的变迁提供一个详细的理论解释。

2.4　章节总结与数据质量

综上所述,历史回顾的方法为研究中国的家庭发展提供了背景,而多个案例研究则使用不同的信息来源来进一步深入考察更具体的问题,如人们有关家庭的思考和行为。本研究采用历史回顾和多案例研究相结合的方法,前者为理解中国家庭发展提供了背景数据,后者则为构建和完善中国家庭发展理论提供了进一步的解释。

使用混合研究方法的优势是通过不同的数据收集方法对于多个来源的数据进行交叉检验,从而提高了数据的可靠性以及有效性。特别是对中国古代家庭的历史考察,为我们了解不同历史时期的家庭演变,以及中国家庭随时间变化的情况提供了生动的背景资料。在此之后的访谈资料则提供了来自三个不同研究地点:云南、北京、香港的案例说明,为理解个体家庭的演变提供了相应的统计和数据证据。

通过历史回顾和多案例研究相结合的方法,本研究可以对一般解释模型与具体案例的一致性进行交叉检验。此外,基于方法论的"不变性"概念,研究的两个阶段的结果的综合能够提供对宏观结构和微观过程变化的系统分析,从而更好地理解现代性过程中的家庭转型。此外,由于研究结合了不同的方法论,有助于更好地测试或探索理论模型,以及针对理论模型进行详尽的说明。

数据的可靠性及有效性

在定性研究中,有效性和可靠性被用来解决数据的质量问题。虽然所使用的术语可能有所不同,例如古帕(Guba)和林肯(Lincoln)使用了可信度(credibility)、可靠性(dependability)、一致性(conformability)和可转移性(transferability)等术语来评估和探讨定性研究的质量,但一般认为研究人员必须控制潜在的偏见,并确保其研究的质量(Guba & Lincoln,1998)。在以下部分中将讨论为提高研究的可信度而采取的策略,特别是数据的可信度(credibility)和可靠性(dependability)。

数据的有效性(效度)关系到信息是否准确,以及测量实际在多大程度上反映了概念的真实含义(Babbie,2007;Creswell,2007)。克雷斯韦尔推荐了定性研究者所经常使用的八种策略(Creswell,2007)。本研究主要采用以下三种。

首先,丰富和详细的描述能够使读者就数据的可转移性进行判断(Erlandson et al.,1993;Merriam,1988;Creswell,2007)。本研究对研究所关注的重点进行了详细的阐述,包括研究背景、三个研究地点的现代性水平、家庭结构和老年人的家庭支持方式。同时,数据、方法、调查和相关理论有助于研究人员提供不同种类的证据(Erlandson et al.,1993;Creswell,

2007)。其次,从不同的来源收集证据,采取多样化的分析策略有利于提高研究数据的内部有效性。最后,如一些学者所建议,外部的验证能够提高对调查研究、结果和解释的过程的可信度。作为研究中的一种验证策略,研究结果、解释和结论将被发给该研究领域的专家,以便他们能够判断研究(数据)的准确性,并对相应部分提供进一步的说明。

与效度相比,数据的可靠性(信度)关系到研究结果的可靠性、稳定性,以及使用相同的测量方法是否能够重复取得相同的结果(Creswell,2007;Babbie,2007)。在定性研究中,可以使用几种方法来解决数据的可靠性问题。为了保证研究的可靠性,本研究采用了以下策略。

第一步,通过现场录音、笔录以及详细现场记录有助于提高调查结果的可靠性(Silverman,2005;Creswell,2007)。在获得被访者许可后,在三个不同研究地点的所有访谈都使用了高质量的数字语音记录器(录音笔)进行了记录。第二步,将这些原始数据都转换成笔录成为可供进一步查看和分析的计算机文件。

此外,本研究在方法论部分详细而全面地介绍了研究所采用的方法和程序,以便其他研究人员能够查阅相关信息。例如,在本研究中详细介绍了研究方法、数据收集过程、数据分析和综合的方法等方面的内容。虽然这三个选定研究地点的调查结果不能推广到其他情况,即不能概括其他研究地点的情况,但这些方法和程序可能会为对这一专题感兴趣并希望进行进一步研究的学者提供相关信息。

第三章

中国的传统家庭及养老

中国自古以农业立国，其生活方式也随之营造。务农生产需要水源。故早期华夏文化也是沿黄河、长江流域一带起源，孕育出所谓“土地文化”。20 世纪 70 年代初所提出的“中国人在传统的农业生态环境中，重视秩序与和谐的社会结构的发展” 受到学术界的广泛认同。按此观点，李亦园和杨国枢在《中国人的性格》中阐述了土地经营方式的变化与家庭结构转变的情况。

农业社会的生产模式简单来说是“靠山吃山，靠水吃水”的生活。生存靠着种植和畜牧来供应一众的粮食所需。因要“靠天”生活，人们只能在努力务农畜牧之余，祈求上天有适度的阳光和雨水供应。故此秋收冬藏的举措成了乡党村邻的大事。家里的事便是村里的事，家事若处理不好，便由乡里、地保处理。家庭在远古中国农业社会中有着较现代核心家庭更加宽阔的结构，不仅包括有血缘的近亲，更涵盖了非血缘的远邻，如同村生活的同姓人脉。养老和养孩子的责任一样，首推血缘近亲如子女兄弟姐妹，若近亲未能尽责者则由远亲乡党代之。依次类推，按照家庭人伦的结构分担其养老责任。在组织管理上，国家也不乏奖罚孝与不孝的规章，指导着乡党、家庭及个人应有的行为，最终达至修身、齐家，治国平天下的理想社会管治模式。

然而，随着社会的变迁，家庭结构及其养老功能亦会随之而有所适应和调整。因此，要了解赡养长辈、父母方式的变化，必须先要解构其家庭结构及其功能的历史变迁。

3.1　中国的传统家庭

在中国，"家庭"这个词语所代表的含义非常丰富。费孝通曾经在《乡土中国》一书中提到传统中国社会对"家庭"的定义。在他看来，家庭是传统社会中的基本社群。在中国的语境下，"家"所代表的含义远远超出了人数上的限制，具有很大的延展性。"家"可以指夫妇，"家门"可以是伯叔侄子，"自家人"则可以包罗任何想拉入自己圈子的人物（费孝通，1948）。以上所列举的是家的广义的概念。而在狭义范围内，中国的家庭通常指的是与西方"家庭"的性质相似的概念，通常指由婚姻或者亲戚血缘关系所构成的群体。然而，中国家庭与西方家庭又有着结构上的不同。中国传统家庭的扩展是单系的，沿父系的路线向外扩大。除了少数例外，家族的扩大通常只包括父系这一方面。"女儿就如同泼出去的水"，结婚之后就属于女婿的家族。而在父系的原则下，家庭可以沿亲属差序向外扩大，并无太多数量上的限制。例如一个五代同堂的家可以包括五代之内所有的亲属。Yang 在研究中曾经这样描述传统的中国家庭："它是扩展亲属结构的，在经济条件允许的条件下，一个家庭通常包括父系的三代（Yang，1959）。"

中国的家庭不仅仅在结构上是父系的，在组织方式上也遵循严格的等级。当然，这里所指的等级并不是绝对的，而是相对的概念。父权下的"男尊女卑""以老为尊"在传统中国家庭中相当普遍。长者，特别是男性，因其在家中享有经济特权，通常在家庭中拥有很高的权威及绝对优势的地位。一方面，家庭由于要承担经济、抚育、养老、生育等功能，需要一个强有力的角色来维持其正常的运转；另一方面，家庭的团结也需要遵循一定的规范。这是之所以儒家提倡父子有亲、夫妇有别、长幼有序的家庭伦理的原因。

由此可见，中国的家庭实在是包含着比“家庭”概念本身更深的含义。它既包含与西方家庭共同之处，又有其独有的特色。要套用西方普遍的对家庭做出的定义显然是不够的。对于中国的家庭，不仅需要认识到“家庭”这个概念的普遍性，还需要了解在中国文化背景下“家庭”的特殊性。在现代化的背景下，中国家庭的组织形式有了相当大的转变，“父系”规则、“男尊女卑”“等级关系”，这些熟悉又陌生的词语虽然已经慢慢淡出人们的视野，但其所带来的影响却并没有随着时代的发展而完全消失。

关于中国家庭类型的界定

在有关中国家庭的文献中，历史学家和社会学家使用了一些共同的术语来说明中国传统社会的典型家庭形式。例如，莫里斯（Maurice）使用了“初等”（elementary）、“直系”（stem）和“联合”（joint）三个词来区分中国传统上存在的三种不同的家庭结构。在对《中国世系与社会》（*Chinese Lineage and Society*）的研究中，他解释了三者的区别。其中，初等家庭是由两代人组成的，而直系是指一个由三代组成的家庭，中间的一代只包括一对夫妻。联合家庭则是由三代或更多代人组成的，与莫里斯所谓的“直系家庭”相比，联合家庭中间的一代由一对以上的已婚夫妇组成。然而，当贝克（Baker）在他的《中国家庭与亲属关系》（*Chinese Family and Kinship*）一书中，对中国家庭进行了比较后，这些词被改为“简单”（或核心或夫妻）（simple or nuclear or conjugal）、“直系”（stem）和“扩展”（extended）。贝克进一步完善了“直系”家庭的定义，并为直系家庭的组成做出了解释。例如，他指出，当“儿子把他的妻子带入家庭（而这其中只有唯一的一个儿子这样做）”，这个家庭便成了直系家庭（Baker，1979）。

扩展家庭和直系家庭之间的区别是至关重要的，因为它强调了中国传统的家庭亲属关系。直系家庭是中国传统社会所遵循的父系原则的直接反映。根据这一原则，亲属关系的扩大只能通过父亲一方进行。已婚的女儿及其丈夫和子女不包括在家庭中。最常见的例子是女儿结婚后，搬出父母家。她们与丈夫生活在一起，成为丈夫一方的家庭成员。例外的情况是，当一个家庭没有儿子时，父母可能希望他们的女婿搬到身边，但这种情况并不经常发生。对于一个家庭中的儿子来说，情况完全不同。贝克强调了儿子在家庭中的重要性。他说："这不仅是为了供养年老的父母，还与祖先崇拜有关。"（Baker，1979）事实上，与儿子同住在传统的中国是相当普遍的，特别是对于那些无力为所有家庭成员提供经济援助的家庭来说。

以下是 20 世纪费孝通先生对于中国农村地区（以江村为例）的家庭所做的描述：

江村农民认为父母身边总得有个成年的儿子赡养他们。如果父母身边只有一个儿子，而这个儿子婚后要闹分家的话，他会遭到社会的谴责，认为不是"孝子"……但是如果一家有几个儿子，在江村一般只留一个已婚的在家和父母同居，其余的婚后可以不受谴责地分家出去，独立门户。在意识上，江村农民把主干家庭（直系家庭）而不是把联合家庭或核心家庭作为他们主要的家庭结构。

理所当然，在一个父系制度的社会里，父亲一方比母亲一方更为重要。扩展家庭，通常被称为"大家庭"，也遵循严格的父系亲属关系准则（费孝通，1948；Lang，1968；Baker，1979）。当然也有一些例外，例如一个家庭包括已婚女儿及其丈夫和子女的情况。然而，如果他们来自父系，那么大家庭就可以容纳更多的远亲。在某些极端情况下，一个大家庭可能包括五代以上的人，估计有数百人生活在同一屋檐下。如果我们采用西方对于家庭的分类，扩展家族将包括所谓的直系家庭。两者唯一的区别是，当一个已婚的儿子和他的父母住在一起，并把他的妻子和孩子带到这个家庭时，这个家庭将被列入直系家庭的范畴(费孝通,1986)。

相比之下,核心家庭(有时称为初等家庭、简单家庭或夫妻家庭)的概念更为明确。核心家庭通常指由父母及其未婚子女组成的家庭(费孝通,1986;Yang,1968)。在传统的中国,这种家庭也被称为小家庭。从字面上看,“大”和“小”的区别相当于英语中的“big”和“small”。然而在实际生活中,“大”和“小”的使用强调了这两种家庭类型的结构特征(费孝通,1948)。

显然,大多数人类学家和社会学家所使用的中国家庭类型的分类都是根据他们在传统中国农村的经验或调查所得的。“直系家庭”一词的使用尤其反映了中国传统社会的强大伦理规范和父系制度。它并不包括城市家庭的构成情况,如知识分子、蓝领或白领工人家庭。事实上,近几十年来对中国家庭的研究(特别是对城市家庭的研究)使我们对中国城乡家庭结构的认识发生了转变。

表 3-1 概括了中国家庭结构的主要类型及其定义。

表 3-1　中国家庭的主要类型及其定义

家庭结构类型	定义
扩展家庭(或称为大家庭、联合家庭)	由三代或更多代人组成,其中两对或两对以上已婚夫妇与其未婚子女生活在一起
直系家庭	由两代或三代人组成,其中包括父母、未婚子女、已婚子女(来自父亲一方或母亲一方)及其配偶和未婚子女;直系家庭也包括有一个已婚子女的父母一方、其配偶和未婚子女;或父母和一个有配偶的已婚子女
核心家庭(或称为小家庭)	由一对已婚夫妇及其未婚子女组成,也包括一对没有子女的已婚夫妇
其他家庭类型	
单人家庭	由单人组成(包括未婚、已婚、离婚和丧偶者)
跨代家庭	由祖父母和孙辈组成,且孙辈的父母不在家中
单亲家庭	由父母中的一人及其未婚子女组成
其他	指上述家庭以外的其他家庭类型

表3－1展示了家庭在组成或者扩大过程中所可能发生的主要变化。过去,除少数例外情况,家庭并不包括母亲一方的亲属。然而,清朝末期至近代中华人民共和国成立是中国家庭史上的一个分水岭。过去所定义的中国传统家庭的旧规则和习俗均发生了很大变化。随着父母双方亲属的加入,对家庭中儿子的重视就变得不那么明显了。虽然结婚后与父母住在一起的儿子可能比女儿多,但重男轻女的旧观念的影响却在不断减少。

另一个重要的变化是家庭类型日益多样化。除了在中国传统上被视为主要家庭类型的扩展家庭、直系家庭和核心家庭,没有其他术语用来描述家庭的具体结构差异,除了以上家庭的分类,归入“其他”的家庭类型还包括“破碎家庭”(broken family)或“不完整家庭”(uncompleted family)。在过去,将“其他家庭”类型排除在家庭分类之外是合理的,因为其在中国家庭类型中所占的比率相对较低。然而,近20年来,社会学家以单身家庭、跨代家庭、单亲家庭等方式纳入分析中国家庭结构变化的现象越来越普遍。例如,1982年对城市进行的纵向研究使用了5类家庭类型,1993年使用了13类,1997年使用了11类。虽然对于家庭的结构分析包含了不同的分类方法,但仍有3种主要类型:扩展型、直系和核心家庭。

3.2　中国家庭的历史演变:从远古走向现代

家庭由围绕着家庭周围的社会、经济和政治结构所塑造。研究家庭在整个中国历史是如何产生和发展的,能让我们更清楚地了解其渐进的发展过程:从其原始的形式,家庭从一个生产和生活的单位,逐渐转变为一个复杂的社会组织,在近现代社会中起着多种多样的作用。

本节将讨论早期原始社会的家庭,从功能的角度去看家庭的形成和功能的变化。首先,本节将聚焦于中国家庭在封建社会之前的形成和出现,以及不同历史时期和不同朝代家庭制度的演变。其次,我们将探讨作为中国早期文明特征的家庭结构和功能的变化。最后,本节将说明中国家庭最近几十年来所发生的变化,并与之前的中国传统家庭进行比较。

3.2.1 远古时期与家庭的出现

家庭和家庭生活的起源可以追溯到远古时期——中国古代的传奇和英雄时代。这一时期比后来所有的帝国王朝加在一起都要长得多。这是关于几位英雄的神话:有巢氏、燧人氏、伏羲氏和神农氏。

有巢氏和燧人氏时期大致相当于旧石器时代的最早和中期。那时,地球上开始有早期人类居住,人类已经显著区分于其他灵长类动物。那些早期人类的生活方式尚不清楚。但通过分析早期人类居住地,以及对非人类的灵长类动物进行的研究发现,早期人类似乎生活在某种社会群体中(Potts,1988)。在中国的古籍《列子·汤问》一书中,描述了有巢氏时期的群体生活,即"长幼齐居,不君不臣;男女杂游,不媒不聘",意思是老年人和年轻人生活在同一屋檐下,没有等级制度,男人和女人一起生活,没有婚姻。中国古代著名学者郑玄(127~220年)在其著作《婚礼目录》一书中写道:"燧皇之时,则有夫妇",意为"燧人氏时期开始有婚姻",表明婚姻早在国家形成之前就已经形成。婚姻关系应当被视为家庭生活开始的基础,没有婚姻,家庭生活就不可能存在。

燧人氏之后是中国的传奇英雄伏羲氏时期,大致相当于旧石器时代晚期,可追溯到距今1万~4万年前。传说,伏羲氏教人们如何用网捕鱼,以及如何饲养家畜等。他制作了日历,制定了结婚礼仪。在一些古籍中,如《古史考》(由谯周撰写),有一句俗语叫"伏羲制嫁娶,以俪皮为礼",意为伏羲确立了婚礼礼仪,以两张鹿皮作为订婚的礼物。在《世本》和《仪礼》[①]中也有类似的说法。尽管没有一整套关于家庭的条例可以确定地推断出

① 《仪礼·士冠礼》:"乃礼宾以壹献之礼,主人酬宾束帛、俪皮。"

这些古代典籍的出处或者依据,但它们提供了最早的文本证据,说明了人们当时已经制定了关于建立婚姻关系的相关规则。由此表明,婚姻在这个时期已经开始正规化,并需要在社会环境中获得正式承认。此外,婚礼礼仪的确立也意味着人类大家庭的社会文化基础已经形成。从那时起,婚姻不仅是个人的问题,而且也需要为公众所接受。既然已经出现了婚礼礼仪,那么与之有关的家庭可能在此阶段就已经形成了,尽管它可能没有像以后那样受到各种各样的规章制度的约束。

中国古代传说中的英雄时代,也就是所谓的旧石器时代,延续了数百万年。处于这一阶段的早期人类居住在不同的环境中。从使用火和建造房屋(庇护所)到为各种用途制造复杂的工具,那些早期人类逐渐掌握了生存所需的技能,并制定了高效的生存战略,以应对他们所处的自然环境。虽然没有直接证据显示他们的生活方式和与其相关的社会组织,但众多文献均表明,这些早期人类的社会意识和社会复杂性不断提高,这使他们有别于其他灵长类动物。婚礼礼仪的出现意味着这时的人类已经有了一种仪式来确认婚姻关系。

3.2.2　神农氏和新石器时代:氏族社会中的家庭

距今大约一万年前,在世界的某些地区,人类历史进入了一个新的阶段,在这个阶段,人类开始有意识地改变或创造环境,而不再高度依赖于居住环境中的自然资源。从通过采集和狩猎获取食物到粮食生产的转变标志着人类历史上最关键的变化之一。

在中国的神话传说中,神农氏教会人们制作犁和播种不同种类的谷物。这一说法也许永远无法得到证实,然而随着植物的栽种和动物(牲畜)的驯化,人类似乎开始生活在一个固定的地方,而不仅仅是依靠狩猎和采集维持生活。为了适应不同的环境,人类学会了更复杂的工具制作技术并

发明了各种工具。自大约一万年前,从众多的考古记录中可以清楚地识别出许多地域文化,如阳韶文化(5 000 年至 3 000 年前)和龙山文化(3 000 年至 2 000 年前)。

氏族社会中的家庭

通过研究当代狩猎采集社会和考古遗址发现,研究者相信新石器时代早期和中期的人类生活在母系氏族社会中。在《吕氏春秋·恃君览》中,有一段话生动地描述了这一时期的社会生活:"昔太古尝无君矣,其民聚生群处,知母不知父,无亲戚兄弟夫妻男女之别,无上下长幼之道,无进退揖让之礼……" ①

这一时期考古遗址发掘也给出了考古学家类似的结论。出土的遗址表明,当时的个体家庭是一个较大的亲属群体(母系氏族)的组成部分,在农业生产等许多活动中具有明显的群体特征(Huang,1997;翦伯赞,2006)。然而,从新石器时代晚期开始,随着技术的发展和食物过剩的出现,私人财富随之增加,母系(mother - right)开始让位于父系(father - right)。这种变化也给家庭带来了新的元素。随着人们开始在农业生产中扮演重要角色,人类也成为资源的拥有者,开始驯养动物和制作家庭用品。

从那时起,母系家庭就被父系家庭所取代,并确立了男性在家庭中排他性的至高无上的地位。虽然个体家庭仍然依赖于一个大的父系家族,甚至是宗族,但家庭成员之间的权力关系已经发生了很大的变化。同时,个体家庭可能已经成为一个独立的经济单位。但因为当时普遍的生产力水平很低,限制了个体家庭的生存,个体家庭仍然需要依靠其家族生存。

神农氏时代(即新石器时代)标志着人类(包括中国)历史上的一个新阶段。在这一时期,耕种和畜牧的出现给社会带来了许多变化,包括更加

① 译文:从前,远古时期是没有君主的,那时候的人们都过着群居的生活,他们只知道自己的母亲而不知道自己的父亲,没有父母、兄弟、夫妻、男女的区别,没有上下长幼的准则,没有进退揖让的礼节……

安定的生活、社会分层的增加和社会复杂性的日益增长。“长者”作为最年长和最有经验的人，通常在社会中享有较高的地位，在影响宗族的重大决策中具有重要的发言权。在这一时期，个体家庭不仅是靠自然资源为生，而且是以当时的社会、经济条件为基础，依赖于亲属（不论是母系或父系）和宗族。

3.2.3　夏、商和西周：家庭在“封建”制度中的发展

在《史记·夏本纪》中，“夏”被认为是第一个记载的“王朝”。一般认为，夏朝是由氏族（由几个相关宗族组成）联盟所组成的复杂的酋邦形式的国家。中国的夏王朝在许多方面类似于古希腊的社会组织。在考古学上，这一时期也被称为青铜时代，其特点是有了青铜技术、文字系统的发展以及规模更大的城市中心。由于最早的汉字，即所谓的甲骨文，都是在商代晚期发现的，夏商初的社会结构和政治体制鲜为人知。然而，通过对夏商的史书记载、考古学证据以及甲骨文中的信息进行比较可以看出，夏王国是建立在封闭的血缘关系基础之上的，而这种关系构成了夏朝的政治核心结构。

封建制度中的家庭

在一个基于亲属关系的社会结构中，从逻辑上很容易推理出普通民众与皇室及其有血缘关系的个人有着截然不同的生活。因此，农民的家庭与贵族的家庭大为不同。在夏、商、西周，贵族家庭在结构上是复杂和延伸的。他们通常由几代人组成，其中可能包括曾祖父母、祖父母、丈夫、妻子、几个妾、子女、旁系亲戚以及奴隶和家庭用人等非亲属（宋镇豪，1994；王玉波，1992）。然而，尽管他们的家庭极具规模和复杂性，仍遵循严格的父系准则。在这些皇室成员中，亲属关系是地位和社会关系的基本决定因素，也是维持权力和特权的独特手段。为了保持这些优势，亲属关系既是一种

社会制度,也是一种政治制度。

与皇室相比,农民、手工业者和小商人的家庭相当简单。他们并不允许有两个及以上的妻子,一夫一妻制的家庭很普遍。对于普通家庭在多大程度上需要依赖更大的亲属群体,有很多争论。但可以确定的是,当数百个个体家庭聚集在一起时,则组成了一个更大的父系群体——氏族,而人们在以氏族为单位的群体中生活和工作(Chang,1986)。由于农民家庭被迫附属于土地,其统治者严禁自由流动,因此,个人通过合作一起工作,在封建等级制度中服务,且在很大程度上依赖于亲属制度。即使在西周时期,当农民拥有私人土地和农具时,他们仍然需要依靠世系和血统才能获得社会地位。反过来,宗族作为重要的社会组织,往往为其成员履行广泛的社会和宗教职能,如祖先崇拜、保护和照顾弱势群体等。

3.2.4 春秋战国、秦和西汉时期:个体家庭的逐渐独立

当氏族解体后,家庭应逐步脱离世系或其他亲属群体成为一个独立的社会单位。但在中国,这一过程经历了几百年的发展。春秋战国、秦朝和西汉时期,个人家庭逐渐成为独立的经济实体,从大家族中解放出来。

个体家庭的普及和独立

这一时期家庭发展的基本趋势是个体家庭逐渐从一个庞大的父系亲属群体中解放出来,成为一个独立的自给自足的社会单元。这种变化伴随家庭结构的逐步简化和家庭规模的缩小。在某种程度上,上层社会仍保留了大家庭的结构,特殊情况除外,由父母及其成年儿子组成的两代家庭较少。

在中国历史上,这一时期又是一个充满混乱和变化的时期,长期的战争和分裂造成了大量的家庭分崩离析,连年的战乱和饥荒使得农民起义不

断、国家政权不断更迭。然而，这一时期也是家庭从占主导地位的庞大的父系亲属群体脱离出来，作为一个独立的社会单位的个体家庭的过渡阶段。通过对史料的考察，王利华等学者发现在今天的中国所存在的大多数家庭类型实际上在遥远的过去就已经形成了（见表 3－2）。

表 3－2 史料中的中国家庭类型（春秋战国、秦、西汉）

家庭类型	史料中的例子
扩展家庭（大家庭）	苏秦的家庭①。在《史记》的记载中，苏秦的家庭至少包括了他的妻子、儿媳和父母 仲子的家庭②。在《孟子》的记载中，在建立自己的家庭之前，仲子和他的妻子曾经和他的已婚兄弟、姐夫和母亲住在一起
直系家庭	商翟的家庭③。在《史记》的记载中，商翟在 38 岁之前与妻子和母亲住在一起。在他妻子生下两个孩子后，他的家庭由五个人组成
核心家庭（小家庭）	北郭的家庭④。在《韩诗外传》的记载中，北郭的家庭只有两个人，他和他的妻子 范蠡的家庭⑤。在《史记》的记载中，范蠡有一个五口之家，家庭成员包括妻子、三个儿子和他自己
其他家庭类型	冯谖的家庭⑥。在《战国策・齐策四》的记载中，冯谖的家庭只有两个人，他的母亲和他自己 孟尝君的家庭⑦。在《史记》的记载中，孟尝君的父亲有四十多个孩子，孟尝君是他父亲的一个妾室生的

资料来源：王利华，张国刚．中国家庭史（卷一）．广东：广东人民出版社，2007.

个人家庭的独立性通过将家庭成员纳入国家统一的户籍制度管理，提高了家庭成员的社会地位。国家税收大幅增加，家庭农业生产以及按性别

① 《史记》卷 69《苏秦略传》。
② 《孟子・离娄上》。
③ 《史记》卷 67《仲尼弟子列传》。
④ 《韩诗外传》卷 9。
⑤ 《史记》卷 41《越王勾践世家》。
⑥ 《战国策・齐策四》。
⑦ 《史记》卷 75《孟尝君列传》。

划分的劳动分工有助于国家积累及集中财富。在此期间,与家庭和社会发展趋势相协调,这种个体家庭的独立似乎适应了经济和生产力发展的需要。然而,从某种意义上说,家庭分离似乎破坏了强调亲属相互支持和帮助的家庭伦理。如何建立一套关于家庭关系的新的规章制度逐渐成为一个迫切的需要。

在西汉时期,武帝罢黜了其他学派的思想,并宣布儒学为官方正统的国家意识形态,即所谓的"罢黜百家,独尊儒术"。后来的朝代均沿袭西汉,强调儒家思想的各个方面(礼和仁),使得其伦理和价值观在中国历史上经久不衰。儒家伦理对于家庭的影响主要表现在对家庭结构(家庭的组成)以及对于家庭成员之间的伦理规范。例如,在延续了200多年的西汉时期,数百年来的传统大家庭比例显著增加,其中的原因除了长期的战争和分裂外,还有封建伦理和儒学作为国家意识形态的传播、封建土地制度的盛行以及鼓励孝顺和扩大家庭成员间亲属关系的法律法规。

3.2.5 东汉至清朝中期:传统中国家庭制度的巩固和发展

在从东汉一直持续到清朝的早期及中期,大家庭(即直系和扩展型)取代了小家庭(即核心型),成为中国传统上最理想和最主要的家庭形式。

传统家庭和孝道

在孔子的儒家家庭价值观中,生活在同一屋檐下的家庭成员应该相互照顾。特别是当年迈的父母还活着的时候,分居似乎与父母及子女的疏远联系在一起,可能会导致父母在年老时的赡养方面出现问题,因此要受到社会谴责且要受到法律上的责罚。例如,三国两晋时期,不与父母同居共财被列入"重罪十条"。《宋刑统》卷12"父母在及居丧别籍异财"禁止父母与子女别籍,其文如下:"诸祖父母,父母在,而子孙别籍、异财者,徒三年。……若祖父母、父母令别籍,……徒两年,子、孙不坐。”

正因为如此,直系和扩展形式的大家庭被认为是这一时期的理想选择。一方面,扩展的亲属关系在社会动荡时期为个人提供了基本保护。另一方面,当国家无力供养老弱病残时,亲属之间的互助合作可以作为减轻地方和中央政府的经济负担,缓解社会阶层矛盾的一种手段。但是,农民、手工业者等普通百姓的家庭与上层阶级、高级官员、贵族和官僚主义地主之间存在巨大的结构差异。“水平的扩展”和“垂直的扩展”这两个词被用来强调这两种大家庭的结构差异。

横向扩展的大家庭与秦汉、西汉的大家庭有一些相似之处,因为这些家庭大多拥有丰富的财富和政治权力。这些家庭之所以大,是因为后者不仅包括家庭成员和亲属,而且还包括许多非亲属,如奴婢和佣人,且后者的人数可能大大超过前者。然而,这类家庭与西汉、三国时期的大家族所不同的另一个结构特征是其家族亲属网络的广阔性。自东汉晚期,特别是宋元明清初、中清以后,上层家庭可能会扩展到更远的亲属。这类家庭在许多中国古典文学中得到了生动的刻画。

与上层社会横向扩展的大家庭相比,普通百姓的家庭表现出许多差异。这种纵向扩展的大家庭与统治阶级家庭的不同之处在于,家庭中同一代人的人数很少,但却有几代人生活在一起。由于国家大力倡导“同居共财”(意味着家庭成员共同生活并拥有统一的家庭财务)和“累世同居”(意味着与几代人共同生活)的家庭观念,在这一时期,家庭成员之间的联系和交流变得非常频繁。因此,有越来越多的扩展家庭和直系家庭出现也就不足为奇了。

值得一提的是,唐代在实现社会长期稳定和经济繁荣之后,为了维护和巩固封建宗法的家庭制度,颁布了一系列的法律法规①。这些法律法规

---

① 自唐代以后直至清代,“别籍异财”“诅骂/告发祖父母、父母”“供养有缺”“违反教令”“匿不举哀”等都被视为犯罪行为。

也一直被沿用至宋、元、明以及清朝的前中期。政府通过给予物质奖励、减税，甚至提供职位等方式，鼓励家庭成员同居。与水平扩展的大家庭相比，垂直扩展的大家庭结构相对简单，规模也相对小得多。

3.2.6 清朝晚期及家庭革命

中国历代的家庭制度是适应官僚主义结构，特别是封建土地所有制的产物。然而从晚清开始，随着商品经济的发展、政治的变革以及工业文明的传播和发展，传统的家庭制度发生了巨大的变化。

走向现代家庭的发展之路

随着现代工业的发展，城市经济的兴起以及社会文化、政治等因素，19世纪末期的家庭制度发生了重大的变革。事实上，上层阶级与普通民众的家庭之间仍然存在着巨大的差距。20世纪初，民主革命的兴起和发展对中国的社会政治结构产生了巨大的影响，对个体家庭而言，其影响因阶级差异而有所不同。通过对文献的梳理和研究发现，中国家庭在这一段时期的转变具有如下几个特征：

1. 扩展（大家庭）模式逐渐向核心家庭及直系（小家庭）模式的转变。商品经济的发展直接促成了传统家长制的瓦解，撼动了传统家庭及其所依赖的社会经济基础。然而，包含三代及以上的大家庭仍然存在于一部分社会上层，例如地主及新型资本家。

2. 普通民众与社会上层家庭的结构性差异逐渐缩小，上层社会传统的家庭形式及其封建家庭伦理受到的冲击最为明显。例如，受现代教育及西方思潮的影响，家庭里年青一代在经济上更为独立，这也加大了他们与年长一辈的紧张与冲突。随着社会及经济地位的提升，年轻人也更倾向于追求自由和平等，对传统的家长制与封建家庭制度采取批判的态度。以上因素再加上对封建及官僚主义的批判，使得上层社会扩展式的家庭逐步走向瓦解，取而代之的是西方小家庭形式的普及。

3. 家庭的功能逐步走向专业化。新市镇的建立和扩张促进了社会经济的发展，社会组织替代了许多原本家庭所具有的功能。其中，最明显不过的例子是家庭经济功能的衰弱。随着人口流动及城市化的发展，越来越多的家庭成员开始在现代化的工厂、公司、企业、政府机构从事雇佣工作。家庭不再作为经济生产的基本单位，以雇佣劳动代替家庭经济则成为普遍趋势。此外，随着现代教育的普及，学校取代了家庭成为提供教育的专业机构。然而，并非家庭的所有功能都被取代，在某些方面，家庭的功能更加专业化了。例如，虽然医院、养老院等机构为那些患病及有需要的老年人提供了更加专业的照顾和服务，但受儒家传统的孝道思想影响，家庭仍然承担了主要责任。

3.3　传统的家庭养老："孝"文化到礼法并举

赡养，作为传统中国家庭功能的重要部分，一直广受推崇。不同于西方社会——子女并没有赡养父母的义务，在中国，子女在赡养自己父母方面有着义不容辞的责任。中国传统的伦理道德强调"五伦"（即五种人际关系），其中有"三伦"涉及家庭。这三伦分别是"父子关系""兄弟关系""夫妇关系"。"父子有亲"强调的是父子之间的孝义；"长幼有序"讲的是兄弟相亲，有长幼次序；而"夫妇有别"意即夫妻之间要相敬如宾。在传统农业社会，这些道德观念成为维系社会稳定、和谐的重要规范。其主要内容是任何人关系的行为准则。从法律的角度来看，道德也是一种"习惯法"，虽然没有法律的约束力，但是却依社会的格局而决定。而孝道作为家庭伦理的重要组成部分，早在古代就一直受到社会的推崇。如费孝通所说，在中国社会的"团体格局"中，这种道德观念虽然严格来说并没有"实在"的形式，它超脱于个人，而又不能脱离集体的共同意志

（费孝通，1998）。在维系家庭的关系中，孝道与其他伦理道德一起，成为约束个人行为的力量。

3.3.1 夏、商、西周：孝文化的起源

从历史来看，赡养的发展经历了从道德自律、宗法和家法规范到制定法律法规的过程。据《礼记·王制》的记载，“凡养老，有虞氏（舜）以燕礼，夏后氏以飨礼，殷人以食礼，周人脩而兼用之”①，可见早在未有文字可考证的上古时代，对待老年人就已经有一套严格的礼仪要求。在西周早期的青铜器上，已有大量的铭文涉及“孝”的概念，从观念到文字的表达可以推测出至早在西周，已经出现了孝的思想。在《礼记·王制》中，描述了西周对于老年人的饮食以及宽免方面的规定：

“五十异粻，六十宿肉，七十贰膳，八十常珍，九十饮食不离寝，膳饮从于游可也。”②（注：主要针对王公贵族）

“凡三王养老皆引年。八十者一子不从政，九十者其家不从政。”③

除此之外，国家举行尊老敬老的礼仪活动，提倡敬老尊贤。其最突出的是每年腊月举行“乡饮酒礼”，促进乡党间和睦，以及加强尊老敬老的教育。据《礼记·乡饮酒礼》的记载，60岁以上的老年人上座，以其发言为训，以其言行为示范，五十岁以下的则需站在一旁聆听训导，即所谓的“六十者坐、五十者立侍以听政，所以明尊长也”。此外，需根据年龄分配所应享用

---

① 据清朝吴增祺评注，“燕礼”乃“一献之礼，即毕、皆坐、而饮酒，以至于醉”；“飨礼”乃“体焉而不食，爵盈而不饮，立而不坐，依尊卑为献，数毕而止”；“食礼”乃“有饭有肴，虽设酒而不饮，其礼以饭为主”；“周人修而兼用”乃“春夏则用虞之燕、夏之飨，秋冬则用殷之食”。

② 意思是：五十者所食之粮不与状者同，大约易消化多营养，及甘滑适口之类；六十者常有肉食储藏，随时可吃到；七十者令烹饪精美的饭常有准备；八十者常备美食；九十者饮食不离其卧息之处，随手可吃到。精美之饭食，水浆等饮料，常从于老人游乐之处，这是可以的（嫌有人以为奢侈或纵人欲）。

③ 意思是：国家对家庭有八十的长者，免一个人服役，对有九十的长者，免全家人服役。

的食物，所谓“六十者三豆、七十者四豆、八十者五豆、九十者六豆、所以明养老也”。意思是说，60 岁的人需享用三碟菜，70 岁的人需享用四碟菜，以此类推。

在这一时期，除了礼仪上的规范和国家对孝的提倡，不孝罪开始入律。对于不孝罪的起源虽没有确实的考证，但一般认为可追溯至夏朝。《孝经・五刑》曰：“五刑之属三千，而罪莫大于不孝。”意思是说，在夏朝法律规定的三千罪名中，以不孝罪为最大。在商朝，根据《吕氏春秋・孝行》的记载，“刑三百，罪莫重于不孝”，与夏朝的法律规定相比亦有异曲同工之处。

3.3.2　春秋战国、秦和两汉时期：尊老、敬老、养老的继承和发展

春秋战国时期，虽然战乱频繁，但其尊老和养老的传统仍然保持与之前朝代的一脉相承，并将其继承和发扬光大。众所周知的是，以孔子、孟子为代表的儒家先贤在此期间创建的以“仁”为核心的哲学体系，以及“孝”和“礼”相结合的儒家家庭伦理。例如，在《论语》中，孝一共见于 14 章。比较出名的论述见于《论语・为政》篇。孔子说：“今之所谓孝，是谓能养，至於犬马皆能有养，不敬何以别呼？”孔子又说：“色难。有事，弟子服其劳；有酒食，先生馔；曾是以为孝乎？”可见，儒家之为孝，不仅仅要求从形式上供养、照顾父母，更需要从内心深处真正地尊敬父母；不单单只是物质的提供，更是让父母感到心安。

在赡养的具体内容方面，儒家的诸多经典作品中也作出了详细的规定。例如，在儒家的经典著作《孝经・纪孝行章》中指出：“孝子之事亲也，居则致其敬，养则致其乐，病则致其忧，丧则致其哀，祭则致其严。五者尚全，然后能事亲。”这当中基本概括了家庭赡养的主要方面，包括老年人的

居住、日常照料、医疗、后事等问题。又如《礼记》所云“七十，二膳；八十，常珍之类”。意思是，对70岁的人应备有副食，80岁的人应长留美食。这说明当时对于“孝”已经有了一整套赡养的理论和行为规范，不同于之前的朝代从“礼”的角度记叙了对孝的要求，更是从伦理和价值观层面对孝的内涵和内容进行了详细的阐述。

汉代统治阶级强调“以孝治天下”，“孝”作为“仁”治的出发点，把敬老、崇老、养老作为国家治理的根本。例如，《论语》曰：“其人也孝弟，而好犯上者鲜矣！不好犯上，而好作乱者，未知有也。君子务本，本立而道生，孝弟也者，其为仁之本与。”其基本意思是说，如果一个人孝敬父母、尊敬兄长，那就极少会犯上作乱，这就是仁治的出发点。从汉文帝开始，儒家的伦理价值观成了统治阶级治理国家的重要方面。国家从治理的角度非常注重孝道的教导、贯彻与执行。《汉书·武帝纪》记载：“古之立教，乡里以尺，朝廷以爵，扶世导民，莫善于德。然则于乡里先耆艾，奉高年，古之道也。”这充分说明汉武帝时期，对“孝”的推崇已经上升到了国家的层面。

此外，王杖制度的设立亦是汉朝对于尊老、敬老的最显著的特色。王杖制度实起源于西周，在汉朝开始制度化。据《后汉书·礼仪志》的记载，“仲秋之月，县道皆按户比民，年始七十者，授之以王杖。八十九十，礼有加赐”。“按户比民”是中央政府为掌握户口数量而设置的一种户籍登记制度。文中的意思是，政府对年满70岁的老年人授予王杖，赋予其特权，可享受相当于俸禄六百石粮食的官吏的待遇。在武威出土的《王杖诏令册》[①]中有如下记载：“高皇帝以来至本始二年，朕甚哀怜耆老。高年赐王杖，上有鸠，使百姓望见之，比于节；吏民有敢骂殴詈辱者，逆不道；得出入官府节第，行驰道中；列肆贾市，毋租，比山东复。”这段话的意思是说，自高祖以来

① 《王杖诏令册》全文近600字，用27枚木简书写而成，内容涉及多项优待政策，涵盖了对70岁以上老年人以及社会其他困难群体的保护，包括老年人的政治地位、法律援助、经济支持、生活关怀、社会扶持等。

至本始二年(公元前72年),出于对老年人的怜爱同情,实行王杖制度,王杖之上佩以鸠饰,百姓望之,犹如持节。若有对受杖老人辱骂、殴打者,则比照大逆不道罪论处。受杖老人可自由出入官府或行于天子驰道之旁;若做生意,免征商品税,就如同对待当年追随高祖打天下又居于关中的山东黎民一样。王杖制度的设立反映了当时的国家政府对于老年人地位的尊重以及对敬老和养老的重视,据史料记载,仅在西汉时期,就对王杖制度进行了三次补充修订和完善,对老年人优待、尊老的范围和内容也逐渐扩大。

秦、汉在相关的法律和法规中亦体现了尊老怜幼、抚恤鳏寡、孤独、废疾等儒家论题。据史学家的考证,汉朝对于不孝罪的处罚开始见于法典之中。例如,《二年律令·贼律》规定,“子牧杀父母,殴詈泰父母、父母叚(假)大母、主母、后母,及父母告子不孝,皆弃市”。可见,“牧杀”(未遂)、殴打、詈骂长辈(包括父母、祖父母、继祖母、女主人)都属于不孝,凡是父母告子“不孝”,都要判处其子死刑(“弃世”,为死刑的一种)。《二年律令·户律》记载了分家之后,孙子与其祖父母同居时对其祖父母不孝的处罚:“孙为户,与大父母居,养之不善,令孙且外居,令大父母居其室,食其田,使其奴婢,勿贸卖。孙死,其母而代为户,令毋敢遂(逐)夫父母及入赘,及道外取其子财。”意思是说,若孙子对其祖父母赡养不善,将会被强制驱逐,祖父母可据有其田宅和奴婢。

3.3.3　三国至隋、唐:“孝”道的强化和家庭赡养的制度化和法律化

三国至隋、唐时期是“孝”文化和家庭赡养的巩固、制度化和法典化时期。在这个时期,在尊老和养老方面的成就主要体现在设立官方的养老机构、留养制度、“不孝罪”的法典化以及供养有关的法律规定等方面。齐武帝(483～493年)时期,出现了中国历史上已知的最早的官方慈善机构——

六疾馆,以养穷困老幼[①]。公元521年,梁武帝于建康(今南京)设立“孤独园”,其目的是让“孤幼有归,华发不匮,若终年命,厚加料理”[②]。唐朝也设立了“养病坊”,以安孤恤穷,敬老养病,虽然最初其设立目的并不在于养老,而是收留流离京城的乞丐,然而其后发展到赡养老人和其他孤寡无助之人(张志云,2005)。官方养老机构的设立,表明了国家对尊老敬老的进一步重视,虽然发挥的作用仍很有限,但对于后世设立类似的机构提供了很好的借鉴,产生了积极的影响。

除了设立官方的养老机构之外,留养制度的确立也是此时期的一个鲜明的特征。儒家有“不孝有三,无后为大”的说法。在中国传统社会,传宗接代和延续香火成为个人的责任和家庭的头等大事之一。为了确保家庭子孙繁衍和祖父母、父母老有所养,只要不是犯了十恶不赦的大罪,司法制度中有留养相关的规定(郑琴渊、陈章明,2014)。例如,《北魏律》规定,子女如果犯了死罪,家中有超过70岁以上的祖父母、父母,如果没有其他子女及亲属可供养之,可以上请皇帝裁决。如果被判流刑则可服侍祖父母、父母直至去世再前往服刑[③]。与此相类似,唐朝延续这种制度,《唐律》规定“诸犯死罪非十恶[④],而祖父母、父母老、疾应侍、家无期亲丁者,上请”。由此可见,国家对于家有年长的祖父母、祖母需要服侍的,对于其独生子女都有网开一面的处理。

对于“不孝罪”的处理,到了这一时期亦上升到法典化,并列入重罪之一,对后世影响深远。例如,《北魏律》规定了“重罪十条”,并将“不孝罪”列为第八,即“一曰反逆,二曰大逆,三曰叛,四曰降,五曰恶逆,六曰不道,

---

① 见《南齐书·文惠太子传》:“太子与竟陵王子良具好释氏,立六疾馆以养穷民。”

② 见《梁书·武帝下》,梁武帝颁布诏令:“凡民有单老孤稚不能自存,主者郡县咸加收养,赡给衣食,每令周足,以终其身。”

③ 见《北魏律》“诸犯死罪,若祖父母、父母年七十以上,无成人子孙,旁无期亲者,具状上请。流者鞭笞,留养其亲,终则从流,不在原赦之列”。

④ “十恶”,即“谋反、谋大逆、谋叛、恶逆、不道、大不敬、不孝、不睦、不义、内乱”(见《唐律》)。

七曰不敬，八曰不孝，九曰不义，十曰内乱”。到了唐代，《唐律》中的“十恶”“不孝罪”位列第七，而位列第四的“恶逆”，以及位列第八的“不睦”均涉及对不孝的处罚(杨华，2016)。例如：

“恶逆”谓殴祖父母、父母，杀伯叔父母、姑、兄姊、外祖父母、夫、夫之祖父母、父母(殴打及谋杀祖父母等直系亲属)。

“不孝”谓告言、诅詈祖父母、父母，及祖父母、父母在，别籍、异财，若供养有阙；居父母丧，身自嫁娶，若作乐，释服从吉；闻祖父母父母丧，匿不举哀，诈称祖父母、父母死(诅咒、谩骂祖父母、父母；祖父母、父母在而别籍异财，供养有缺；在父母丧期内嫁娶；若在外地听闻祖父母、父母过世而匿不举哀等)。

“不睦”谓谋杀及卖缌麻以上亲，殴告夫及大功以上尊长、小功尊属[①]。

值得特别留意的是，在隋唐时期，对于“不孝罪”的解释，也反映了对秦汉法律的继承与发展，以及儒教礼制的影响。例如，对于家庭赡养，特别是对于“供养有阙(缺)”“别籍异财”有着详细的法律规定。如，根据《唐律》的规定：“诸子孙违犯教令及供养有阙者，徒二年。谓可从而违，堪供而阙者。需祖父母、父母告，乃坐。”意思是子孙若违背父母的教育和训导，以及未尽赡养义务，要处徒刑两年。前提条件是能执行父母教令而不执行，有能力供养父母而不尽义务，祖父母、父母提出“不孝”的控告才受罚。可见，法律对于“供养有缺”并不是一概而论的，不单只是注重礼教，而是有前提条件的以法律确认这种以能力和经济为基础的赡养。而对于“别籍异财”，《唐律疏议》规定，“诸祖父母、父母在，而子孙别籍、异财者，徒三年。别籍、异财不相须，下条准此。若祖父母、父母令别籍及子孙妄继人后者，徒两年，子孙不坐。”意思是说，若祖父母、父母在，子孙另立户籍或分拆家产，处徒刑三年(并不需别籍、异财两者同时兼备)；若祖父母、父母同意子孙另立户籍或不法过继给他人，祖父母、父母处徒刑两年，子孙不处罚。从以上法

① 缌麻、小功、大功指根据服制确定的亲属范围。“缌麻亲”指男性同一高祖父母之下的亲属，“小功亲”指同一曾祖父母之下的亲属，“大功亲”指同一祖父母之下的亲属。

律对赡养做出的各项规定来看,古代社会对于“不孝”的规定和处罚是非常具体的,既体现了尊崇儒家礼教的社会风范,又体现了中国古代社会礼法交融,道德法律化,法律道德化的实质。尊礼即是守法,礼的原则和规范在法律中得以实现,从而使得宗法关系得以维护,社会得以稳定和发展。

3.3.4 宋、元、明、清朝:家庭赡养制度的巩固与发展

宋、元、明、清朝中期的养老,基本承袭了自汉代以来“以孝治天下”的立国原则,并延续了唐代的相关法律制度。从总体来看,家庭赡养的基本原则仍然贯穿了儒家的家庭伦理规范,并将其用于朝廷的施政实践,以下将从几个方面总结这一时期家庭赡养制度的特点及发展。

1. 对老年人的制度保障。对老年人的制度保障主要体现在提倡“同居共财”“侍丁制度”以及对于官员的侍老及留养制度上。“同居共财”要求子女与祖父母、父母共同居住以便于赡养,否则将受到刑法制裁。例如,《宋刑统·父母在及居丧别籍异财》延续了《唐律》中关于子孙别籍异财的规定,违反行为将受到刑罚。两宋继承唐朝,实行“侍丁制度”——为了保证高龄老人得到家庭赡养而免除其子孙赋役的政策,得到豁免的子孙即为侍丁。如宋仁宗“其父母年八十者,与免一丁,著为式”即为实例。此外,宋代对于官员侍老也有专门的规定。如《宋刑统·匿哀·冒哀求仕》规定“祖父母、父母老疾无侍,委亲之官;即妄增年状,以求入侍及冒哀求侍者,徒一年”。宋代还保留了源于北魏的留养制度,对于家有“老疾无侍”的高龄老人的服刑者采取缓刑侍老的政策。

2. 致仕官员的退养制度及对老年人的物质救助。宋、元、明、清时期沿用了前朝的官员致仕制度,给予退休的官员特殊的礼遇,例如给予加官一级。例如《元史·选举志》解释,加官进秩指的是“内外官员至七十者,三品以下,于应授品级,加散官一等,令致仕”。明代对于生活有困难的退休官

员,政府还给予特殊补贴。清朝顺治年间则规定 60 岁以上正常致仕八旗武官发给原俸禄之一半(见《大清会典事例》)。除了致仕官员的退养外,国家对于有困难的老年人还建立了救助制度。例如,《元史・食货志》说,元世祖中统元年曾下诏“鳏寡孤独废疾不能自存之人,天民之无告者也,命所在官司,以粮赡养之”。明朝,据《明太祖实录》的记载,明太祖洪武十九年发布诏令“若贫无产业年八十以上者,月给米五斗、肉五斤、酒三斗;九十以上者,岁加赐帛一匹、絮一斤。其有田产能赡者,只给酒肉絮帛”。

3. 养老机构的发展。宋朝是中国古代慈善事业得以大发展的时期(郑琴渊、陈章明,2014)。两宋时期先后设立了福田苑、居养院、广惠坊、养济院等救助机构,收容生病无依、不能自存的老年人。《宋史・食货志》记载,北宋初年在京城(开封)设置东、西福田苑,用以收养“老疾孤穷丐者”。在元朝,据《元史・刑法志》记载,国家对于失去生存能力而又无人收养的鳏寡孤独疾废者给予救助。清朝则承启前朝的做法,设立养济堂、普济堂等机构。《清世祖实录》记载“各处设养济院,收养鳏寡孤独及残疾无告之人”。

4.“不孝罪”的刑法处罚。宋朝仍然沿袭《唐律》,把“不孝”列入“十恶”,对于子女有“不孝”行为(如别籍异财、供养有缺等)的加以刑法处罚。但对于不孝罪的量刑方面则有别于唐代的规定。元朝则取消了将“不孝”列入“十恶”,然而对于伤害祖父母、父母或不尊长者的行为处以极刑;对虐待、杀伤老年人者同样处以最严厉的刑罚。例如,《元史・刑法志》记载,“诸子孙杀其祖父母、父母者,凌迟处死,因疯狂者处死。诸子醉后殴其父母,父母无他子,告乞免死养老者,杖一百七,居役百日。诸子弑其继母者,与嫡母同”。到了清朝早期,仍延续了“不孝”列入“十恶”的规定。《大清律例・名例律》对于不孝的规定亦没有文字上和内容上的改变[①]。

① 《大清律例・名例律》规定“不孝”,“谓告言,咒骂祖父母、父母,夫之祖父母、父母;及祖父母父母在,别籍、异财,若奉养有阙。居父母丧,身自嫁娶,若作乐、释服从吉。闻祖父母、父母丧,匿不举哀,称祖父母、父母死”。

从这一时期的赡养及相关政策来看,国家对于尊老、敬老的传统大多数沿袭了前朝的规定,相关法律及施政体现了维护礼教的根本。然而,不同朝代之间相比,在一些方面有继承也有发展。例如,从养老机构的设立和对于老年人的制度保障来看,国家承担和发挥了更多的福利职能,体现了家庭赡养和国家责任的结合,有助于实现老有所养。此外,从政策和法律的执行层面上看,儒家的伦理和强调亲情与人情体现在律法的规范中。

3.3.5 清末到民国初期:礼法之争和孝道伦理的转变

自1840年鸦片战争之后,中国逐步丧失了主权和领土完整,进入了半殖民地半封建社会。随着商品经济的发展,越来越多的女性开始在家从事劳动,通过纺纱、织布和生产其他产品供给市场,随着女性对家庭收入的贡献,她们在家庭事务决策中占据越来越重要的地位。在与世界各国的交往中,传统的儒家以父权家庭伦理为核心的各项制度开始瓦解,取而代之的是近代平等、自由、独立的家庭伦理。这个时期的养老和家庭赡养的变化主要体现在以下两个方面:

一方面,古代养老体制以及传统的孝道思想受到挑战的集中表现为清末的“礼法之争”。在清末1905年修订《大清新刑律》过程中,发生了中国法制史上的“礼法之争”。自唐代以来中国古代立法,原则即是“礼法并用”,即所谓的“德礼为政教之本,刑罚为政教之用”。随着自给自足的自然经济瓦解,家庭所依赖的经济基础逐步衰弱,关于“礼法”的理论争议——以张之洞、劳乃宣为首的“礼教派”和以修订法律大臣沈家本为代表的“法理派”就如何对待西方近代法律精神与中国传统法律原则展开了辩论。其结果之一是《大清新刑律》对原有的封建刑法制度做了大量的删减,“十恶”制度被正式废除,封建社会有关“不孝”的刑事处罚及封建的宗法思想开始动摇(王伯琦,2005)。

另一方面,随着中国逐步走向开放,西方社会福利思想也逐渐传入,又恰逢局势动荡、战乱频繁、鳏寡孤独及贫病者剧增。于是,本土的民间组织、外国宗教团体以及民族工商业企业家等筹办的社会慈善事业开始出现,并进行了中国近代最早的福利实践。例如,据《光绪顺天府·京师志》记载,除了养济院、普济堂等大型官办救济机构外,光绪年间京城的各种官私慈善组织为 89 个。而到了 1923 年,根据"北京基督教青年会"对北京内外城的慈善机构进行的实地调查,显示其慈善组织增至 370 余个(王娟,2006)。虽然这些慈善机构主要以"教育、救济、医疗"为重点,但是其借鉴近代西方国家的慈善救助模式则给了中国近代慈善救济事业以很大启发。这一时期,本土的民间团体、慈善机构、商界等非政府组织与西方最早进入中国的教会组织最先进行了养老会的尝试,这也是中国近代养老服务业的萌芽(郑琴渊、陈章明,2014)。值得指出的是,这时社会慈善和福利机构的对象并不局限于老年人,而是以收养老弱病残等弱势群体为主要救助对象,以衣食救济为其主要方式。在众多民间慈善机构中,极少有专门为老年人服务的团体,因此对于老年人的服务和供养是非常有限的。对于一般的民众来讲,家庭仍然是提供养老和生活照料的主要场所。

总体来看,近代中国,由于外来文明的输入,使得传统的儒家孝道伦理遭遇了重大冲击,并加速了其衰落的进程。然而,种种批评与辩论并不是对于传统的尊老、敬老观念的推翻,也并不代表着孝道的衰亡,反而是反思和重构,剔除封建等级压迫,保留其精华还原其本初的过程。这一时期的养老和传统社会赡养长者有所不同。传统社会的赡养是封建家长制的体现,其建立的基础是老年人的封建权威,不仅反映的是老年人在社会和家庭中的主导地位,更是其具有特殊权利的表现;近现代社会的孝道和赡养则更多体现了人文关怀和人道主义精神,不但是个人、家庭的义务,也是社会、国家应尽的责任,最主要的是老年人应有的权利(陈叔红,2007)。

第四章

现代性与家庭及赡养责任的结构性转变

在本书的第三章讨论了中国家庭的历史演变。在本章节中，我们将对中国家庭发展的动力及其影响家庭结构和养老功能的社会、经济、政治因素进行讨论。值得提出的是，我们将中国家庭的发展纳入对于历史资料的分析中，这当中不仅仅探讨了中国家庭在历史的发展过程中的宏观因素，也对影响个体家庭发展的微观因素进行讨论。这是因为从历史的分析中不仅仅体现了中国家庭与其他国家、地区家庭的发展所展现出的共性，从中亦可以看出中国的传统文化，特别是儒家文化在家庭的变化和发展过程中所发挥的重要作用。与上一章节所不同的是，在本章的讨论中，我们将以理论的分析为主，而具体的事例将会在之后的章节中逐一讨论和展开。

4.1 从历史看中国家庭的发展:普遍性与差异性

通过对中国家庭发展的历史的回顾可以看出，中国家庭的变化过程可能并不像我们之前所认为的那么简单。无论存在于不同的社会阶层或群体之间的差异,还是其共同特征,都可以在每一个历史时期中找到。家庭制度之所以产生,不仅是因为主流意识形态的盛行,如儒家家庭伦理和强制个人行为的法律和法规,而且是人们在不同的社会和经济条件下所作的符合实际的选择。

以下,我们将阐述不同历史时期中国家庭发展的宏观因素和微观因素之间的相互作用,并试图勾勒出一种分析现代社会影响中国家庭变化的新范式。

4.1.1　家庭的一般发展趋势:普遍性

在古代社会,经济模式、土地所有权、政治制度以及国家意识形态等宏观因素极大地决定了家庭的主导结构和主要功能。例如,在原始社会,由于生存是个人和社会生存的基本动力,人们仍然需要依赖自然资源。在这个被称为“旧石器时代”的漫长时期,人们生活在社会群体中。家庭尚未出现,但婚姻已开始规范化,并且当时已经具有足够的社会文化基础来支撑一个人类家庭的产生。然而,在新石器时代,特别是新石器时代后期,由于农业的发展以及石制和木制农具的产生及农业生产技术的进步,个体家庭可以通过农业生产、狩猎和采集活动中的合作来维持生存。这个时期,由于农业仍不发达,也不足以生产足够的粮食来维持人们的生活,因此个体家庭作为一个更大的亲属群体的一个部分,依靠其氏族内部的广泛亲属关系来提供支持和防御。

部落社会中氏族的早期形成体现了更复杂的社会结构和社会分层的发展。虽然政治制度是以亲属关系为基础的,但个人或家庭的社会地位取决于与王室、贵族以及其他亲属关系的距离。因此,这些家族被组成或从属于分层的宗族谱系。此外,由于每一宗族不仅是一个血缘关系的群体,也是维持经济甚至政治制度的基础。一个家庭的地位取决于其在宗族中的世袭地位,而宗族统治者也控制和统治着他们的家庭成员。在经济上,一个家庭既没有私人农具,也没有耕地。正是血统及亲属内的合作确保了个体家庭不会因为整个社会的生产力相对较低而陷入贫困。

春秋以后,个体家庭逐渐从庞大的父系亲属体系中解放出来,形成了独立的、自给自足的经济单位。尤其是魏晋时期经历了漫长的战争和分裂,亲属之间的相互支持和关心显得尤为重要,个体家庭甚至是邻里之间的守望相助也成为维系社会生活的重要支撑。而在西汉时期,由于儒学被确立为国家思想,国家鼓励亲属间遵从儒家的家庭伦理,进一步推动了直系和扩展大家庭成为理想的家庭形态。例如,在西汉时期编辑出版的《礼记》和《孝经》中,儒家伦理作为家庭道德规范的基本原则——以“三纲五常”为核心,已经形成并得到普遍承认。从那时起,儒家伦理逐渐成为传统文化规范的一部分,渗透到人们的日常生活中,并逐渐成为惯例。除了道德规范之外,国家在统治层面也对与父母、兄弟和子女同居的官员家庭给予减税或免税待遇。以上的两个原因,再加上以农业为主的生产方式导致了中国家庭制度在这一时期发生重大变化,对后世的巨大影响一直延续了数百年,直至清末。

由此可见,在一个以简单分工为基础的传统宗法社会中,以家庭为基础的农业生产符合当时的经济和社会发展,或者换句话说,适应了当时的社会结构和经济基础。在这种情况下,家庭成为一个独立的社会和经济单位有助于提高农业生产力和维持社会中的封建等级制度。此外,由于为个人提供的社会福利或保护很少或根本没有,家庭也是一个多功能的社会组织,其职能包括了劳动生产、生育、教育和宗教。从国家层面上看,家庭还为社会承担了强制劳动、纳税和兵役等功能。在所有以上的职能当中,照顾和支持年老的家庭成员被认为是当中重要的一环,家庭养老的这一概念自古代起就对社会的生产和生活产生了深远的影响。

汉代以来,从史料的记载中可以看出,中国的家庭制度是由其独特的文化特征形成和发展的。这种文化特征也贯穿于其后的各个朝代。虽然在这一变化和发展的过程中发生了某些变化,但家庭系统的基本特征或其重要的结构性要素变化很小。这种情况一直延续到清末,家庭才在来自内外的双重压力下开始发生巨变。从 19 世纪中叶的外来入侵开始,大量的文献阐述了中国家庭在转型过程中出现的变化。这其中也包括大量的反映现实的文学和艺术作品。在这一时期,社会、经济、政治和文化变革对家庭所发生的结构性转变做出了解释。除了社会主义的政治变革外,还包括生产力的发展,特别是工商业的迅速发展,以及西方文化和现代价值观的传播等文化因素。至此,中国家庭为进一步适应现代化的发展,走上了和西方相类似的道路。

表 4－1 概述了在不同历史时期、不同的社会经济模式之下的家庭演变趋势。

表 4－1　家庭的结构和功能在不同社会和经济模式下的演变

社会和经济模式	家庭的结构和功能（占主导地位的）	特征（标准化的）
原始社会	家庭的出现	· 婚姻开始规范化 · 已经具备人类家庭形成的社会和文化基础
部落（宗族）社会	结构：未知 （家庭依赖部落/宗族当中的扩展的亲属关系） 功能：以生存为基础的基本功能（生育、保护以及合作生产）	· 家庭成员在狩猎、采集和简单农业方面进行合作 · 个体家庭依赖于部落/宗族当中扩展的亲属关系提供支持、防御和保护 · 个体家庭在维持社会的正常运转方面有着非常大的作用

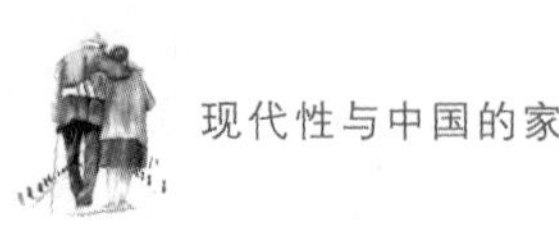
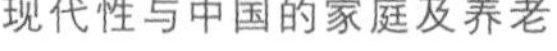

续表

社会和经济模式	家庭的结构和功能（占主导地位的）	特征（标准化的）
封建社会	结构：父系家庭（复杂的扩展、扩张及直系的家庭结构） 功能：混合及多样的（生育、祖先崇拜、生产、教育、保护青年及老年家庭成员）	· 家庭成员在农业生产中合作，成为自给自足的社会及经济单位 · 家长制的家庭组织原则 · 儒家的家庭伦理，包括孝道、性别以及年龄等级
现代社会	结构：独立的家庭（简单的核心家庭） 功能：专业化的功能	· 工业生产占主导地位 · 男性（也包括一部分女性）家庭成员面临养家糊口的压力 · 小家庭，两代家庭

4.1.2 中国传统家庭发展的差异性

从历史的角度去看中国家庭在过去一千年中的变化和发展，可以发现，仅仅考虑宏观因素并不能完整地反映中国家庭在整个历史中的演变。显然，在不同历史时期都有其主导的家庭形式，或者被看作当时理想的或标准化的家庭模式。然而，现实并非如此简单。从上一章的描述中很容易看出家庭与家庭之间存在的巨大差异，特别是随着社会变得更加复杂和分层化（体现为不同的阶层和等级），这种差异就变得越来越明显。因此，仅仅从宏观社会因素解释中国家庭的形成和发展是不够的。这是因为宏观的社会经济、政治发展虽然从整体上对家庭有着深远的影响，但未能解释不同社会阶层和群体之间所存在的巨大的差异性。如上一章所述，个人的政治和经济地位决定了他们在家庭组成和职能上的不同。对中国古代家庭的深入考察，揭示了影响家庭发展取决于宏观和微观力量的相互影响和作用。

在原始社会中，由于社会没有产生任何盈余，因此个人之间的差别很小。然而，从原始社会末期（石器时代）开始，农业生产的发展和财富剩余导致了社会分化的出现。在随后的夏、商、周三个朝代，随着社会经历了许多重大的社会和政治变革，复杂的社会等级也得到了发展。如前所述，由于存在社会造成的不平等，在封建等级社会中，属于上层或统治阶级的人享有威望和许多特权，使他们有别于其他社会阶层的成员。毫无疑问，在财富不平等的情况下，社会和经济制度是建立在不平等关系基础上的。这表现为个人的地位是不平等的，而权力通常与家庭生活的差异有关。这些差异不仅表现在家庭结构上，而且表现在家庭功能上。

即使在秦朝以后，当亲属关系不再被视为财富和资源分配的基础时，在封建的等级制度下，个人的社会地位和个人所拥有的资源也大相径庭。在之后的朝代，甚至当阶级制度并没有被严格遵循的时候，表现为不同社会团体之间的等级仍然影响着人们的社会生活。从清末开始，情况发生了翻天覆地的变化。随着商品经济的发展、封建体制的瓦解，以及民主共和国的建立，上层阶级的政治和经济特权消失，他们的家庭也陷入衰败。在一系列新实施的法律法规中，一些过时的封建家庭伦理和道德被抛弃，取而代之的是宣扬个人平等、婚姻自由等符合现代国家的价值观念。因此，在某种程度上，个体家庭之间的结构性差距逐渐缩小。当然，这并不意味着家庭之间的差异已经消失。相反，从某种意义上说，随着个人经济独立程度的相对提高，以及个人获得社会资源的能力的差异，使得影响家庭的因素变得更加复杂。这表明必须考察宏观和微观的相互作用才能够解释中国家庭的变化。

4.1.3　近现代中国家庭发展的启示

如前所述，家庭的发展是一个复杂而动态的过程，它既体现了宏观上社会经济发展的影响，也体现了微观上的个人以及现实经济条件的影响。从中国家庭在历史上的发展来看，宏观的社会、经济、政治和文化发展在家庭的演变中发挥了决定性作用，而个体差异则增加了这一变化的复杂性和动态性。

回顾中国古代家庭的发展历史有助于了解家庭是如何随时间而发生变化的，且为我们分析近现代中国的家庭提供一个分析框架。中国家庭的发展历程是独特的，这是因为中国家庭的变迁方式是建立在过去的基础上的，并且与中国的传统文化和历史有着密切的联系。与此同时，与影响西方国家家庭发展的过程相比，中国的家庭发展不仅和西方有很多相似的影响因素，而且有着相似的社会特征。从这个意义上说，中国家庭发展的普遍性在于这些变化与外部世界密切相关，与社会、经济和政治发展带来的外部变化密切相关，而中国家庭的独特性则在于其所处的独特的历史文化背景。这一事实可以表述如下：

1. 中国家庭的发展既取决于系统内部的因素，也取决于与其他系统互动的外部关系。在此基础上，特定历史阶段的家庭制度与该阶段的社会、经济、政治和文化结构是相互适应的，表现为家庭制度与该阶段所处的宏观环境和影响因素密切相关及相互作用。

2. 虽然处于同一时代的个人面对着相似的来自外界的挑战，但不同社会群体和社会阶层的个人适应外部环境和变化的方式不同，这也反映了他们在家庭构成和生活方式方面的巨大差异。在分析这种相同和不同的过程中，需要结合宏观经济发展和个人为适应实际情况而采取的微观适应策略，并仔细分析这些异同。

3. 显然，国家和政府的某些行政或法律上的规定或多或少地影响了家庭制度。儒家的孝道传统就是一个很好的例子。它在很大程度上影响了国家法律法规的制定和颁布，而且对中国家庭制度的形成和发展产生了很大的影响。

4. 中国传统文化和历史对家庭的形成和发展产生了深远的影响。之所以需要从历史的角度去看中国家庭，一个主要原因是，透过分析能够使人们更理解中国家庭是如何作为一个独特和独立的进程而发展的，以及了解这一过程与西方国家有何相似和不同之处而具有其鲜明的文化和历史传统。

因此，本研究提出应该运用宏观和微观相结合的分析框架来考察中国家庭的演变，为理解中国家庭的发展提供更全面的方法和视角。这样的框架可以将对中国家庭内部变化的理解从广义转向对更为复杂的问题的理解，包含了侧重于特定的背景和个人情况的分析，而这些情况在社会发展过程中决定了家庭的结构和功能。然而，由于数据和方法论上的限制，我们不可能在连续的历史阶段对家庭发展做出详细和有重点的解释。制约的因素也包括可用于研究人们为适应具体社会和政治条件而采取的策略的相关文本和资料的一致性。不过，纵观历史，透过对中国家庭演变的回顾和分析，仍能为分析和理解中国家庭的变迁提供一个值得去观察和思考的历史背景。接下来的部分，我们将基于西方的现代性理论，对影响中国家庭转型的原因进行详细分析，从宏观和微观两个方面分析影响家庭发展的宏观因素和微观因素。

4.2　社会、经济、政治发展对家庭和养老的影响

西方的现代性理论及其家庭结构和功能的相关文献，为我们分析和理解中国近现代的家庭发展提供了一个良好的视角。但是，我们也应该看到，在把现代性作为普遍的发展经验（universal experiences of development）时，也应该考虑到每个国家或社会的独特性（uniqueness）。从这个意义上说，尽管中国深受西方发展模式的影响，但中国的现代性也反映了中国的文化和历史经验。因此，与其他社会相比，中国的现代性应该被看作独一无二的。与此相对应，中国家庭在现代化进程中也应与其他国家不同，并受中国特定发展道路的影响。

正如现代性所具有的“普遍性”和“特殊性”的双重性质一样，重要的是当我们通过西方的“一般”（general）范式或理论分析中国家庭的变化时，应当进行适当的修改和调整以符合“特殊”（specific）的背景和文化。本研究以“现代性”理论作为基本的分析框架，并结合特定的影响家庭变化的实际因素来分析中国的“现代性”如何在宏观和微观层面对家庭的结构和养老功能带来影响。

4.2.1 现代性的四个制度层面及其影响

在《现代性的后果》（*The Consequences of Modernity*）一书中，吉登斯既没有讨论现代性的概念，也没有讨论什么是前现代和现代社会，而是关注现代性在社会中是如何发展的，并把关注点转移到现代性发展所带来的主要经济和政治发展过程上。在这部具有代表性的著作中，他认为现代性有四个主要的制度层面（Giddens，1990）：

1. 工业化（Industrialism）。工业革命将基于农业发展的社会经济转变为以制造业为基础的经济发展模式。技术创新为生产方式带来了革新性的改变，从而影响围绕生产的社会关系。新技术的应用提高了生产率，从而提高了个人收入。资本的积累促进了投资创新，从而转向更新的技术，使得工业化进程可以继续发展。随着专业化分工的发展，更多的人需要具备专业化的知识和技能得以从事相应的工作。由此带来的结果是，大多数就业人口从农业生产中脱离出来，在新建的工厂和机构中工作。因此，工业化的结果不仅影响了个人工作场所的改变，而且涉及交通、通信以及人民生活的结构性变化。

2. 资本主义（Capitalism）。一般来说，资本主义社会被认为是现代社会中一个独特的子类型（subtype）。尽管人们对资本主义的确切定义存在争议，但是，在对于资本主义是否涉及雇佣劳动（waged labor）以及创造商品或服务以牟取商业利润方面,几乎没有争议。除此之外,资本主义还包含了一个概念,即传统的封建生产方式被一种强调市场的生产制度所取代。在这种制度下,价格和工资是其中非常重要的要素。它同时也是一种经济体制,伴随封建主义的消亡而产生。资本主义最早在欧洲产生和发展,在19世纪末和20世纪逐渐蔓延到世界各地,并最终成为世界上最主要的经济模式。资本主义制度同时具有若干具体的制度特征。例如,资本主义企业的竞争性和扩张性促进了技术创新;经济关系被认为是最重要的社会关系;资本积累在很大程度上决定了经济的发展,因此对国家组织或其他制度的掌控还远远不够完整。总的来说,资本主义提供了工业化的主要手段,一种新的阶级结构开始出现:企业家阶层和雇佣工人阶层。

3. 监管(Surveillance)。它是指在政治领域中对公民的行为、活动或其他不断变化的信息的监督和管理。监管通常与政府对个人或团体的督查联系在一起,以此作为行政权力的基础以维持社会控制,特别是对信息的控制和社会的监督。在吉登斯看来,这在本质上取决于信息的一致性,并代表着新的行政权力制度的建立(Giddens,1998)。监管对于现代国家是非常有用的,因为它提高了政府对其人民(通常是其公民)活动的管控能力,并能够采取相应的行动或采取一切必要的步骤。虽然它作为公共行政的基础很重要,但有时也会产生负面影响。

4. 军事力量(Military power)。正如吉登斯所叙述,控制暴力的手段是与现代性的兴起相区别的第四个制度层面。军事力量一直是前现代文明的核心特征,但近代军事性质发生了重大变化。通过在其领土内成功垄断暴力的手段,各民族国家可以获得稳定的军事支持。这反过来也导致了战争的工业化。随着群体性战争作为一种不同于以往军事力量形式的发展,战争的性质与科学技术的发展和机器文明的发展密切相关。对于吉登斯来说,军事力量也被视为与现代性区别于其他三个维度的第四个特征。

以上所提到的四个现代性的制度层面代表了现代社会的重大变革。

本研究采用吉登斯对于现代性的解释作为分析的蓝本,因为它具有几个重要的理论和分析意义。首先,四大变革纳入了现代性中的一些重要进程,反映了社会、经济和政治方面的变革。特别是工业化和资本主义被认为是世界上大多数国家最普遍和最根本的力量,经常被视为在社会发展中起到了重要作用(Eisenstadt,1974;Webster,1990;Harrison,1988)。此外,正如我们在第一章前半部分所讨论的那样,尽管诸如拉斯利特(Laslett)和威格利(Wigley)等社会学家的论述已经推翻了前工业社会存在典型家庭模式的概念,但他们的研究表明,在现代化社会(如城市和工业发展、政治组织)发展中的趋同显示了现代社会家庭某些特征的相关性(Laslett,1972,1977;Wigley,1972)。其次,有些学者,例如帕森斯认为现代性不可避免地与某些一般或抽象的制度和结构特征相联系,如世俗化(Secularization)、官僚制(Bureaucracy)、个人主义(Individualism)和结构分化(Structural differentiation)(Parsons,1951,1965)。虽然这些概念被认为是现代世界的重要概念,但其中一些概念——界定其核心理念的定义相当薄弱或模糊,很难用来衡量当今社会发展的阶段或水平。相反,吉登斯的模型强调了进化的观点,特别是"层次"的概念,并允许在不同的社会之间进行比较。例如,根据吉登斯的定义,这四个制度层面代表了现代社会制度上的最基本特征,在全球均具有相关性。因此,通向现代的路径被认为是一个复杂、动态和持续的过程,受到四大"变化"发展的影响。这种观点认为,一个社会的现代性水平可以反映在相关的社会、经济和政治制度的重大发展中。这种模式发展的组合显示了在方法和分析方面的进步,因此对比宏观社会分析能够更精细和有区别地去看待。

4.2.2 本研究的分析框架

根据吉登斯的理论,现代性的四个基本的制度维度代表着近现代经济、社会、政治发展的总方向。从这一角度来看，所建立的新制度或社会结构可适应一般性的变化，特别是各种内部和外部的挑战。在这种模式的背后，有一种假设，即现代性的出现是伴随工业化、资本主义、监管和军事力量的崛起而出现的。然而，实际情况要复杂得多。我们必须认识到现代社会的形式可能发生的多样性，以及走向现代性可能存在多种途径。例如，中国是一个具有独特的特征和文化而走上现代道路的例子。从历史上看，中国的现代性道路不是必然的，也不是内在的，而是从一开始就受到外生力量的驱动。不同的国际环境和鲜明的文化历史传统使中国的现代性形态不同于西方发达国家的经验。事实上，如艾森施塔特等学者所论述，“结构的开放性和可持续性使任何形式的现代性成为一个动态的发展和改革系统”(Eisenstadt, Riedel & Sachsenmaier, 2001)。

此外，如文献所述，有理由相信，在家庭内，并非所有四个制度层面都对家庭的结构和支持老年人的功能有着影响。例如，监管和军事力量基本上与政治领域的发展相联系，在解释家庭的方面并不适合。此外，在儒家的家庭凝聚力和孝道精神的影响下，中国家庭在其走向现代性的道路上可能面临着特定的挑战。因此，基于经验证据的分析对于了解中国家庭现代化与变革关系的本质是至关重要的。

在这个意义上，我们不得不重新考虑模型的一些假设，并根据中国实际发生的情况来做出解释。特别应强调的是家庭在应对影响经济、政治、社会和文化秩序变化上的方向和努力。

中国现代性的宏观制度后果

正如吉登斯所论证的那样，现代性的出现不仅是现代经济秩序的建立，也是一种独特的民族国家的形成。这就是为什么现代性的制度后果包括广泛的经济和政治发展。一方面，工业化和资本主义被认为是变革的重要驱动力量。经济秩序的建立尤其改变了传统的生活方式，也改变了人与人之间的交往。另一方面，工业化通过强调机械在生产过程中的中心作

用,不仅影响到工作场所,而且也影响到个人的生活及其他领域。

在吉登斯看来,城市化(Urbanism)作为现代性的一种重要的制度后果,并没有被单独提及。然而,事实上,在许多国家的经验中,在经济发展水平较高的地方,城市化和工业化有时是同时发生的。更重要的是,工业扩张往往被认为是城市化的原因和结果。在本研究中,我们将城市化与工业化分开,因为城市化亦是现代性的另一个重要后果。首先,城市化和工业化之间有着高度的相关性。在许多国家的经验中,城市化伴随工业的崛起、城市人口增长率的提高以及农村向城市的迁移。例如,工业技术趋向于瓦解乡村社区,而交通的发展使人口从农村地区迁移到城镇。其次,从社会学的角度看,城市化不只是城市实体的改变,也是城市生活方式的变化。在许多文献中,城市化被广泛地认为是现代社会影响家庭生活和模式的重要因素之一(Goode,1963;Stancy,1996)。许多学者经常引用一些解释,例如,随着城市社区的发展,许多人从农村地区迁移到城市,带来了高度的社会流动性和移徙的发生,导致家庭成员在地理上的分离。

与此相对应,监管和政治权力更多的与政治领域的发展有关。前者对于现代性的兴起和民族国家的运作至关重要,而后者主要取决于信息的重构,一般指战争和军事技术的革新。诚然,现代性的这两个维度对社会生活的许多方面都有一定的影响,但本研究的重点是对家庭的分析。因此,以上两个维度不太适合解释家庭的转变。相反,在政治领域所涉及的公共政策的发展,特别是社会政策,对家庭的形成和老年人照料的变化有着更大的影响。这是因为,作为政治领域发展的一个关键因素,社会政策的进步反映了适应和应对经济和社会条件变化的体制背景。此外,正如我们将在下文讨论的那样,涉及社会保障、健康、教育、住房、社会服务等领域的社会政策与人们的福祉密切相关,从而对人们的生活产生了深远的影响。

基于上述原因,以下部分将对我国工业化、城市化以及社会政策的发展做一回顾和探讨。

中国的工业化和城市化

在 18 世纪和 19 世纪初，中国经历了一场“工业革命”，但其真正的快速增长是从 20 世纪 50 年代开始的，其目的是使中国经济从一个以农业为主导的国家转变为一个现代的社会主义国家。在苏联的帮助下，依据国家主导的以发展重工业为导向的产业政策实施了第一个五年计划（1953～1958 年）（Bramall，2009；Jin，2010）。结果是在很短的时间内，在政府增加投资的前提下，中国制造业急剧增长，建立了一个相对独立和全面的工业体系。到 20 世纪 60 年代末，制造业已成为我国经济发展的主要动力（Jin，2010）。然而，在“大跃进”（1958～1960 年）和“文化大革命”（1966～1976 年）时期，正常的社会经济工作一度中断，工业化的发展也在很大程度上遭遇了阻碍。在此之后，国家制定了协调、平衡的发展战略。从 20 世纪 70 年代中期开始，人们逐渐开始认识到，中国要想顺利实现工业化和现代化，就必须改变这条由要素驱动的发展道路。

20 世纪 70 年代后期的经济改革是一个里程碑，标志着放弃苏联工业发展的模式，大大增加市场在经济体系中的作用。由此，社会主义市场经济的理论被提出，并在国家经济中占有突出的地位，且不断实践。这一时期经济政策的变化主要体现在调整和重组工业生产体系、引入市场竞争以及加快技术升级和创新，从而促进工业得以持续增长。鉴于重工业和轻工业严重不平衡，改革将国家的投资从机械和冶金转向消费品生产和对农业机械化的支持。此外，国家取消了私营和外资公司进入市场的体制和结构障碍，并允许私人拥有。然而，改革并没有放弃中央计划制度，国有部门仍然在经济中占据主导地位。新政策的目的是使国家的规划和计划功能更有效地符合中国现有的政治条件和经济条件。在此基础上，国有工业得到了保护，并保持了重要地位，而非国有部门和产业也被允许平行发展。至此，在 20 世纪 90 年代，我国利用低成本劳动力资源的比较优势和快速扩张的生产能力，在世界市场上形成了强大的竞争力，促进了产业的快速发展。

在进行上述改革的同时，农村地区工业也得到了发展，鼓励地方政府机构建立新的乡镇企业（集体所有制企业）。在这一领域的学者普遍认为，农村工业化的爆炸性增长对农村工业化的成功和城乡不平衡的纠正做出了决定性的贡献（Jin，2010；Arrighi，2009；Bramall，2009）。此外，大量乡镇企业的出现，吸收了数百万农业剩余劳动力。据阿里亚吉（Arrighi）的研究，1980 年至 2004 年，中国乡镇企业雇用的工人人数是所有外国、私营和城市企业雇用人数总数的两倍以上（Arrighi，2009）。

过去 60 年来中国的工业发展清楚地表明，立足于市场经济的改革带来了快速的工业增长，特别是在近 30 年，这种发展尤为迅速。从 1978 年到 2008 年，中国的工业年均增长率为 11.98%，国民经济年均增长率为 9.6%（Jin，2010）。中国的工业发展被称为“中国奇迹”，受到了世界各国的广泛关注。目前，中国是世界上最大的制成品出口国之一，也是跨国投资的重要场所。快速工业化不仅为实现增长和减少贫困提供了巨大的机遇，而且有力地推动了中国经济的现代化进程。

大多数学者一致认为，一方面，自 20 世纪 80 年代初以来，中国城市的快速增长显然与人口增长、政策变化和工业化有关（Kojima，1995；Yan & Ding，2007）。另一方面，农村和附近地区的迁移加上人口的迅速增长，促进了大规模的城市发展。虽然户籍制度仍然被保留，但 20 世纪 70 年代末开始的经济改革带来了社会经济的转型，亦加快了城市化进程。此外，工业扩张随着对劳动力的巨大需求和新城市中心的增长，在没有城市化的情况下寻求工业化，政府实施了“离土不离乡，进厂不进城”的政策。然而，有大量证据表明，这两个条件之间彼此相依。建立大型城市中心和城市工业在创造了许多就业机会的同时，也吸引了大量农村剩余劳动力进入新建地区寻找工作。

社会政策的发展

中国社会政策的发展经历了不同于西方资本主义国家的另一种方式。

在过去的半个多世纪,社会政策的发展大致有三个阶段。第一阶段是从20世纪50年代起,即从中华人民共和国成立后实行苏联式的社会主义制度,政府的社会政策强调中央统筹式的发展,为民众提供基本的社会福利和服务(Leung, 1997; Wong & Mok, 1995)。然而,以国家为中心的社会福利保障体系的建立是以城乡二元制结构为基础的。一方面,在社会主义平等理想的前提下,政府为城市国有企业的职工提供了全面的社会福利和保障,包括教育、医疗和退休。其社会福利和政策的目标旨在缩小生活水平和消费方面的差距,并维持社会稳定(Leung & Nann, 1995; Mok, 2000)。此外,城镇职工在国有企业有终身就业保障。另一方面,在农村地区,随着私有和农业集体化的废除,人民公社得以建立。农村居民成为公社的一员在生产队工作,通过工作点制赚取收入。鼓励个人依靠公社和家庭获得生活所需的资源(Xu,2002;Leung,1996)。由于国家在社会政策和福利提供方面发挥了主要作用,以前个人和家庭在经济支助、医疗、教育、住房和保护方面的作用大大减少(Wong & Mok, 1995; Xu, 2002)。

社会政策发展的第二阶段始于20世纪80年代中期,作为对其经济改革的回应,社会政策和福利的改革与一系列结构性的社会和经济变化是一致的。为了配合经济改革的实施,政府开始通过市场化和商品化的战略来调整社会政策。为了减少福利开支和减轻企业的负担,改革的重点是向有需要的人提供最低限度的社会救济,并让各种非国家机构（私营部门)参与福利的提供(Mok,2000;Chan et al. ,2008)。与此同时,一系列改革措施的颁布将政府提供住房、保健、教育和社会服务的责任转移到市场、社区、个人和家庭。人们开始在劳动力市场寻找工作。这意味着政府将不再承担为每个人提供和分配工作的责任。以上这些变化代表了政府观念的转变,即社会福利和服务的提供开始由市场来实现,且由国家、社区和个人共同承担。因此,中国政府实际上减少了政府对于社会福利和服务的提供,并采取了许多新自由主义经济体普遍采用的做法和战略(Mok,2000)。

新的社会政策和福利制度被认为是与社会主义市场经济相适应的。政府在20世纪80年代中期和90年代初采取的主要福利措施包括:建立失业保险制度、全国性医疗保健制度(随着政府补贴的减少),为儿童提供九年义务制教育,以及促进公共住房私有化(Chan et al. ,2008)。一般来说,通过引入市场机制——主要表现为私有化和商品化,中国社会政策和福利的变化是迅速的。然而,正如Chan所指出的那样,因为缺乏国家福利提供的总体蓝图,“私有化导致了服务费用的提高以及取消了国有企业的福利义务”(Chan et al. ,2008)。民众(特别是那些没有特权的底层民众)必须为公共服务付出高昂的代价,并给家庭和个人带来了财政困难。

20世纪90年代中期以来,随着社会经济形势的变化,主要的社会福利和政策逐步得到改善。在医疗方面,政府发表了相关政策文件,建议在城市建立更全面的医疗保险计划。从2002年开始建立的新农村合作医疗计划,其目的是向农村居民提供财政援助和补贴。在教育方面,政府通过给予公立和私立学校以及高等教育机构更大的自主权来扩大高等教育。国家政策则通过鼓励和支持高等教育机构遵守有关法律法规,提供指导方针和加强行政管理(Mok,2002)。在住房政策方面,国家取消了国有企业和政府部门职员的住房分配。与此同时,城市住房改革要求企业和职工为解决住房需求做出贡献。政府的责任则从提供直接服务转移到主要侧重于调控市场上的住房价格,以及为贫困和低阶层家庭提供低价出租住房(Chan et al. ,2008)。

综上所述,中国社会政策的改革是一个渐进发展的过程。应当强调的是,这些改革已经取得了很多进展,包括扩大了各项福利方案的覆盖范围,并将公共援助从城市扩展到农村(Leung、Chan et al. ,1996)。然而,这导致旧福利机构的消失和转变,以及社会保障、教育、住房和公共卫生领域福利的相应减少。在某种程度上,现代中国政府与一些西方资本主义国家相似,都在广泛的领域提供公共福利服务,同时对弱势群体提供最低限度的援助，以维持社会稳定。中国的经验揭示了与许多现代国家社会政策发展的相同和差异。社会政策改革的道路对中国来说似乎仍然是一条漫长的道路，且需要不断的创新和发展。

回顾中国正在发生的三个方面的转型过程可以看出，虽然中国的近代化道路与西方国家有相似的地方，但由于文化和历史经验的不同，也有其自身的特点。中国的现代化道路总体上是综合性的，它不仅包括社会经济方面的进步，而且还包括政治方面的发展。在这一过程中，传统与现代相互作用使之形成了一种新型的社会，创造和影响了人们社会生活的方方面面。家庭作为一个基本的社会单位，在这一过程中发生了巨大的变化，其结构和功能均受到外部环境变化的巨大影响。以下各章节将简要分析宏观社会发展与家庭内部变化之间的关系。值得特别强调的是，家庭在应对这四个发展进程上所显示出的转变和适应能力。

三个制度层面及其对家庭的影响和变化

人们一致认为，家庭内部的变化与工业化和城市化密切相关。尽管有研究表明，家庭变化与工业化发展以及城市化进程可能不会同时发生，但否认这三种因素之间的关系是不理智的。工业化和城市化带来了理性化（rationalization）、世俗化（secularization）和社会结构分层（stratification of social structure），以及日益强调的技术和科学的发展。今天，核心家庭已成为中国最普遍的家庭类型。工业化和城市化使中国家庭向缩小、核心和多样化的形式转变，这都带来了对家庭中老年人支持的变化。例如，中国传统的家庭制度是建立在年长的父母对土地和财产的控制以及对其他家庭成员拥有强大的权威和权力基础之上的。然而，在现代工业经济系统中，老年人的地位往往在下降，部分原因是失去了对生产手段的控制以及生产方式的变化。当越来越多的成年子女在婚后与父母分开，对于共同生活的要求以及为家庭成员提供及时的照顾和支持的安排似乎既不现实也不可能实现。相反，新形式的家庭支持和照顾已经成为社会当中为老年家庭成员

提供的一种适应的策略。

在中国，市场经济的引入打破了传统的家庭关系，给个人，特别是年轻人和中年人提供了更多的机会去提高他们的技能，以满足现代知识型产业的需求，并在公开市场上交换他们的劳动力。物质上的安全则取决于个人获得经济收入的能力，这可能取决于特定的技能在竞争市场中的价值。反过来，那些能够赚取更多收入并为家庭总收入做出更多贡献的人可能拥有更大的谈判能力，并在家庭中获得相对较高的地位。

从不同的角度看，就业市场的出现使家庭功能变得更加专业化。以家庭支持为例，当经济生产不再依赖体力和经验时，老年人在家庭中的社会和经济地位随着成年子女地位的增加而下降。中国就是这一现象的典型例子。成年子女往往成为中国家庭中的赢家，而在身体和智力上处于不利地位的老年人在离开劳动力市场后，要么缺乏可靠的收入，要么依靠其成年子女获得经济支持。由于家庭权威的改变，以前控制生产资源和家庭财产的权力从老年人转移到年青一代。正是在这种情况下，代际关系的性质发生了变化。成年子女不再依赖年长的父母，而是反过来父母更有可能依靠子女提供支持。

关于政治发展与家庭内部变化的关系，本研究认为，现代性的出现伴随政治领域的显著发展，政治领域本身对社会也产生了直接影响，改变了家庭的结构和功能。在考虑家庭结构的变化时，似乎是公共政策的出现和发展，而不是政治制度在家庭形成和转变中发挥了重要作用，并对人民的福祉产生了深远的影响。就中国而言，这项研究认为，公共政策，特别是涵盖健康、住房、教育、社会保障、养老金和个人社会服务等领域的公共政策和福利项目促进了中国家庭的变化，改变了人们为照顾年迈的父母而采取的方式。

当社会政策不完善时，社会和政府只能为老年人提供有限的福利和保护。因此，照料的责任在很大程度上落在个体家庭上，因为家庭成员和亲属必须承担支持和负起照顾的责任。随着社会福利的发展,对家庭提供的照料和支持的需求在一定程度上减少了,部分原因是其他的社会机构承担了传统家庭中曾经由亲属提供的许多职能。这一社会作用的重要影响之一是,政府通过提供各种社会保护和福利方案逐渐承担起越来越多的公民责任,传统的家庭支持系统由此也发生了变化。

然而,为了抵消这些影响,各国制定社会政策背后的主要依据似乎有很大差异,部分原因是不同的现代化发展道路。例如,在福利国家,人们认为国家和政府应该在保护和促进公民的经济和社会福利方面发挥关键作用。因此,社会政策也许反映了一国承担适当责任的目标,并包括之前应由个人和家庭承担的那些义务。而在"大市场、小政府"原则指导下的社会中,政府的作用被认为是有限的,只有当市场无法解决问题时才需要干预。相对于福利国家的社会政策出发点,这种自由市场的观点表明个人应该对自己、自己的家庭和大家庭成员承担相对更多的照顾和支持责任。

4.3　现代性的四个制度层面及其对家庭和养老影响的再思考

回顾吉登斯的现代性模式,很明显可以看出吉登斯的现代性理论在解读中国家庭内部的变化方面仍有许多有待完善之处。如上所述,该模型没有对特定的社会文化和历史背景进行分析,因此,将其应用于家庭变迁的跨文化研究,在一定程度上限制了其解释的力度。例如,在用该模型解释家庭支持和其他与文化更密切相关的现象时,吉登斯的模式缺乏一个全面的视角,即无法从宏观和微观两个层面来看待家庭动态的变化。以中国为例,有证据表明,由于儒家家庭价值观的影响,中国家庭制度的发展路径与西方国家不同。孝道作为中国文化的重要组成部分,在相当长的一段时间内,都是代代相传的。尽管工业化和其他宏观社会进程给中国人的世界观

带来巨大的变化，但儒家文化的传统仍然对他们的家庭价值观和行为有着持久的影响。

此外，虽然儒家价值观在解释家庭结构变化的宏观过程中占有很大的比重，但吉登斯的模型没有考虑到与个人态度和行为变化有关的其他因素的影响。事实上，对家庭结构和老年人的支持功能的变化应被视为既包括宏观因素又包括个人适应策略的互动过程。虽然生活在同一环境中的人受到宏观社会条件的影响，但当他们在面对外部变化对其所施加的影响时，可能会有不同反应。因此，在相同的历史条件下，生活在同一时代的人们可以选择不同的家庭生活形式。

如果将宏观的社会过程纳入分析，就可以更好地解释这一互动过程。例如，工业化和城市化是现代性的两个不可分割的过程。它们对个人和家庭的影响非常普遍，且在这一过程当中国家间差异很小。市场经济虽然是一个与工业化密切相关的过程，但这一过程也经常被认为是社会得以发展的一个重要因素。然而，鉴于市场经济在具有不同文化和历史传统的背景下得以发展，它与各个国家的经济和社会关系之间的相互作用并不相同。社会政策最能体现这种国家间的差异，并且这些差异对家庭和社会关系产生了重大影响。它们直接影响了个体对不断变化的外部环境所做出的反应，因此可以被视为宏观和微观因素相互作用的最佳范例。综上所述，如果仅仅从宏观社会进程解释对家庭的影响出发，并不能完全把握现代世界家庭变化的本质。本研究认为，将宏观的社会经济、政治、文化进程和微观的个体差异纳入视野对解释其对家庭产生的重大影响是很有必要的。

在上述思路的基础上，本研究将探讨宏观进程和个人的选择与适应之间如何相互作用来塑造家庭，以及中国儒家的家庭价值观是如何影响家庭，以及由此产生的对老年人的新的家庭支持模式。为了提供一个更全面的视角，本研究将从以下两个方面分析中国家庭的发展：

1. 通过结合独特的历史经验和文化价值观,本研究将考察中国现代化进程中发生的中国家庭的变化。具体而言,本研究将选取三个截然不同的研究地点,从发展的三个截面考察现代性和发展,并描述家庭结构的变化及其对老年人的照顾模式的改变。

2. 作为本研究的目的，一个基于现代性四个发展过程的模型将会被提出。该模型将阐明宏观因素与微观因素之间的相互作用对于家庭的影响。通过对社会变迁因素的考察,本研究将对近代中国老年人家庭支持的变迁做出详细的分析和解释。

第五章

现代性与中国的家庭及养老的改变：以云南省的一个村庄为例

文林行政村是位于禄劝县彝族苗族自治县九龙乡的一个村庄，地处云南省省会昆明的北部约150千米。从地理位置上看，云南位于中国西南部，是一个多山区和少数民族聚居的省份，禄劝县是昆明市下辖县之一，靠近昆明北边，九龙镇则位于禄劝县东北部。文林村是九龙乡16个村庄之一，距离乡政府所在地约25千米。

从地形上看，云南省大部分是山区，大部分地区的平均海拔在600～3 000米。文林村周围的海拔大约2 310米，全村面积29.14平方千米，其中3 444亩用于耕地，约占总面积的12.7%。据县政府统计，该村人口在2008年为2 218人，总人口密度为每平方千米76人，每人拥有土地约1.55亩。除了可供耕种的土地外，还有大约40 266亩的天然林，占总面积的92%[①]。在采访中，一位村民评论说："我们有足够的土地供每个村民居住"。因此

① 来源为实地考察时所收集的政府统计资料（未公开）。

可以认为,在这一地区并不存在明显的人地比例压力。文林村以高原季风气候为主,年平均气温15℃,年降水量106厘米,为多作物农业经济提供了良好的条件。例如,旱季和雨季的降水量和温度差别很大,这为种植谷物,如玉米、大麦、土豆、豆类和烟草等额外经济作物提供了有利条件。因此,即使考虑到该村的人口出生率高于城市地区,大量的土地也能维持持续的人口增长。

文林村由13个村民小组[①]组成,共532户,其中有超过90%的劳动适龄人口,约1 491人参与农业。该村是一个少数民族自治村,主要由彝族、苗族和汉族三大民族组成。其中,彝族和苗族约占总人口的67%。村里大多数人讲彝语,尽管他们当中的一些人会说一些普通话,但交流仅限于日常常用的几个简单词语。即使是汉族和苗族,也必须学习彝语才能融入村庄。

由于相对孤立的山区环境和民族语言的使用,文林村居民与外部世界的接触非常有限,乡村的传统生活模式很少受到外界的影响。与九龙镇相通的只有一条狭窄的山路,通往该村的车辆也非常少。车辆运输在村里很少见,除了运输大量的货物,如肥料和种子,平时村里很少有车辆通过。除非重要的活动,例如定期去集市买东西,村里的村民很少离开村庄。赶集被村民认为是一个重要事件,通常一般需要几天时间来准备去集市的货物。在2009年以前,该村与市中心之间并没有公共交通服务。最近的公共交通车站距离九龙乡约25千米。直到2009年,连接周围村庄的公共汽车服务才开始从村庄外的一个车站开始运营。虽然每天只有一辆公共汽车往返于九龙乡和村庄之间,但这也使村庄受到了更多外界的影响。

从总体上看,文林村仍然是一个以高度自给自足的经济为特征的农业

---

① 村民小组是农村的基层组织形式。在不同的历史时期,农村的基层组织有着不同的名字。例如,土地改革前的农业生产合作社,人民公社时期的生产队,20世纪70年代经济改革后的村民小组。一个村民小组通常是由几个、十几个甚至几十个家庭组成的,其规模通常取决于一个地区的人口的多少。

村。然而,自20世纪70年代后期开始,在农村经济改革的影响下,文林村的整体情况也发生了很多变化。在村民日常生活的某些方面,可见城市和现代性对人们的社会经济生活有着广泛的影响。例如,近年来村里到乡的公共交通得到了极大的改善。现在的13个村民小组中有12个有公共交通服务将村庄和九龙乡连接在一起。文林村目前共拥有汽车1辆、农用运输车3辆、拖拉机2辆和摩托车198辆。村民的生活条件也有所改善。至2008年底,13个村民小组已通电,6个村民小组已通自来水。此外,全村已实现移动网络覆盖。尽管村民仍需要去乡里的中国移动服务点或客户服务中心申请手机服务,但许多人都已拥有手机,可以与家人保持密切联系。此外,电视网络的覆盖也很普遍,除了一些经济特别困难的家庭外,大多数村民可以在家收看电视。

5.1 现代性对村庄的影响

5.1.1 农业经济

从经济上看,文林村是中国传统农村社会的缩影。非农业人口占农村总人口的比例不到5%。与禄劝县的非农耕人口约占30.64%相比,这反映出文林村的商业和本土产业的发展水平很低。在文林村,大多数村民靠在田里劳动(耕地)谋生。他们饲养牛、羊、鸡、猪和狗等牲畜,并种植玉米、土豆、小麦、大麦和大豆等作物。最近几十年,在当地政府的支持下,一部分村民才开始种植烟草和核桃等经济作物。

在文林村,传统的耕作方式仍然存在,在过去的几十年里没有发生颠覆性的变化。村子里有一个小水库用来储水,但对于那些没有自来水的家庭来说,大约77%的家庭用水被用来灌溉庄稼是很常见的。由于地理条件和经济条件等原因,很少有村民使用拖拉机或其他能够大幅度提高农业生产的现代农业机械进行耕作。大多数村民仍然依靠传统农业技术——用牛耕田。虽然村民们已经学会使用杀虫剂和化肥,但基本耕作方式并没有从根本上改变。

表 5-1 反映了 2008 年文林村的主要产业和收入比例。当年全村总收入 716 万元,人均收入 1 587 元。如果按照现代工业分类标准分为第一产业、第二产业以及第三产业,仅农业和第一产业就占地方政府总收入的 96%左右。

表 5-1　2008 年文林村主要产业收入及比例分析

产业结构	收入（百万元）	收入（百分比）	备注
第一产业			
种植业	3.78	53	包括粮食和经济作物种植的收入
畜牧业	2.78	39	包括出栏肉猪 2 087 头,出栏肉牛 970 头,出栏肉羊 808 头,以及出售给市场的 8 258 只鸡
林业	0.32	4	
第二和第三产业	0.28	4	
总计	7.16	100	

文林村村民的生活受到农业经济、欠发达的商业、与外界相对隔离等因素的影响,村民的生活极大地依赖于土地,种植业和畜牧业是该村的主要经济活动。从 20 世纪 80 年代开始,文林村实行了家庭生产承包责任制,土地和农田与生产配额按合同分配给每个家庭。家庭成员在田里一起工作,直到由于年老、生病等原因无法管理自己的土地。通常,在向乡和地方政府交税和履行合同规定的配额后,村民能够为自己保留足够的盈余。此外,作为收入的补充来源,该村的村民饲养猪、羊、鸡和其他家畜,如牛、水牛和马。除了猪和鸡等为村民提供肉食需要外,剩余的可以定期在市场上出售。

在文林村，家庭是一个自给自足的单位，为个人提供福利和各种形式的支持。家庭成员是农业生产的主要劳动者，为家庭收入做出了重要贡献。此外，在一个经济在很大程度上是自给自足的社会中，最重要的商品（如食物），都由家庭成员自己供给。货币收入则用于支付其他生活费用，其中可能包括学校教育、医疗和娱乐费用。因此，以家庭为基础的农业生产成为村里大多数人日常生活的主要来源。

5.1.2 劳动分工

文林村的简单生产方式既不需要专业化的劳动，也不需要广泛的合作类型。因此，个体家庭作为一个基本单位本身就是一个自给自足的经济单位。尽管男性和女性之间存在一定的生物学差异，但文林村村民的劳动分工并不是基于生理和心理上的差异。相反，它是基于文化和传统的差异。在文林村，男女之间有着非常明确的分工。一般来说，妇女做饭、洗衣服和打扫卫生，而男子通常在田间劳作。除了少数在乡镇从事有偿工作的人之外，例如学校教师或村主任，男子是从事体力劳动的主力。只有在忙碌的农耕季节，包括妻子和孩子在内的家庭成员才会联合起来，一起积极参与农业活动。

与父母相比，孩子承担的角色是不同的。送孩子上学对他们的父母来说是一种经济损失，因为孩子们可以在家里或农场贡献劳动力。此外，虽然农村家庭可以享受免费义务教育，但服装和其他费用使得许多家庭仍然很难负担得起送子女上学的费用。因此，儿童，特别是女孩，通常很少有机会上学。从很小的时候起，她们就需要学会割草、喂牛和拾柴。当男孩长大（通常在 12 岁至 15 岁），他们就开始与父亲一起参加农业劳动。女孩则留在家里被分配其他家务职责。一般来说，她们与母亲一起工作，帮助母亲做家务，如照顾年幼的孩子、做饭和打扫。然而，自实行九年义务教育以来,儿童受教育的情况有了很大改善。现在村里设立了一所小学,在九龙乡设立了一所初中,村里的幼儿受教育的程度相比较之前要高得多(尽管他们仍在田里或家中承担了更多的责任)。一位村民告诉我,他的两个孩子已经到昆明上大学。目前在村里已经有数十名儿童接受了高等教育,与过去相比,这个数字已经相当惊人了。

文林村老年人的生活状况也不同于城市老年人。因为很少的村民从事有报酬的工作,所以男女都没有退休年龄。村民们一直工作到老年,只有身体条件不再允许继续工作时才停止。然而,即使是随着年龄的增加,体力劳动开始减少,年老的村民也经常从事一些相对轻松的工作,比如除草,或者在山上采集蘑菇和草药。例如,在我们的调查中,张大爷虽然已70多岁,但仍然继续在田里工作,从事诸如除草和收割庄稼等相对简单的体力劳动。

一般情况下,因为工商业还很少,文林村的劳动分工在很大程度上取决于农业生产的需要。在过去,很少有人是政府或企业雇用的有偿劳动者,或者从非农业工作中挣到工资。由于村里没有企业,最常见的有报酬工作是在必要时作为一名劳动者帮助其他村民从事农业劳动。例如,在忙碌的农耕季节,较少劳动力的家庭可能会雇佣一些人来帮助做额外的体力劳动。然而,这种农业就业机会是季节性的,提供的报酬很少,且存在漫长的无工期。

然而,随着近年来工业在附近乡镇的兴起,以农业为基础的简单分工形式正在逐渐改变。附近工业的发展创造了对劳动力的巨大需求,从而吸收了村里的剩余劳动力。一些年轻人开始在附近的乡镇找到短期工作,而在田里的工作时间相对变得较少。有报酬的就业即使是兼职工作,都使得年轻人挣到更多的钱来支持家庭,并获得经济独立。因此,他们在家庭问题上也获得了更大的自主权。例如,参与许多重要农业活动的发言权。

此外,村里的行政和社会服务机构都提供了更多的有偿就业职位。至2010 年,村里共有 11 人当选为基层官员,承担着乡村治理方面的各种职务,以及协助管理公共事务,例如向有需要的家庭分配福利、拨款支持学校和其他公共服务。目前,文林村有 8 人在小学工作,月薪固定。

由以上分析可以清楚地看出,除了孩子和少数人有固定工资之外,村里的大多数人都依赖于土地及其短期劳动雇佣。然而,随着义务教育的实施,增加了村民获得高等教育和有偿就业的机会。此外,由于交通的改善和附近乡镇工业的发展,更多的人在非农忙季节从事兼职工作。目前,虽然农业生产仍然是大多数村民的主要收入来源,但非农业活动的收入在家庭经济中变得越来越重要。因此,青年人,特别是成年男子在生理和学历上都处于更有利的地位,而老年人的情况则与许多社会和经济不利因素联系在一起。

5.1.3 低流动性和地理隔离

农村的低人口流动与农业经济密切相关。在文林村及其他相邻的村子,“张”姓占全村人口的绝大多数,这表明该村主要由同一个宗族组成。其他姓氏,如陈、毕、刘姓,则通常为来自附近村庄的村民,他们在文林村与当地居民结婚。

乡村的低流动性受农耕活动性质的影响。村民不能自由离开土地,每一种作物的生长周期都需要在不同时期进行不同类型的工作。最繁忙的农耕季节比非繁忙时期需要更多的劳动力,这意味着土地上所需的工作量不是固定的,而是根据不同作物及其生长周期而变化的。因此,从出生到死亡,村民一代又一代地定居在同一个地方。20 世纪 30 年代和 40 年代出生的大多数村民,现在都是 70 ~ 80 岁的老年人。他们当中的很多人从来没有去过昆明,更不用说云南以外的其他地方了。

当然,这种低流动性并不是绝对的。随着中国现代化和城市化进程的加快,村民现在有更多的机会去寻找更好的工作或更好的教育机会。随着交通运输系统的发展,流动性也在逐渐增加。此外,发展的工业也提供了更多的就业机会。例如,由于定居点分散在山区,村与村之间由深谷隔开,只通过崎岖狭窄的山路相连。这些山路并没有平整的路面,不适合车辆通行。对许多村民来说,走路一直是最常见的,也是唯一的出行方式。由于沟通困难、不发达的交通系统和地处山区等原因,村民们也很少从自己的村庄搬到其他地方。在山区的乡村生活是稳定和持续的,而且在某种程度上仍然是孤立的,因此,与生活在城市中的人们相比,现代工业文明对村民的影响较小。然而,在过去 20 多年中,由于经济和社会的迅速发展,村民的生活也发生了很多转变。特别是由于购买了摩托车和卡车等现代车辆,以及交通系统的发展,现在从该村到九龙乡中心仅需一个半小时。现在,文林村的村民们已经可以享受到公共交通服务,乘公共汽车出行。

除此之外,附近乡村和城市的工业发展带来了对劳动力的大量需求。如上文所述,农业活动所需劳动力的数量取决于一年中不同时期的工作量。由于在非繁忙季节(通常是春季和冬季)所需的劳动力很少,因此在这段时间里村里的劳动力是相对过剩的。由于附近城镇工厂提供了大量的就业机会,农村居民的短期就业也越来越普遍。由于交通系统的改善,村里的年轻男性在非繁忙时期通常会在附近地区找工作以补充家庭收入,而他们的父母则留在家里照顾孙辈以及做其他家务。到了播种和收获的季节,也就是农耕最繁忙的时候,他们再回来和其他家庭成员一起从事田间劳作。

然而,除了大多数村民外,也有少数几个村民离开文林村。他们大多数是正处于工作年龄的青壮年,以及读到高中及其以上教育的儿童。他们离开的原因主要是可以获得更好的工作或高等教育的机会。从人口统计数据来看,1990 年只有 16 人离开文林村,而到 2008 年,共有 156 名村民离开文林村到城市工作或接受教育(见表5-2),占总人口的7.03%。在迁移的人群中,90%以上仍在云南省,约5%居住在其他省份。

表5-2 2008年文林村迁移人口的构成

	人数(人)	占迁移人口的百分比(%)	占文林村总人口的百分比(%)
云南省内迁移的村民	147	94.23	6.63
云南省外迁移的村民	9	5.77	0.41
总数	156	100	7.04

注:以上数字并不包括在非农忙季节从事临时工作的村民人数。

综上所述,文林村农业经济的自给自足与该村所处的地理环境和低流动性密切相关。与地处城市附近的农村工业相对发达的地区相比,文林村独特的山区环境使得现代文明的影响难以传播。因此,与其他农村地区相比,该村的现代化步伐相对缓慢。直到最近的10多年,这种情况才开始逐渐改变。由于受到更多及更好的工作机会的吸引,一些人口从该村迁移到较发达的地区。虽然这些移民在某种程度上只占了乡村人口的一小部分,但从长远来看,这一趋势将继续下去,更多的村民将离开家园搬到城镇。这种情况的后果之一就是家庭成员的分离。当越来越多的人,特别是青壮年离开乡村,最脆弱的群体,例如儿童和老年人,就会被留下成为留守儿童和留守老人。

5.1.4 与家庭相关的社会政策

20世纪50年代,中国政府正式颁布了城乡户籍制度,将整个人口划分为农业户口和非农业户口,并禁止个人在农村和城市之间自由迁移。在20世纪70年代相关制度修订之前,从农村迁往城市的人口受到严格控制。除了被大学录取和应征入伍外,农村地区的人口(拥有农村户口)很少有机会迁移到城市地区。此外，农村居民与城市居民所拥有的福利也大不相同，并受到与城市居民不同的公共政策的影响。

20 世纪 50 年代以后，文林村进行了一系列的社会主义改革，使中国传统的家庭制度发生了巨大的变化。在土地改革运动中，家庭成员不分性别和年龄，在平等的基础上获得土地。然而，如果家庭成员（主要为年轻的家庭成员）选择与父母分开居住和生活，个人的土地份额可能会被剥夺。同时，因为分配土地基于个人，这赋予了年轻家庭成员和妇女获得了更大的经济独立性和更高的社会地位（Yang，1959）。农业集体化改变了农业生产的经济基础，继而带来了传统农村生产方式的转变。在社会主义制度下，文林村的所有村民被分成 13 支生产队，取代了家庭作为生产的主要组织单位，为个人提供福利，以及其他各种形式的支持。随着这一变化，个别家庭的经济功能有所下降。在农业集体化的过程中，鼓励个人依靠生产队获得生活所需的资源，而不是依靠家庭（Xu，2002；Leung，1996）。在婚姻制度改革的影响下，家庭成员，特别是妇女，不仅在法律上享有平等的土地权，而且在婚姻和继承方面也享有同等的权利。1950 年的《中华人民共和国婚姻法》和 1955 年颁布的《婚姻登记条例》也规定了基于爱和相互尊重的自由选择婚姻的权利、平等的夫妻关系以及平等的离婚权利。

然而，1978 年开始的农村经济改革对农村社会和经济制度产生了巨大影响，特别是有关家庭和地方一级对老年人的支持制度。随着农村的非集体化，人民公社被家庭联产承包责任制。在文林村，农田以户主的名义被分配给每个家庭。家庭成员一起在田间工作直到年老干不动为止。在这一次改革当中，每个家庭成员都可参与土地的分配，家庭拥有的土地由家庭成员之间共享。截至 2008 年，在文林村共有 534 个家庭（100%）参与家庭联产承包责任制，通过签订农业承包合同独立管理自己的家庭土地。通常情况下，村民在按照合同规定的配额向国家和地方政府缴税后，可以为自己保留足够的盈余。在这一过程中，二十世纪五六十年代在农业集体化

中被抛弃的家庭耕作制度被重新引入，家庭再次成为经济生产的主要单位。此外，由于土地不属于家庭私有财产，一个人的土地份额可以收回并由村委会重新分配。因此，户主，通常是老年人，不再有权控制家庭资源的分配和影响家庭土地的继承。此制度的一个重要后果是，农村地区重男轻女家庭制度的经济基础遭到了瓦解，家庭成员之间的关系变得更加平等（Xu，2002）。

20世纪80年代，有两个影响农村家庭的重大政策变化：计划生育政策和九年义务制教育。计划生育政策的实行遵循因地制宜的原则（Gu、Wang & Guo et al.，2007）。在云南，根据一般指导方针，地方政府修订了计划生育政策的具体实施方法。自20世纪80年代初实施这一政策以来，出生率稳步下降。虽然没有县级数据统计每个家庭确切的平均子女数，但省级数据表明，生育率水平持续下降，总和生育率从1982年的3.38%下降至1990年的2.42%，2000年则为2.03%（云南省统计局，2001）。随着家庭中妇女生育孩子数量的减少，家庭结构亦受到很大影响，一般家庭的规模也逐渐缩小。

1986年颁布的《中华人民共和国义务教育法》规定，学龄儿童和青少年受教育的权利和机会平等。为了提高学龄儿童以前的入学率，在县、乡、村大规模推广扫盲，并且为学龄儿童提供九年制的小学和初中教育。文林村所面临的两个突出问题分别是学生家庭经济困难和学校缺乏相应设施、设备和教师等资源不足。此外，当儿童12～15岁时，他们已经被视为家庭的劳动力，因此上学意味着经济上的损失。从前，文林村只提供四年级的小学低年级教育，只有富裕的家庭才能负担得起送孩子到乡镇接受高等教育的费用。其结果是文盲率很高，而且儿童很少有机会在村里上学。自九年义务教育政策实施以来，这种情况发生了很大变化。文盲率从1990年的41.8%下降到2008年的20.6%，而接受中等教育的人口比例则从11.6%增加到21.5%（见表5－3）。

表 5－3　文林村按教育程度划分的人口数及人口比例（1990 年、2008 年）

教育程度	年份	
	1990 年	2008 年
未上学/文盲	803（41.9%）	477（21.5%）
小学教育	891（46.5%）	1 228（55.4%）
初中教育	217（11.3%）	504（22.7%）
高中教育（包括职业教育、中专）及以上	5（0.3%）	9（0.4%）
总数	1916（100%）	2 218（100%）

自 2006 年之后，农村学生在九年义务教育期间免除所有学费和杂费。这使得来自贫困家庭的学生也可以获得免费课本和补贴。这一措施为家庭提供了大量的财政救济。教育程度的提高也增加了从村庄到城镇现代工业城市的就业机会。更重要的是，通过在学校的学习，年轻人有更好的机会了解外部世界，为他们毕业之后从事农业以外的职业奠定了基础，也使得他们今后能够在经济上更加独立。

此外，社会保障制度是影响农村家庭结构和功能的最强大的因素之一。与我国其他农村地区相比，云南省大部分农村地区的社会保障水平仍然相对较低。在很长一段时间内，国家为农村家庭提供的保障很少，导致村民普遍缺乏社会服务，相关的福利也非常有限。政府鼓励个人家庭承担起赡养老年人、社会化和保护年轻人的责任。从 20 世纪 50 年代到 90 年代末，农村保障体系只覆盖那些没有生活手段、缺乏工作能力或无其他生存资源的人。符合以上条件的人被纳入“五保户”，即由政府提供食品、服装、住房、医疗和丧葬费。在 1990 年，文林村只有三个村户符合“五保户”的条件，其他村民则无权享受任何农村福利制度的保护。因此，家庭成为为弱势成员提供照料和支持的主要来源。

随着人口老龄化的快速发展、社会经济和保障水平的提高，从 21 世纪初开始，政府开始向农村家庭提供一系列的福利保障措施和服务。这其中包括“对只有一个或两个女孩的家庭提供的现金补贴”“最低生活保障制度”“农村合作医疗制度”和“农村养老保险制度”。文林村于2002年建立了农村合作医疗,减轻农村家庭的医疗负担,帮助解决了因疾病造成的贫困问题。至2008年,共有2 218名(100%)村民参加了农村合作医疗。此外,有76人享受最低生活保障,每个月都可以得到公共援助。养老保险制度在文林村尚处于试点阶段。自2007年开始,政府为80岁及以上的老年人发放津贴,标准为每月300元。除此之外,村里一名在昆明做生意的成功商人每年向70岁及以上的村民提供每年200元的额外补助,在春节期间另有两袋大米。

综上所述,农村地区的政策变化对家庭成员的社会和经济状况产生了重大影响,从而改变了家庭成员之间的关系及其家庭生活。20世纪50年代以来,政府通过农业集体化等改革,以成立人民公社的方式取代了家庭的一些主要职能。随着婚姻法等条例的颁布,关于婚姻、两性平等和家庭关系的现代观念得以广泛传播。20世纪80年代农村经济改革后,农村地区的家庭经济和支持等功能得到加强,对大多数家庭来说,以家庭为基础的农业生产需求要求家庭成员之间彼此合作,有助于加强家庭团结。因为缺乏社会服务和福利保护,家庭和亲属关系依旧成为赡养家庭成员,特别是老年人和年轻人的主要来源。近年来,面对人口压力、人口迅速老龄化、农村向城市迁移等问题,政府再次承担起原本由农村家庭所承担的部分职能。农村政策的变化再次极大地影响到家庭的结构和功能。

5.2 家庭结构和养老方式在村庄的变迁

在过去20年中,文林村家庭的两种总体趋势是明显的:20世纪80年代以来核心家庭的数量不断增加,以及直系家庭数量相对较为稳定。1990年文林村平均家庭人数为5人。根据2008年的政府记录,文林村的

2 218名村民组成了 532 个独立的家庭，平均家庭规模约为 4. 2 人，其中不包括偶尔返回村庄的长期移民。这一数字显示了十年间家庭人数及规模缩小的趋势。然而，实际上每个家庭的人数各不相同。有的家庭有更多的孩子，特别是当几代人共同居住时，家庭的规模可能扩大到 10 人及以上。有些家庭则可能只有一两名成员。

对家庭结构的分析为我们提供了更多关于家庭规模的信息。图 5 - 1 是从 125 个随机抽到的家庭中所收集的有关文林村家庭结构的相关数据。结合实地调查，该图在很大程度上也代表了文林村家庭结构的实际状况。

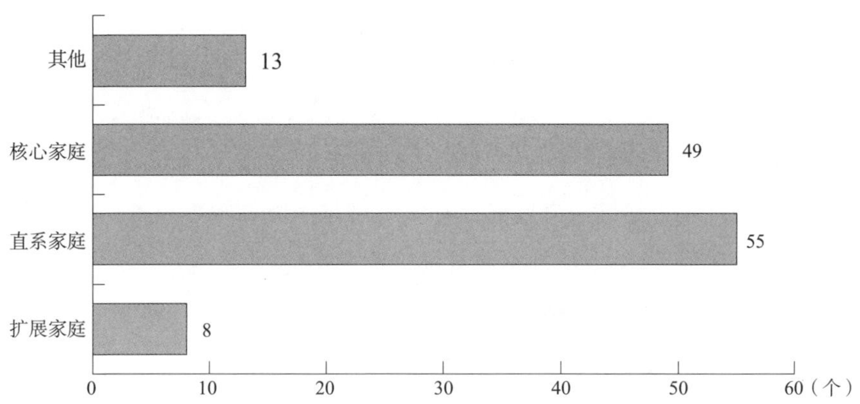

图 5 - 1　文林村 125 个随机采样的家庭中不同家庭类型的数量（2010 年）

收集到的数据表明，村里的大多数家庭为直系家庭，其次是核心家庭。前者占所有家庭类型的近 45%，后者占 39%。这两类家庭合在一起约占村内所有家庭类型的近 84%。相比之下，扩展家庭，通常又被称为“大家庭”，和其他家庭类型在文林村所占比例不高，约为 15%。

尽管统计分析显示文林村家庭结构近年来发生了很多变化，但要了解其变化的原因还必须考虑其他重要的事实。随着农村社会近几年来经历的迅速变化，并融入城市的工业发展模式，这使得家庭的组成可能发生相应的变化。与过去相比，村民之间差距不断扩大，从而影响了不同家庭对

照顾老年人的不同策略。家庭形式和组成的改变正在引起社会及学术界的大量关注,即家庭规模的缩小和结构的改变是否损害了对老年家庭成员的传统支持。例如,成年人离开村庄居住于城市时,其他的家庭成员是否能够为其年长的父母提供援助?传统的孝道思想是否还会影响人们的价值观,进而影响人们的行为呢?在回答这些问题时,应当对农村家庭对老年人的支持的变化及其原因做更深入的研究。

家庭的养老功能在文林村的变迁

过去的几十年来,由于缺乏全面及覆盖广泛的社会保障制度,在儒家孝道思想的影响下,文林村一直保持着传统的养老模式。"养儿防老"这句话描述了照顾孩子的义务,也意味着人们抚养孩子是为了在年老时得到赡养。从子女的角度来看,一方面,照顾年迈的父母是一项道德义务。另一方面,他们年迈的父母更多地被看作威望和尊重的象征,而不是家庭的负担。大多数有年迈父母的家庭至少有一个成年子女与他们一起生活,为他们提供日常援助、经济支持和情感支持。毕女士说:

[**案例 YNE 04**]"照顾老人是我们的传统。在我们村,不尊重或者不照顾父母的人会被看不起,被认为是可鄙的。如果有人不遵守规则,我会干预和教育他/她。"

传统上,成年子女在照顾老年父母时扮演不同的角色。在文林村,来自女儿和儿子的支持和照顾有着明确界定的责任范围和分工。一般来说,儿子们给父母的支持可以分为三类:提供实际和情感上的支持,提供经济援助,以及提供食物和其他日常必需品。按照惯例,最小的儿子和父母住在一起,帮助耕种土地,以供应家庭的粮食和其他必要物资。其他儿子则会定期探访,并在有需要时提供日常援助。如果是在一个扩展家庭,则照顾父母的责任由儿子和儿媳共同分担。与儿子所提供的支持相比,女儿通常被认为是提供辅助性的支助来源。由于女儿对父母提供的支持——包括类型和数量,并不固定,她们在照顾父母方面的作用相当模糊,而且经常是自愿性的。由女儿们提供的最常见的支持是经济援助和定期探望。例如，张女士回忆道：

［案例 YNE 07］“过去有许多子女可以提供帮助。但当时的经济情况并不好。我的母亲由我的哥哥照顾，我的弟弟和我的父亲住在一起。我想给他们一些帮助，但我自己都很难养活自己的家庭。”

在集体经济体制下，提供支助与老年父母的需要密切相关。例如，当老年人身体状况良好，能够独立生活时，他们仍然可以参加农业生产，并在集体劳动中获得相应的工分①。通常情况下，成年子女并不需要向这些父母提供劳动支持，多是以提供财政援助以帮助支付生活及其他重要的社交费用，例如生活费及参加村里集体活动的支出，如庆祝孩子出生和结婚的费用。然而，当父母体力开始下降时，则需要子女提供更多的实际帮助。特别是当父母年老而无法从事繁重的田间劳动时，成年儿子有责任为父母提供实际性的支持、经济援助和粮食供应。

然而，农村社会最近的社会变化，尤其是那些涉及经济改革和日常生活的社会变化，对家庭组织产生了积极的影响。一方面，为老年人提供照料仍然被认为是一种发自内心的行为，而不是强迫和服从；另一方面，可以清楚地看到老年父母家庭照料模式的相应变化。两位村民回忆道：

［案例 YNA 01］“当我还是个孩子的时候，我的父母教育我、抚养我长大。现在他们老了，是我照顾他们的时候了。我没有什么可以回报他们的照顾和养育，只能在他们年老时照顾他们。”

［案例 YNE 08］“我们的心（在照顾老人方面）没有什么不同。这只是因为形势和条件发生了变化。在过去，我们的父母主要是由我们两个兄弟照顾的。我们住在一起，从未分开过。现在，我和我女儿住在一起。她照顾我，我帮她抚养孙女。”

---

① 在农村集体经济体制下，工分是生产队中农民劳动贡献的量度。记分标准通常根据村民的劳动能力和劳动强度进行核定。

在文林村,家庭成员照顾老年人的方式有两种变化趋势。传统的农村养老方式——遵循严格的传统规则和习俗,已经被多种复杂的可能性所取代。子女的支持类型不仅取决于其不同性别所规定的角色,而且取决于个人条件。例如,社会为年轻人提供了更加广泛的有薪劳动和移徙就业机会带来了不同家庭之间更大的差异性。在一些家庭中,家庭成员居住于不同地域降低了子女向父母提供日常帮助的能力。然而,移民子女更有可能给予父母经济援助,而实际照顾的责任则由其他家庭成员承担。

[**案例 YNA 09**] 陈先生是家里唯一的儿子,他描述了他和姐姐之间照顾父母的安排。他回忆道:"去年我离开了浙江省。我想看看外面的世界。这些年我的父母仍然健康,可以照顾自己……我寄钱给他们,而我的妹妹在这里照顾他们。当然,当他们再年老一点,我会回来做一个好儿子的。"

[**案例 YNA 05**] 张先生是家里的长子。由于他的弟弟去了另一个城市,张先生和他们的父母住在一起。他说:"我的父母年纪太大了,不能再种地了。我帮他们耕种(土地),负责他们的饮食、穿衣和日常生活(开支)。我弟弟经常回来,给他们带来钱和一些保健产品。照顾父母我们都有责任。"

自经济改革以来,对于家庭来说,第二个明显的趋势是越来越多的家庭依靠非农业活动来补充家庭收入,这也影响了代际关系。对于从事有薪劳动比父母挣更多钱的成年子女,他们的社会和经济独立性获得了提高。因此,他们更有可能为父母提供经济援助,而不是直接照料。然而,子女的独立并不意味着年轻人成为照顾提供者,而老年人成为接受者。反过来,年迈的父母也在有能力的情况下支持他们的孩子。例如,即使到了老年,一些老年人仍在帮助家庭做一些轻松的工作,如做饭、洗衣服和照顾孙辈。

[**案例 YNE 01**]张先生说:"我住在我最小的儿子家里。他出去找工作,留下他媳妇来照顾我。我的儿子很孝顺。他经常打电话给我们,给我们汇款。此外,他每年回家两次。"

显然,在文林村,对老年父母的孝道仍然保持着,尽管在某些情况下,照顾和赡养的方式并没有严格遵循旧的模式。作为一种经济援助的方式，村民更倾向于给他们的父母物质援助，如负担日常开支，为他们提供衣服和食物，而不完全是直接给予金钱。与父母一起生活并为他们提供日常的照顾和情感支持成为村子里最普遍的做法。然而，如前所述，为父母提供照顾和支持的类型受个人因素的影响。例如，在一些家庭当中，定期给父母汇款已成为弥补子女外出，不能为他们提供日常照顾的另一种方式。在另外一些情况下，女儿在为父母提供支持方面的作用日益明显和重要，并被认为是不可或缺的。

第六章

现代性与中国的家庭及养老的改变：以北京市为例

北京市地处北纬 39°54′50″，东经 116°23′30″，属大陆性季风气候，四季分明。冬天常常又冷又干，而夏天总是又热又湿。春天和秋天是一年中最好的季节，但持续时间不超过两个月。北京市的平均气温为 10～12 摄氏度，年降水量约为 644 毫米，是一个适宜人类居住的地方。有记载显示，早在大约 50 万年前，"北京人"就生活在这一区域，在历史上留下了许多重要的遗迹。

作为一座有着 3 000 多年历史的古城，北京几百年来一直是国家的政治、教育和文化中心。它拥有庞大的中央行政机构、众多的研究机构和大学以及大量的历史文化遗址。因其在国家文化和政治中的重要地位，北京市吸引了来自其他各个国家和不同省份的人们。今天，北京市面积为 16 410. 54平方公里，2018 年末常住人口为 2 154. 2 万，是中国人口最稠密的地区之一①。作为中国的中央直辖市，北京全市共有 16 个行政区，147 个

① 数据来源：北京市人民政府，北京概况，http://www. beijing. gov. cn/renwen/bjgk/。

街道、38 个乡和 144 个镇。

随着国际贸易和交流的发展,北京市是中外文化、经济和信息交流的中转站。截至 2019 年,北京市已建成 7 条环线,22 条正在运营的地铁线路,此外还有城市快速路、铁路和国际机场,公共交通系统非常发达。乍一看,如今的北京市看起来与国际上许多现代城市相似,但仍保留着独特的中国特色。

6.1　现代性对北京的影响

6.1.1　工业化的发展

与许多西方城市相比,在发展工业化的过程中,北京市经历了一条不同的发展道路。几项实地调查表明,1949 年以前,中国工业部门的发展对整个国家经济来说是微不足道的。例如,Dong 引用了西德尼·甘布尔(Sidney Gamble)在 1919 年进行的一项调查,甘布尔在当时的调查报告中说:“北京市几乎没有现代化的高效率工业……现代工业的主要例子是电话公司、电灯公司、水公司、火柴厂、玻璃厂和政府制服厂”(Gamble,1921)。相反,这个城市的主要生产方式是手工艺生产。大多数日用品,包括书籍、皮革、衣服、鞋子、肥皂、火柴、纸张和橡胶,要么是从英国和日本进口,要么是在小型作坊中用旧的手工艺生产的。Dong 在对于北京的研究中描述了 20 世纪 30 年代初,当地生产针织袜子的一个例子。她写道:“许多家庭在家里用一两台简单的机器制作袜子(通常是在税务人员不知情的情况下),小家庭作坊的袜子编织者们在庙会、户外市场和街头摊档出售他们的自制产品。”(Dong,2003)

从以上的描述可以看出,直到 20 世纪 30 年代,北京的经济主要是以农业和手工业生产为基础的。这是一个工业化前的社会,更像是一个贸易市场。当时生产链上有进口商品和其他产品,尽管有许多小生产者生产一些低端的必需品,但北京并没有成为工业生产的中心。在随后的10多年中,城市经济越来越恶化。直到1949年,这个城市终于恢复了和平。根据1949年中华人民共和国成立之年的一份政府报告,北京当时共有国有企业140家,集体所有制企业18家,私营手工业者众多。虽然企业总数已增加到13 268个,但这些企业中雇用了1万名以上工人的企业寥寥无几,雇用人口加在一起仅占北京总人口的5%(邬翊光,1988)。农业和小型手工业仍然在整个经济中发挥着重要作用。

1949年至20世纪70年代末是北京市现代工业经济开始加速发展的时期。这一时期,工业在整个经济中所占的比例迅速增长,工业生产发展在形式上效仿苏联模式,首先强调重工业的发展,其次才是轻工业的发展。至1979年中国经济改革初期,第二产业已经占到北京市GDP的60%以上,1978年达到顶峰,然而在此期间人均国内生产总值还不到800美元(北京市统计局,2009)。随着中国经济发展战略的改变,随后的工业发展开始鼓励重工业和轻工业协调发展,且更加重视国内资本,高科技制造业和服务业也得到了一定的发展。伴随这一进程,在1988年左右,工业出现一定程度的下降,而农业则相应表现出了一定程度的增长。

根据中央计划经济的原则,这一时期工业的快速增长与高储蓄率和固定资产投资(特别是生产性资本比例)增加密切相关。相反,个人消费受到人为抑制,工人的生活水平也相当低。虽然平均收入有所增加,但许多家庭需要依靠基本消费项目的官方补贴来维持基本生活水平。家庭收入的很大一部分用于购买生活必需品和日常所需,如衣服、食物、燃料和照明。

到了1978年经济改革后,北京市的工业化迅速发展,产业结构也得以优化和调整。包括商业、酒店、餐馆、金融和服务业在内的第三产业开始发展,而制造业部门因劳动力密集型工业活动转移到其他地区而逐步萎缩。北京市第三产业的加速发展始于20世纪90年代,从1990年占地区生产总值的39.0%增长到1995年的52.5%。在此期间,第二产业和第三产业成为国民经济的重要部门。然而,从21世纪初开始,尽管制造业仍是北京经济的重要推动力,但其发展的重点由制造业迅速转向了服务业。第三产业占地区生产总值的比重从2000年的65.1%急剧上升到2005年的70.1%,并最终在2017年达到80.6%。同时,第一产业和第二产业从1990年的8.7%和52.3%持续下降到2010年的0.9%和23.5%,2017年则仅为0.4%和19.0%(见图6－1)。经济的快速增长也伴随生产结构的变化发生巨大变化。到20世纪末21世纪初,北京市的地区生产总值(GDP)和人均地区生产总值(人均GDP)持续快速增长,从1990年的500.8亿元人民币和4 635元人民币增长到2010年的1.4万亿元人民币和75 573元人民币,2017年进一步增加到2.9万亿元人民币和128 994元(见图6－2)。

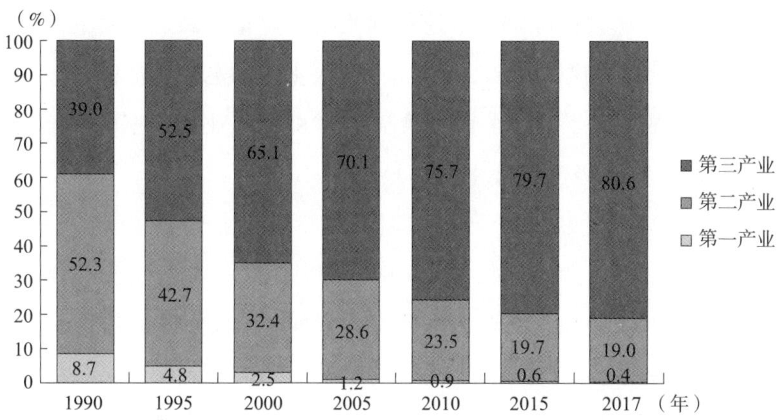

图6－1　北京市的第一、第二及第三产业占地区生产总值的百分比(1990～2017年)

数据来源:北京市统计局. 北京统计年鉴2018. 北京:中国统计出版社.

目前,第三产业,特别是服务业,在北京市经济中占有相当大的比重(80.6%),而农业和第二产业的重要性则有所下降。北京市正日益以其高科技和创新企业而闻名。新技术和先进通信系统产生了对高技能知识人才的巨大需求,并提供了更多适合中产阶级的工作。人力资本的供给和质量已经超过了物质资本,成为城市经济增长的主要动力。

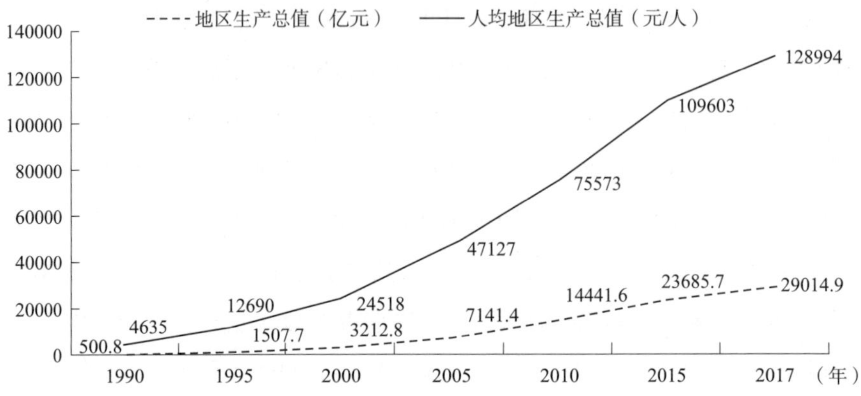

图 6－2　北京市地区生产总值和人均地区生产总值(1990～2017 年)

数据来源:北京市统计局．北京统计年鉴 2018．北京:中国统计出版社．

从以上的宏观数据可以清楚地看到北京工业化所经历的发展道路:

1. 20 世纪 40 年代以前,北京的工业发展非常缓慢,农业和手工业是北京经济最主要的支柱。第二产业,即制造业和建筑业,占地区生产总值的一定比例,但在整个经济发展中微不足道。

2. 由于中央规划和行政干预等原因,北京市工业化在 20 世纪 50 年代至 20 世纪 80 年代后期迅速发展。1949 年以来的发展进程主要表现在北京市的经济从以农业和手工业为主转变为以第二产业,特别是重工业为主(占 GDP 的 60% 以上)。

3. 从 20 世纪 90 年代初至今,北京市第三产业快速发展,同时第一产业和第二产业所占比重大幅度下降。这一时期的特点是经济结构更加平衡,服务业、高科技(尤其是电子产品)和金融业快速增长。因此,北京市经济结构发生了进一步的重大转变,第三产业取代了第二产业,成为地区生产总值的最大贡献者。

6.1.2　雇佣劳动和就业的发展

雇佣劳动(waged labor)是资本主义经济(或者说是市场经济)的重要

组成部分，它是伴随工业化而来的一个历史发展进程。正如本章前文所述，农业和手工业生产是20世纪初北京经济的支柱。由于几乎没有现代工业，工厂和其他公共机构的就业人数很少。20世纪30年代的一项工会调查列出了在电力公司、火柴厂、水务公司和印刷业等现代行业就业的人数。此外，还包括在现代通信和运输业工作的人数。两个数字加在一起不到9 000人。由于当时的人口约为100万人，这些工人在北京市总人口中所占比例不到0.9%（Yu，1930）。

除了现代化工厂雇用的少数工人之外，城市中许多人都是手工业生产者，他们在家里生产日用品和一些特产。由于商业和信贷体系尚不发达，相当一部分人在这类家庭式作坊和其他类型的机构中谋生。郊区和农村的大多数人通过向城市人口供应谷物、蔬菜和其他农产品，在农业经济中发挥了重要作用。1949年，北京市60%以上的人口仍然依赖农业和手工业生产（邬翊光，1988）。

然而，自20世纪40年代末以来，城市将主要以农业和手工业生产为基础的经济转变为依靠制造业，之后更加注重于商业和服务部门，由此出现了更为复杂的劳动分工。在这种有偿工劳动中，雇佣劳动成为其最主要的就业形式。1949年，北京市为433 399人提供了工作。从1949年到1957年，随着工业的发展以及经济的振兴，全市就业总人数增加了2倍，净增778 388个就业岗位。通过新创造的就业机会所增加的雇佣大部分来自工业部门，增加了大约204 662个就业岗位。加上建造业所增加的约156 914个职位，以上两个行业约占所有新增就业机会的50%。此外，文化和教育在总就业人数中增加了15%。新兴行业整体约占北京新增就业岗位的65%（Sit，1995）。

在随后的六七十年代的大部分时间里，由于受到政治运动的影响，如20世纪60年代的“上山下乡”运动，就业人数大幅增加得很少。成千上万的城市人口，如干部、专业人员和学生迁往农村。根据Sit（1995）的研究，在此期间，北京的总就业只增长了35%，其中90%的增长集中在工业领域。

1978 年以后,经济发展和工业重建带来了就业结构的转变。服务业、高科技产业、金融和保险业的就业人数开始增加。第三产业开始得以迅速发展,从而支持了大量城市人口的就业。随着国有企业比重的大幅下降和竞争的加剧,代表非公有制经济的中小企业成了就业增长的主要渠道。虽然现代制造业仍然是北京市经济的主要驱动力之一,并提供了最大的就业机会,然而工业占地区生产总值的份额在 20 世纪 80 年代后期有所下降。如表 6 - 1 所示,1978 年,28.3% 的人受雇于第一产业,40.1% 受雇于第二产业,31.6% 受雇于第三产业。到 1989 年,这一比例分别为 15.3% 、44.9% 和 39.8% 。

表 6 - 1　北京第一、第二及第三产业的从业人员人数及所占比例(1978 ~ 1989 年)

年份	人数（单位:10 000 人）			所占比例（%）		
	第一产业	第二产业	第三产业	第一产业	第二产业	第三产业
1978 年	125.9	177.9	140.3	28.3	40.1	31.6
1979 年	121.4	195.2	153.9	25.8	41.5	32.7
1980 年	118.0	207.3	158.9	24.4	42.8	32.8
1981 年	117.2	220.4	174.1	22.9	43.1	34.0
1982 年	115.1	228.6	191.5	21.5	42.7	35.8
1983 年	117.1	240.2	194.7	21.2	43.5	35.3
1984 年	111.3	247.9	197.0	20.0	44.6	35.4
1985 年	100.6	260.4	205.5	17.7	46.0	36.3
1986 年	96.1	262.7	213.9	16.8	45.9	37.3
1987 年	92.3	264.1	223.8	15.9	45.5	38.6
1988 年	88.4	267.6	228.1	15.1	45.8	39.1
1989 年	91.0	266.3	236.6	15.3	44.9	39.8

数据来源:北京市统计局. 北京统计年鉴 2009. 北京:中国统计出版社.

从 20 世纪后期开始,第二产业对经济的贡献开始萎缩,而服务业的贡献开始扩大,从而导致北京市就业模式的又一轮转变。1991 年,北京市有 14.3% 的人口从事第一产业,而第二产业和第三产业分别为 44.1% 和 41.6% 。由于政府在 20 世纪 80 年代末和 90 年代初对高科技产业和服务业发展的推动,第三产业的就业份额显著增加,而第二产业的相关数据则显示其不论是对地区生产总值和就业的贡献都在不断下降。1990 年,近 45% 的就业来自制造业。2010 年这一数字下降到 19.6%,2017 年进一步下降至 15.5%。相比之下,第三产业的就业率则从 1990 年的 40.6% 上升到 2010 年的 74.4% 以及 2017 年的 80.6%(见图 6－3)。

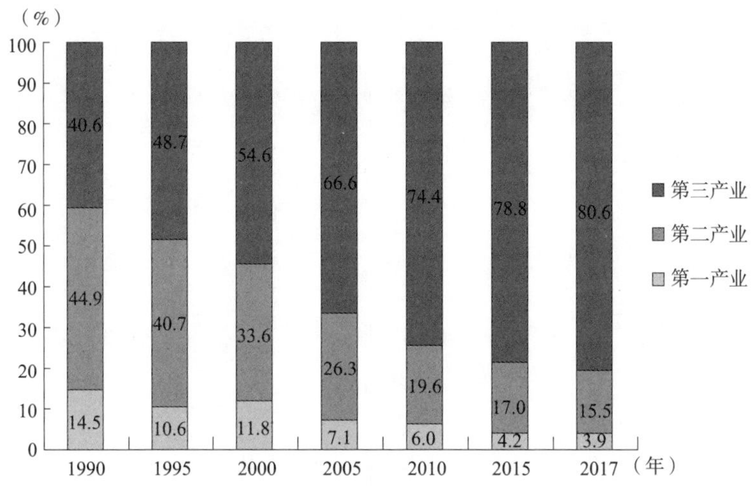

图 6－3　北京第一、第二及第三产业占就业人数的百分比(1990～2017 年)

数据来源:北京市统计局. 北京统计年鉴 2018. 北京:中国统计出版社.

金融和商业服务的扩大和对发展高科技产业的重视进一步带来了就业专业化程度的提高。1993 年,三大产业部门仅由 16 个分部门组成。2008 年,经过随后的修改和扩展,分部门的数量增加到 20 个。新增的经济类别包括"信息传输、计算机服务及软件",占总就业人数的 6%。原本的"社会服务"及"批发和零售"等则进一步细分为不同类别(表 6－2)。从 2018 年开始,国家统计局对于三大产业以及相应的就业人数进行了更细化的划分和修订,即包含 20 个门类以及 97 个大类。从以上近 20 年的详细统计信息来看,出现了两个重大变化:重工业,特别是制造业和建筑业,在经济发展中所占比重下降,而其他服务部门,包括租赁和商业服务、运输、储存和邮政、金融、保险、房地产、租赁和商业服务所占比重及重要性越来越突出。

表 6-2　1993 年和 2008 年北京市经济分部门就业人数及其比重

经济门类		1993 年 人数（人）	1993 年 比重（%）	经济门类		2008 年 人数（人）	2008 年 比重（%）
1	农、林、牧、渔	659 676	10.51	1	农、林、牧、渔	25 171	0.5
2	采矿业	46 310	0.74	2	采矿业	45 389	0.89
3	制造业	1937 987	30.87	3	制造业	921 572	18.13
4	电力、燃气和水生产和供应	46 745	0.74	4	电力、燃气和水生产和供应	65 057	1.28
5	建造业	765 004	12.19	5	建造业	282 387	5.56
6	水利地质勘察与管理	39 490	0.63	6	运输、储存和邮政	423 825	8.34
7	运输、储存和邮政	242 213	3.86	7	信息传输、计算机服务和软件	315 794	6.21
8	批发、零售及饮食服务	657 813	10.48	8	批发和零售	400 239	7.87
9	金融保险	53 217	0.85	9	酒店和餐饮	229 111	4.51
10	房地产	52 454	0.84	10	金融中介	156 445	3.08
11	社会服务	437 122	6.96	11	房地产	252 536	4.97
12	健康、教育和社会福利	131 664	2.1	12	租赁和商业服务	525 943	10.35
13	教育、文化和娱乐	423 668	6.75	13	科学研究、技术服务和地质勘探	342 207	6.73
14	科学研究和技术服务	335 965	5.35	14	水利、环境和公共设施管理	75 848	1.49

续表

经济门类		1993年 人数（人）	1993年 比重（%）	经济门类		2008年 人数（人）	2008年 比重（%）
15	政府机构和社会组织	331 681	5.28	15	社会服务	60 909	1.2
16	其他	116 483	1.86	16	教育	351 005	6.91
总计		6 277 532	100	17	健康、社会保障和社会福利	171 303	3.37
				18	文化、体育和娱乐	131 271	2.58
				19	政府管理和社会组织	307 155	6.04
				20	国际组织		0
				总计		5 083 167	100

数据来源：北京市统计局．北京统计年鉴1994．北京：中国统计出版社；北京市统计局．北京统计年鉴2009．北京：中国统计出版社．

6.1.3　城市化和人口流动

正如其他发达城市的历史所共同反映的那样，工业化是城市化发展的基本动力，随着工业化进程的产生而发展。北京市也不例外。改善交通设施使通勤时间减少，一定程度上也节省了开支，同时为就业、教育和住房创造了更多的机会和条件。随着越来越多外来人口的迁入，导致北京市快速城市化和高流动性。

虽然对于20世纪40年代以前北京市人口的组成和流动情况相关文献很少，但很明显它受到持续不断的战争和混乱的严重影响。当北京市在1949年成为首都时，它的面积只有707平方千米，人口总数为414万人。农村居民占总人口的近60%，约为238万人（见表6－3）。此外，随着北京市逐渐从消费为主的城市转变为生产和出口商品的城市，来自邻近省份的移民逐渐增加。根据1936年的一份报告，北京当地居民仅占总人口的42.5%，来自其他30余个省份的移民占其余57.5%（李慕真，1987）。

1949年至1958年的第一个五年计划使北京的总人口大幅度增加（特别是城市人口），同时其面积也大大扩大了。在此期间，制造业和重工业，特别是钢铁生产也得到了很大发展，将北京市从一个以消费为基础的城市转变为一个生产中心，这为在新工厂和国有企业就业创造了巨大的机会。新增加的工作岗位主要由来自农村和邻近省份的人口填补，城市化进程也由此不断加快。为促进工业发展和容纳大量的外来人口，北京全市的面积增加到16 800平方千米，增加的区域主要位于河北和天津的大片土地（Sit，1995）。从1958年直到“文化大革命”结束，城市化在此期间几乎停滞不前。在“上山下乡”运动时期，大量的城市青年被派往农村。

北京市的经济复苏始于1977年。那些出生在20世纪60年代时期的人逐渐进入劳动力市场，同时伴随制造业的迅速发展。这成为北京第二轮的城市化。在此时期，第二产业和第三产业迅速发展，在城市地区创造了数百万个新的就业岗位，同时对工作的专业化要求也更高了。来自郊区和其他省份的大量具有专业知识和技术的人员被中央和地区政府、研究机构、高等教育机构选拔和聘用。然而，在1978年以前，严格的城乡户籍制度仍然存在。因此，农村和城市之间的迁移仍然受到严格的控制。表6－3显示了北京市人口从1949年到2017年的变化情况。由表可见，1949～1971年，北京市城镇人口的比重从42.5%上升到了52.5%，城镇人口共增加了234.86万人。北京城镇人口的比例由1976年的54%上升到1981年的58%，农村人口向城镇人口的流动稳步增长。

表 6-3　北京按城乡分列的常住人口统计（1949～2017 年）

年份	常住人口（万人）	城镇人口（万人）	乡村人口（万人）	城镇人口比重（%）	乡村人口比重（%）
1949 年	414.00	175.95	238.05	42.5	57.5
1953 年	502.40	236.63	265.77	47.1	52.9
1958 年	531.80	350.02	281.78	55.4	44.6
1963 年	747.40	432.74	314.66	57.9	42.1
1966 年	770.10	433.57	336.53	56.3	43.7
1971 年	782.50	410.81	371.69	52.5	47.5
1976 年	828.56	447.42	381.14	54.0	46.0
1981 年	900.80	522.46	378.34	58.0	42.0
1986 年	971.20	586.60	384.60	60.4	39.6
1991 年	1 094.00	808.03	285.97	73.86	26.14
1996 年	1 259.40	957.90	301.50	76.06	23.94
2000 年	1 363.60	1 057.34	306.26	77.54	22.46
2006 年	1 601.00	1 350.20	250.80	84.33	15.67
2011 年	2 018.60	1 740.70	277.90	86.23	13.77
2016 年	2 172.90	1 879.60	293.30	86.50	13.50
2017 年	2 170.70	1 876.60	294.10	86.45	13.55

数据来源：1949～1986 年数据来自北京市统计局．北京统计年鉴 1992. 北京：中国统计出版社；1991～2017 年数据来自北京市统计局．北京统计年鉴 2018. 北京：中国统计出版社．

快速城镇化始于 20 世纪 80 年代中期。这一时期是经济由第二产业转向第三产业为主的时期。随着经济改革以及政策上越来越强调市场在经济发展中的作用。这一时期的特点是持续而强劲的经济增长，由此所带来的是工业化特征和形态的变化，并导致个人流动性的增加。1991 年，北京市常住人口 1 094 万人，其中城镇人口占 70% 以上。2006 年，这一数字增长到了 84%，2017 年则达到了 86%，远远高于全国平均水平。

工业化和城市经济的快速增长同时也为北京市良好教育、社会服务的发展和就业机会创造了条件,导致了非常高的人口迁移和流动。一方面,北京市的四个主城区吸引了邻近郊区劳动力过剩人口。他们聚集到城市从事建筑、轻工制造、家庭服务和其他行业。另一方面,由于更加宽松的户籍制度,数百万来自其他城市的移民补充了北京劳动力市场,构成了城市中大量的迁移人口。据北京市统计局统计,1996~2000年,外来人口占北京市总人口的14.2%(北京市统计局,2000)。与1995年5.4%相比增加了8.8%,而统计数据并不包括未登记为永久居民的人口。

与中国其他大城市所不同的是,在过去的20年里,北京市已经成为城市居民占绝大多数人口比重的城市。2008年,在1 695万总人口中,城市居民占84.9%,农村人口约占总人口的15.1%(北京市统计局,2009)。也由此开始,政府开始控制北京人口快速膨胀并采取了相应措施。无论从城市人口的绝对增长还是从城镇人口的比例来看,均出现了缓慢增长的态势。2011~2017年,城镇居民所占人口比重几乎都在86%左右徘徊,每年相应的人口增长率也开始放缓。回顾北京市的城市化进程可以清楚地看到,从长远看北京市城市化进程与工业的扩张、服务业、金融业和高科技产业的发展密切相关。虽然在短期内,增长率受到一些政治运动的影响,但快速的城市化为北京市带来了很高的人口流动性,为移民和本地居民带来了更多的就业机会,同时也带来了许多挑战。

6.1.4 与家庭有关的社会政策

正如上一节所讨论,城市居民,特别是在国有企业工作的员工,与农村居民相比享受不同公共福利政策的影响。1978年是中国近代史上经济改革与发展的一个分水岭。在经济改革前,中国遵循苏联的经济发展模式和社会福利政策。这种模式强调中央计划和控制在组织生产、分配货物和服务方面发挥着决定性的作用。改革开放以来,市场经济成为影响社会发展和福利分配当中的重要指导原则,在此基础上,与家庭相关的社会政策和福利服务亦经历了结构上的变革和发展。为了全面了解北京相关政策的变化,有必要重新审视在现代中国历史上具有重要意义的政策改变。

一方面,和其他国家一样,从工业化早期直到20世纪50年代末,国家和政府为公民提供的福利服务是有限的。人们普遍认为家庭是其基本的社会组织,为其成员提供保护和福利。另一方面,国家的作用更多的涉及经济发展,以确保良好的支持环境以及维持社会稳定。在这样的环境下强调对家庭的忠诚,而超过对国家的忠诚(Yang,1959)。然而,1949年中华人民共和国成立后,出现了以个人家庭和亲属团体为中心转向对国家忠诚的转变。作为回报,国家和其他社会组织应承担起以前由中国传统家庭履行的许多社会和经济职能。

在城市,除了进行私营企业的国有化和集体化改造之外,政府还为城市雇员提供了全面的社会福利保障(Leung,1997)。一旦一个人受雇于国有或集体所有制企业,他就有权获得相应的福利和社会服务,如养老金、住房和医疗保健。作为企业员工可以享受子女的免费教育、低廉的住房租金、免费的药品和其他社会福利。此后,员工在退休后还可领取根据其退休前工资支付的养老金。这一终身就业政策不仅确保了员工工作的稳定,而且允许员工在退休之后可以由子女代替父母在同一工作单位工作。因此,个人的工作和家庭生活相对保持稳定,而以就业为基础的社会保障制度以及终身就业确保了大多数城市雇员能够在经济上独立于家庭。

一般而言,向所有国有企业雇员提供的慷慨的医疗、教育和退休保障减少了家庭为其成员提供保护和支持所发挥的作用。因此,个人对亲属网络的需求以及家庭对成员的就业、婚姻和教育的影响降低了。然而,福利支出的大幅增加以及人口的快速增长,增加了中央政府和大多数国有企业的财政负担。

1978年12月党的十一届三中全会之后，国家的经济政策发生了翻天覆地的变化。经济发展的重点从由国家在承担分配社会资源方面的主导作用转向了市场在国民经济发展中发挥主要作用。这种政策方向的改变导致了一系列结构性的社会和经济变化。这些变化包括社会保障和福利政策的转变，对个别家庭的福利产生了重大影响。社会福利制度改革始于1984年，其重点是扩大和提高社会保障的总体水平，使更多的家庭获得基本保护。改革后的社会保障制度涵盖扶贫、社会保险（如老年保险、失业保险、工伤保险和生育保险）和各种社会福利方案（如教育、住房和医疗）。下文将对与家庭直接相关的四个主要社会福利政策，即养老保险、住房、教育和医疗保健制度的改革进行更详细的考察。

养老保险改革始于20世纪90年代中期，即20世纪80年代到90年代初的经济转型初期之后。在世界银行1994年提出的改革模式的基础上，政府改革了城市居民的基本养老金计划，并通过实施社会统筹加个人账户模式，将其覆盖范围扩大到私营部门的雇员。对于年满退休年龄的雇员（通常为男60岁，女55岁）且已缴纳了15年或15年以上养老保险费的雇员，每月可领取基本养老金。在北京市，养老金的改革包括两个阶段。第一阶段从1994～1997年。该阶段包括从以工作单位为导向的养老金计划过渡到社会统一的养老金制度；第二阶段从1998年开始至今，即建立社会统筹加个人账户的养老金计划（唐钧，2006）。改革扩大了基本养老金计划的覆盖范围，改革后的受益人群不仅包括国家机关和政府雇员，而且还包括所有经济部门（包括国有和私营企业）的雇员和个体劳动者。此后，北京市又陆续出台了北京市基本养老保险的政策性文件，对中央提出的养老金方案针对适用范围、缴纳基本养老保险费、个人账户、基本养老保险待遇等问题做出了更详细的规定。至2011年下半年，北京市基本实现养老金保险制度全覆盖，目前已建立了包括职工基本养老保险、城乡居民养老保险、城乡无保障老年人福利养老金制度以及机关事业单位退休金制度在内的四位一体的养老保障制度体系（北京日报，2011）。

自1986年以来，中国政府在城市和农村地区实施九年义务教育制度，包括小学6年和初中3年的基础教育。自义务教育法实施之后，北京市人民的教育程度和教育质量都有了很大提高。1990年，北京6岁及以上人口的平均受教育年限达到8.6年。这一数字在2000年增至10年，2004年增至10.5年（庞江倩，2006）。2010～2017年，北京市初中及以下文化程度比例由2010年的43%下降至2017年的39%，高中文化程度变动相对不大，而大学专科及以上文化程度则从2010年的33%上升至2017年的39%（北京人口蓝皮书，2018）。近年来，为了提高教育的平等性，北京市政府针对农民工子女所面临的教育问题进行了多次改革。在过去几十年来实行的户籍制度影响下，本地居民和非本地居民的教育条件存在明显差距。非本地居民的家庭不得不承担昂贵的学费和额外的教育费用。由于缺乏资源以及高昂的教育成本，许多移民子女享受不到和本地居民平等的教育。基于此，北京市政府采取了许多策略来改善这种情况。例如，自2010年以来，北京外来务工人员的子女接受义务教育可就读于当地公立学校，且无论其父母是否在该地区登记为永久居民。此外，为了使家庭能够负担起教育费用，政府向来自贫困家庭的学生提供财政援助。

住房改革始于1988年，改革的主要方向为逐步停止和取消住房分配制度，并将住房建设和管理责任转移到市场。在几个选定的省份进行了为期10年的试点研究后，政府于1998年正式制定了一系列住房政策，取消城市住房作为社会福利体系中的一部分，并将其转变为根据市场机制可自由买卖的商品（李君甫，2009；焦建国、郎大鹏，2005）。从此，政府逐渐远离私人住房市场，而以低租金和基于工作单位分配住房的时代正式结束。值得注意的是，在住房改革之前，北京市的私人住房受到严格控制，仅占住宅供应的一小部分。在住房分配的政策下，几乎所有城市居民都能负担得起城市住房。根据Sit（1995）的研究，1979年北京的平均月租大约

相当于平均收入的3.6%～4%。然而，由于城市人口的增长以及对住房建设投资相对较少，一个家庭的平均居住空间非常有限。在有些情况下，甚至已婚的成年子女也必须与父母住在一起，才有资格获得其工作单位分配的住房。1988年的住房改革带来了两大变化：(1)公有住房租金的增加；(2)利用积累资金逐步实现城市住房的商业化。此外，自1998年以来，符合条件的贫穷家庭可以租用或购买政府补贴的房屋，中低收入家庭在购买住房的时候也可以获得相应的补贴。改革之后，私人住房市场获得了巨大的发展。例如，1988～1997年，房地产业发展迅速，人均居住面积由7.17平方米增加到14.4平方米，2007年这一数字进一步增加到20.3平方米，几乎是1998年的三倍（李君甫，2009）。然而，在房地产快速发展的过程当中也出现了很多问题，例如房价与收入比不断加大，很多居民无力承担；房地产投资过热，泡沫风险；以及经济适用房、廉租房政策实施不力；等等。

影响家庭福利的另外一项重要政策涉及医疗保险制度的改革。与住房和养老金制度改革一样，基本医疗保险制度改革涉及从工作单位负责和国家责任制度转变为基于个人、家庭成员、私人和公共机构以及国家共同协作的缴款制度。从20世纪90年代中期开始，北京市政府开始在部分地区开展试点，对市场化医疗改革进行研究。经过大约5年的筹备工作，2008年建立了涵盖不同经济部门的职工基本医疗保险制度。截至当年年底，共有871万北京市民参加了基本医疗保险制度，约占职工总数的89%（北京市统计局，2009）。近年来，作为国家医改的试点，北京又颁布了一系列医疗改革政策及方案，涉及实行医事服务费、调整服务项目价格、取消药品加成等。

除上述四大社会福利方案外，政府还为弱势群体制订了其他保障计划，包括对于处于贫困线以下家庭的最低生活津贴，以及下岗工人和失业者的失业保险制度等。总之，通过改革，社会福利制度的基本框架已经形成,包括扶贫、养老、医疗、教育、住房和就业。此外,自1987年以来,大多数城市地区启动了社区服务系统(Fung et al.,2003)。以北京市为例,在以社区为基础的服务体系下,基层政府为不同人群,特别是老年人、失业者和残障人士提供了多种多样的公共和社区服务。目前,社区所提供支持和援助的范围很广,如日常护理、家务、求职、社交和娱乐活动等,以支持整个社区的需要(Fung et al.,2003;Zhang,2001)。然而,由于目前还未有统一的模式,社区福利服务的类型和数量在不同社区之间差异很大。由于缺乏经济支持和资源,一些贫困地区的社区服务提供受到了一定限制。此外,由于社区的运作很大程度上靠自筹资金,导致一些社区过于强调营利性服务,而未能为最需要的人提供相应的服务(Fung et al.,2003)。因此,虽然社区服务体系已经基本建立,然而其服务仍不能完全满足个人和群体的需要,家庭在照顾其家庭成员方面所履行的职能仍然很重要。

除了在社会福利和社区服务方面进行的一系列改革,人口控制政策也是影响家庭和个人生活的另一项重要的公共政策。20世纪70年代末,中国政府认识到控制人口、减缓人口增长和促进现代化目标的重要性。在大多数城市地区,政府制定并实施计划生育政策,此政策的实施导致了生育率在一段时期内的急剧下降(Gu,Wang,Guo et al.,2007;翟振武,2007)。与此同时,随着死亡率的逐渐下降,这两个因素共同导致了家庭规模的缩小以及亲属关系结构的变化(王跃生,2006;唐灿,2005)。北京市在20世纪80年代初首次颁布了计划生育政策,并随后根据当地情况对其进行了多次修订。对于政策的修订和执行反映了更加符合现实的情况。例如,在满足一定条件的情况下,计划生育政策允许一些夫妇生育第2个孩子。到1999年为止,在确定了9个政策条件下,允许选定地区的夫妇生育二胎。例如,父母双方均为独生子女的夫妇、再婚夫妇或其第一个孩子被医学诊断为残疾的夫妇(Gu,Wang,Guo et al.,2007)。2015年,中共第十八届五中全会决定实施全面两孩政策。2016 年,北京修订了《北京市人口与计划生育条例》,新修订的条例提倡一对夫妇生育两个孩子,并对于符合条件的夫妇则可生育第 3 个子女。新条例在鼓励生育的基础上,对于产假和婚假也较原先的规定做出了进一步的调整。

在过去的 30 多年里,强制性的计划生育政策直接导致了出生率的迅速下降和北京市人口年龄结构的变化。在 20 世纪 50 年代和 60 年代初,自然增长率仍比目前高出 20%,人口自然增长达 26 万左右。然而,自 20 世纪 90 年代中期以来,人口自然增长率已降至约 2‰。育龄妇女的总和生育率(TFR)则从 20 世纪 70 年代的大约 5 下降到现在的 1.7(李慕真,1987)。据北京市统计局最新数据显示,2018 年全市的人口出生率为 8.24‰,人口死亡率为 5.58‰,人口的自然增长率为 2.66‰。

6.2 北京家庭结构和养老方式的变迁

近几十年来,北京市的家庭规模和家庭组成发生了巨大变化。自 1949 年以来,由于生产方式的结构性变化以及社会经济的发展,城市人口的快速增长,社会福利和人口政策的改变,导致家庭总数迅速增加,家庭结构、平均家庭规模也发生了很大转变。

从 1949~1979 年,北京的家庭数量几乎翻了两番,从 44.2 万户增加到 210 万户,1960 年平均家庭规模达到峰值 4.96 户,仍保持在下降态势(见表 6-4)。自 20 世纪 60 年代后期以来,北京市的家庭规模不断下降,家庭数量增加减缓。从 20 世纪 70 年代末开始,平均家庭规模的下降幅度更大。学者们一致认为,这一时期北京家庭规模的减少是生育率急剧下降与社会经济变化相互作用的结果。因此,北京市永久居民的平均家庭规模从 1982 年的 3.69 人持续下降到 1987 年的 3.59 人(郭志刚、杜鹏、刘小岚,1992)。

表 6－4　北京市家庭户和平均家庭规模的变化（1949～1979 年）

年份	家庭户（10 000）	平均家庭规模	年份	家庭户（10 000）	平均家庭规模
1949 年	44. 2	4. 60	1963 年	153. 1	4. 80
1950 年	44. 4	4. 59	1967 年	158. 0	4. 91
1953 年	54. 3	4. 84	1970 年	168. 3	4. 57
1957 年	80. 4	4. 71	1976 年	190. 4	4. 34
1959 年	136. 9	4. 81	1977 年	195. 7	4. 26
1960 年	142. 8	4. 96	1979 年	210. 0	4. 10

数据来源：李慕真编．中国人口（北京分册）．北京：中国财政经济出版社，1987.

除了家庭规模的缩小和家庭数量的增加之外，北京的家庭构成也发生了很大转变。根据政府 2008 年发布的官方统计数据，北京市约 70% 的家庭由 2～3 人组成。将这一数字与选定年份的统计数字进行比较，可以明显看出 1 人、2 人和 3 人家庭的比例明显上升。这表明，北京市家庭规模的分布已经从 3 人、4 人、5 人及以上为主体的家庭转变为由 2 人和 3 人为主体组成的家庭。

表 6－5　北京市各种家庭规模的百分比（1982～2018 年）

年份	各种家庭规模的百分比（%）				
	1 人	2 人	3 人	4 人	5 人及以上
1982 年	10. 18	15. 03	23. 19	22. 29	29. 32
1986 年	9. 60	15. 10	31. 10	23. 20	21. 00
1987 年	6. 51	13. 59	32. 72	24. 80	22. 38
1990 年	12. 12	18. 74	32. 34	21. 54	15. 27
1997 年	7. 91	18. 36	44. 60	17. 52	11. 59
2001 年	11. 40	24. 00	40. 30	14. 00	10. 30
2008 年	16. 50	32. 70	34. 80	10. 10	5. 90
2013 年	22. 50	31. 40	26. 30	10. 50	9. 30
2018 年	20. 70	30. 70	29. 70	10. 60	8. 20

数据来源：郭志刚，杜鹏，刘小岚．北京市家庭规模结构变动情况分析．中国人口科学，1992，2（29）；北京市统计局．北京统计年鉴 1986，1997，2001，2009，2014，2018. 北京：中国统计出版社．

近年来的研究表明，随着社会经济发展带来的变化，随着晚婚、高离婚率和低出生率等人口结构的转变，北京市的家庭结构也随之发生了改变。根据2005年对北京市1%人口的抽样调查，2005年一代家庭比例为39.1%，比2000年增加了8.2%，而两代和三代家庭分别从54.7%和48.8%降至14.4%和12.1%（北京市统计局，2005）。其他家庭形式，如单亲家庭、空巢家庭、无子女家庭等，在家庭总数中所占的比例则越来越大。

此外，在20世纪90年代末到21世纪初，移民对家庭的变化产生了巨大的影响。根据郭志刚的研究，1990年移民仅占北京家庭总人口的1.98%，尽管有些移民属于集体户。然而，到2000年，这一比例已增至11.65%（郭志刚，2004）。换句话说，移民一直是北京市人口增长的重要组成部分。由于对于家庭的态度和婚姻模式的变化，大多数移民家庭由单身家庭或夫妻家庭组成，很少包括三代或三代以上的家庭。此外，随着离婚率的上升和平均结婚年龄的增长，其他家庭形式也出现了有变化的迹象，如单亲家庭、空巢家庭、无子女家庭以及再婚家庭的数量上升。由于缺乏具体的统计数据，这些家庭形式的具体数目仍不清楚，然而最近几年的统计趋势显示此家庭类型的增多。此外，一些研究也表明，随着北京市家庭的多样化，新的家庭形式也逐渐得到人们的认可。

北京市家庭养老功能的变迁

随着北京市跻身现代化城市，成年子女对于老年父母的照料模式也正在发生变化。子女仍然被视为赡养老年人的主要来源，特别是在有需要或者紧急的情况下（Lee，Ruan & Lai，2005）。人们普遍认为，在其他的支持资源中，由配偶、子女和兄弟姐妹等近亲提供的援助是最重要的资源，其次是来自朋友、邻居和社会机构等其他非亲属群体的援助。在北京市进行的几项研究结果显示，子女提供的援助意愿和实际援助都没有因此而减少（Lee，Ruan & Lai，2005）。相反，非正式支持网络的作用，特别是亲属网络，构成了照顾老年人的主要支持来源。

在实地调查中发现,照顾父母仍然被认为是一种尊重长辈、孝顺的代表。几乎所有的被访问者,包括老年人和他们的成年子女都表示,家庭、特别是子女的支持应被视为一种道德的要求,尽管在实践中家庭提供的支持取决于一系列外部和内部因素。子女们普遍愿意为父母提供帮助,作为对童年时期得到的抚育、爱和关怀的“反馈”。相比之下,一些年迈的父母并不认为子女提供照顾是一项任务,也不是一个硬性要求。相反,他们更关心子女的幸福和职业发展。以下为两个例子:

[**案例 BJE 09**]吴太太和她的一个儿子住在一起,她说:“我不认为孩子们应该照顾我。我告诉他们,孝顺与否是你自己的事,我不需要(你们大家的帮助)。说实话,我不想成为他们的负担……我的孩子们在工作上都很努力……”

[**案例 BJA 02**]自从丈夫去世后,傅先生的母亲独自一人生活。谈到有关子女提供照顾的意见时,他说:“法律和中国的道德都要求照顾父母。我不认为这是一项‘任务’。这听起来有点轻蔑。我宁愿说这是一种‘义务’,这是比较合理的。”

为了分析子女提供的家庭照顾,本研究询问了三种主要的支持类型,即经济支持、日常生活支持和情感支持。在过去,大多数老年人没有退休保障,所有的经济支持都来自家庭,特别是成年子女。由于生活条件相对较差,来自子女的经济援助均以物质支持为主,如提供金钱、食物和衣服。张女士在接受采访时说:

[**案例 BJE 05**]“当时(20 世纪 70 年代),我的月收入是 37 元,我的丈夫大约有 40 元。这些钱只能让你维持基本的生活……因为大多数老年人没有工作,很多家庭每个月都要给父母钱。我们家很幸运,我父母有自己的薪水,所以我们就给他们买食物以及一些日用品……”

随着社会保障制度的不断完善,工作和就业的改变,老年人的经济状况确实得到了显著的改善。老年人的经济独立性显然减轻了家庭成员的经济责任。根据2005年的1%北京市人口抽样调查,69.3%老年人的主要收入来源为养老金(北京市老龄问题研究中心,2006)。大多数退休老年人现在都有足够的养老金来维持基本的生活水平。政府对没有其他经济保护来源的老年人承担部分责任。因此,成年子女为老年父母提供的经济支持变得不那么重要了(王树新、赵志伟,2007;穆光宗,2000)。子女对父母经济上的支持变为不定期,大部分家庭仅在需要时为父母提供如支付医疗费等方面的援助。在访问中,宋太太说起自己对父母的经济支持:

[**案例 BJA 04**]"我不定期给他们(父母)钱。他们有足够的退休金来维持日常生活……我只是在元旦或其他节日时给他们买一些东西,每次至少500元。此外,他们几乎所有的衣服都是我买。当然,如果他们提出其他要求的话,我也会尽力满足……"

[**案例 BJE 10**]丧偶的焦太太与子女分居。她描述了四个女儿对她的经济支持。"我每个月都有退休金(大约1 000元)。我既不抽烟也不喝酒,这对我的日常生活来说已经足够了。我的孩子们也会在有需要的时候给我一些(钱)…… 主要花在医疗、药费等方面了。"

就业模式和居住安排对于在家庭中为老年人提供的日常和情感支持产生了很大影响。例如,过去由于社区养老服务还未建立,通信和交通系统不发达,大多数老年人可能仍然与其成年子女生活在一起。家庭成员提供的实际照顾和帮助是很常见的。然而,随着独居老年人人数的增加,单独居住的现象普遍存在,导致成年子女提供照顾和支持的方式发生了变化。在北京市,绝大多数成年子女仍然愿意定期探望并为父母提供实际的帮助。与此同时,老年父母也往往在有需要时向子女寻求帮助,但配偶、邻居、朋友和非正式机构(包括社区、专业机构和保姆)也提供了其他支助来源。然而,这并不意味着成年子女在照顾和帮助父母方面的作用正在减弱,但其提供帮助的方式则反映了很多现实问题。以下为一个案例:

[**案例 BJE 02**]杜女士表达了她的顾虑和选择。她说:“我的两个孩子都太忙了…… 最好的选择是结交能互相帮助的朋友。当我需要帮助时,我经常求助于朋友。通常情况下,我可以处理好自己的事情,只有当我处理不了时,我才会问我的孩子。”

在成年子女对其父母的情感支持方面也有类似的情况。当越来越多的老年人与他们的成年子女分开生活时,会导致家庭成员之间的地理隔离,对于老年人来说这可能伴随空虚、孤独或失落的感觉(Wang & Zhao, 2007; Lee,Ruan & Lai, 2005)。过去,当大多数老年人习惯于与至少一个子女一起生活时,对情感支持的需求较少。然而,随着分居的增加往往会减少代际间面对面交流的机会。幸运的是,现代化的交通和通信技术的发展使得远距离通信和思想交流成为可能。在此调查中发现,子女特别是成年女儿,是老年人获得情绪安慰和友谊的重要途径。除了在周末或节日进行拜访和家庭聚会外,子女和父母经常电话或视频交谈。邱先生这样描述他与两个孩子的情感联系:

[**案例 BJE 07**]“我把我孩子的电话号码加到我的‘特别名单’中,这样我们之间的通话可以得到(电信服务商的)特别折扣……我们经常和孩子们打电话,尤其是我妻子。她几乎每天都和女儿说话。我们的孩子住在很远的地方,但他们有时也会来看我们。”

上述是对于子女为其年长父母提供照顾的一般模式。然而,微观的个体因素,特别是有关生活安排和家庭收入等,也影响了个人所能从家庭获得的帮助(Lee,Ruan & Lai,2005; Wang & Zhao,2007)。一般而言,与子女同住的老年人能够比那些单独生活的老年人得到更多实际和情感上的支持。此外,在一些家庭中,当父母仍然健康,配偶彼此之间的照顾则变得越来越重要。在一些情况下,经济富裕的家庭能够雇佣保姆帮助家庭的日常事务,如做饭、洗衣和购物。然而,对于收入微薄或健康状况不佳的老年人来说,需要则难以得到满足。

上述访谈的结果表明,北京市的成年子女在社会迅速变化的情况下,仍然为父母提供了多种多样的支持。地理距离(即两代人分开生活)以及劳动力参与和婚姻的变化并不总是与家庭联系的破坏和家庭成员之间联系的减少有关。孝道的价值仍然存在,特别是在有需要和生病的时候,家庭是老年人最重要的支持来源。一般而言,对老年人的实际照顾和帮助的形式,特别是日常的经济和情感支持已经发生改变,并且越来越多样化。从一方面来看,子女提供照顾和他们是否能够为老年人提供足够的支持,在很大程度上取决于老年人的需要以及子女是否能提供相应的资源。另一方面,家庭支持也受到人们生活中许多个人因素的影响,例如其子女的社会经济状况、居住安排等。

第七章

现代性与中国的家庭及养老的改变：以香港为例

香港特别行政区位于我国东南沿海岸，珠江三角洲的对面，距离澳门以东 60 千米，毗邻广东省深圳市北部。从地貌上看，它主要由陡峭的丘陵山地组成，周围有 260 个较小的岛屿。从历史角度看，香港可分为港岛、九龙及新界三个部分。这些地区总共占据了 1 104.38 平方千米的面积。来自香港特区政府统计处的统计显示，2019 年年中的人口为 7 524 100，与 2018 年底相比增加 1%。据此计算每平方千米约 6 813 人，这也使得香港成为世界人口密集的地区之一。

香港有着得天独厚的气候条件，属亚热带气候，四季分明。香港的冬天凉爽干燥，持续时间从 12 月到次年 3 月初；夏天则炎热潮湿，持续时间从 5 月下旬到 9 月中旬；春天和秋天通常温暖，阳光明媚且干燥。夏季最高气温大致为 37℃，冬季气温则保持在 10℃ 左右。虽然由于风向和气候变化，夏季和初秋偶尔会出现热带气旋，但阳光充足的宜人天气能持续半年，甚至在某些年份更长。

因为其独特的历史和优越的地理位置,香港成了连接东西方的桥梁。虽然香港为单一种族社会——约92%的人口都为华裔人士(汉族华人),然而在香港工作和生活的人口众多,包括亚洲人、南亚人和欧洲人。在非华裔人群中,印尼人(26%)和菲律宾人(32%)占绝大多数(香港政府统计处,2016)。此外,香港宗教与风俗相当多元化,源自世界各地的宗教团体在香港和谐共存。香港的法定语言为中文和英文,广东话是最常用的方言,但大部分人以英语为主要语言或作为其第二语言。

香港拥有高度发达的资本主义经济。自20世纪70年代末以来,由于在国际金融和贸易方面占据了优势,香港从制造业为主转向了一个以服务业为基础的经济时代。自由市场政策、低税收和政府不干预常常被称为香港经济的特征,并为它赢得了经济自由的国际声誉。地理和经济因素共同对其作为一个现代化城市和亚洲主要商业中心做出了贡献。

7.1 现代性对香港的影响

7.1.1 工业化的发展

香港的工业发展始于一个多世纪前,同时也是现代化进程开始的主要阶段。学者们普遍认为,香港工业化的开端可以追溯到20世纪初(Ngo,2003)。在此之前,香港是一个尚未发达的地区,人口较少,以渔业、农业、盐业和珍珠捕捞为主。1841年,当香港被英国控制时,香港岛有7 450名居民(包括2 000名船民),而南面的史丹利村(Stanly Village)已成为一个有2 000人的集镇(Liu,2009)。

1841年至第二次世界大战期间,在很多学术文章中,香港被描述为一个有转口经济的前工业社会(Szczepanik,1958;Youngson,1982)。许多移民来自周边地区,如中国大陆、东南亚以及美洲和欧洲。他们从家乡带来了可供销售的商品,并开始创业。到 19 世纪末,香港迅速崛起为远东贸易港,转口大量货物。该阶段经济的发展是由于英国政府支持商业活动的政策以及香港地理位置优越所致。在发展贸易的过程当中也带来了商业化和城市化,使得香港扩展为一个商业中心,提供与贸易直接相关的各种服务,并为中国内地、东南亚和欧洲市场之间的连接提供了条件。与此同时,国际贸易的发展和扩大也为建筑业和造船业等制造行业创造了丰富的发展机会。现代银行和保险业已经建立,糖业和酿酒等加工业也进入了发展的初级阶段。然而,香港早期的工业很多是分散的,规模很小,因此在整个经济中所起的作用不大(Chiu et al. , 1997)。大多数小型工厂以手工业生产为主,只为一小部分人提供雇佣工作。农业和渔业仍然是邻近城市郊区大多数香港人的主要生活来源。

19 世纪 90 年代初以后,工厂数量稳步增长,并在 20 世纪 30 年代初达到顶峰。此后,香港经济经历了大萧条、抗日战争、内战等几次战争和中断,经济也经历了巨大起伏。在此期间,香港受到世界贸易放缓的影响——特别是与中国大陆的贸易,贸易量逐渐下降。然而,内地的变动也为香港制造业的发展提供了新的机遇,许多商人和企业家从上海、广州和武汉等工业城市将产业转移到了相对安全和稳定的香港。此外,1932 年"渥太华优惠协定"(Ottawa Agreement on Imperial Preference)允许香港与英国和英联邦市场进行自由贸易,特别是 1935 年以后,除出口贸易外,协定还进一步促进了香港的工业发展。虽然在此期间的学术文献和官方报告的工厂数量有很大不同(其部分原因在于缺乏全面的工厂调查和登记,也可能是由于统计方法的不同),但一系列相关指标表明,在 1941 年日本占领前,香港已形成了颇具规模的现代化工业系统,拥有所有必要的相关部门。

香港的工业发展在第二次世界大战后得以恢复,至此直到 20 世纪 60 年代末的这一时期被认为是早期工业化时代。1949 年中华人民共和国成立,香港成为转口贸易、连接内地与外界的关键。即使在与中国内地受到国际禁运的条件下(先是美国禁运,然后是1951年联合国禁运),来自内地的移民仍然相对稳定。然而,再出口的急剧下降和商业衰退使得港英政府提出了自由主义的经济政策,以帮助和保持制造业的快速增长。在二十世纪五六十年代,香港的经济由依赖贸易和转口转变为以本地制造业为基础的经济体系。大量工厂开始实行生产和经营的现代化。在1947年,998家工厂雇用了大约51 000名工人;1959年,工厂数量增加到4 860家,雇用工人超过18万名。1959年,出口的本地产品比例大幅增加,占到出口贸易的70%(Liu,2009)。自此开始,香港的出口逐渐从纺织行业为基础转向服装、塑料、电子产品、搪瓷和其他以密集劳动生产为主的商品。20世纪60年代末,香港的工业化已经取得了巨大的成就,制造业成为整个经济中最重要的部门。因此,香港人口迅速增加,工业的发展为具有不同技能水平的工人提供了大量的就业机会。

香港经济在20世纪70年代开始起飞。这时期的经济平均增长率为8.9%[①],金融、贸易和服务业占国内生产总值的比重急剧扩大。很明显可以看出,在此时期,香港的经济已经开始转变,并迈向更先进的工业化阶段。例如,以出口为导向的工业有了很大的扩展,制成品的种类也增多了。除纺织品和成衣这两个传统产品类别外,其他以出口为导向的重要行业在香港地区生产总值中所占的份额也有所上升,这其中包括电子、塑料玩具、手表、照相机和电子设备等。此外,制造业的增长带来了银行、房地产、建筑和运输等相关服务部门的繁荣和不断扩展(Ho,1986;Chui et al.,1997)。此时,尽管制造业在地区经济中仍占有重要地位,然而其在整个产业结构中的重要性和地位相对下降。

经济的持续及快速增长带来了社会的繁荣,人们对改善生活质量的需

---

① Census and Statistics Department of HKSAR (2011 a). Economic Development of Hong Kong over the Past 40 Years. http://www.censtatd.gov.hk/FileManager/EN/Content_1064/A2_E.pdf.

求也随之增加。从1971年到1980年,香港的人均地区生产总值增长了约6.2倍,从5 162港元增至32 080港元(Ho,1986)。由于第三产业日益重要,第二产业制造业所占经济比重相对有所下降,随之而来的是社会对技能要求更高、收入更高的工作岗位,为社会人员的向上流动提供了大量机会。1980年以后,随着大陆经济改革以及大陆廉价的劳动力的优势,香港生产资本不断外流,制造业逐渐向中国大陆转移,导致其工业部门持续萎缩。这个过程得益于与内地的经贸合作,以及香港经济结构的转型。金融服务业、旅游业和零售业逐渐取代制造业,成为香港经济中最突出的部门。图7-1显示,制造业占国民经济的份额在20世纪80年代中达到顶峰,然后进入持续下降,而商业和金融服务则从20世纪80年代开始迅速飙升。

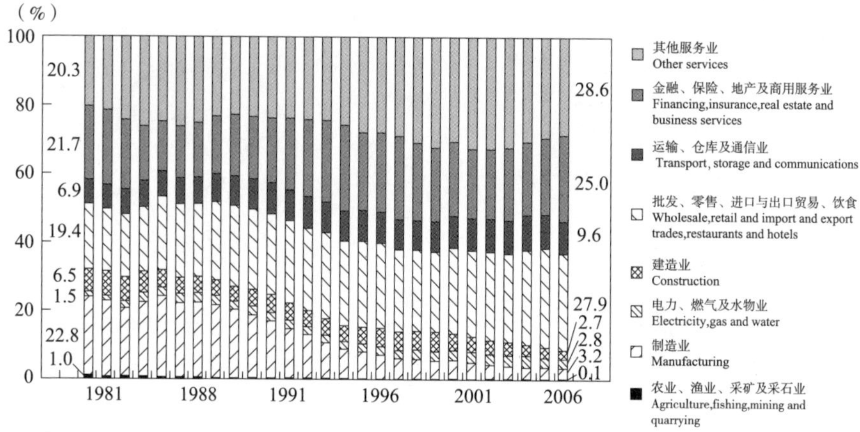

图7-1 各种经济活动在本地生产总值内所占的百分比

资料来源:香港政府统计处(2008). 香港的发展(1967~2007). 香港统计处网站。

随着香港经济日益转向以服务为导向,第一产业(包括农业、渔业、采矿和采石业)和第二产业(包括制造业、建筑业和电力、燃气及水物业)的重要性开始下降。从1988年到2008年,第一产业对GDP的贡献率从0.4%下降到0.1%,而在20世纪80年代中期占GDP的比重最大的第二产业则从1988年的26.6%下降到2008年的8%。与此同时,第三产业占GDP的比重从1988年的73.00%急剧上升到2008年的91.91%(见图7-2)。自此,香港的经济高度依赖以服务为导向的生产(主要包括贸易和旅游业,金融和商业服务,社区、社会和个人服务),而对传统生产部门的重视则逐渐减低。

2009年,香港成为世界第11大贸易体、世界第15大银行中心和第6大外汇交易中心。批发、零售及进出口贸易、饭店及酒店业,以及金融、保险、地产及商业服务业成为两个最大的服务部门,2008年分别占国内生产总值的28%和26.7%(HKSAR,2009)。在迈向多元化知识型经济的道路上,香港政府于2009年10月的施政报告中特别强调了发展6个高附加值产业:医疗服务、环境工业、测试和认证、教育服务、创新和技术以及文化和创意产业(香港政府施政报告2009—10,第21~43段)。

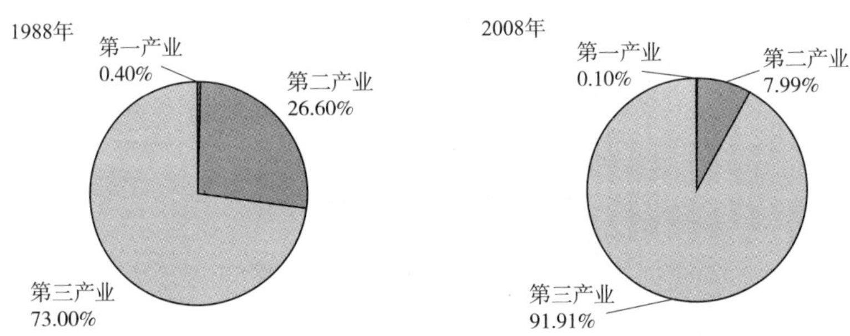

图7-2　香港的第一、第二、第三产业占地区生产总值的百分比(1998,2008)

资料来源:HKSAR.(2009). *Hong Kong* 2009. Hong Kong: Government Printer.

表7-1是近年来香港的各种经济活动以当时价格计算的本地生产总值百分比的变化。由此可以看出,农业、渔业、采矿及采石仍然所占GDP的比重稳定在0.1%,制造及电力、燃气、自来水供应及废弃物管理则持续下降(前者从2006年的2.7%下降至2016年的1.1%,后者从2006年的2.8%下降至2016年的1.4%),建造有一定增长,从2006年的2.7%增加至2016年的5.2%。服务业所占GDP比重仍然保持在90%以上。很显然,过去十多年来,香港的经济已逐步迈向更成熟的产业结构。随着经济的发展,人民生活水平和生活条件持续改善。然而,在经济富裕的背后,个

人之间贫富差距扩大。特别是经济过于依赖服务业导致了社会两极分化以及失业和就业不足的上升（谢均才，2002），对个人和家庭都产生了一定的影响。

表 7－1　各种经济活动占地区生产总值的百分比（2006～2016 年）　（%）

经济活动	2006 年	2011 年	2012 年	2013 年	2014 年	2015 年	2016 年
农业、渔业、采矿及采石	0.1	—	0.1	0.1	0.1	0.1	0.1
制造业	2.7	1.6	1.5	1.4	1.3	1.1	1.1
电力、燃气和自来水供应及废弃物管理	2.8	1.8	1.8	1.7	1.6	1.5	1.4
建造业	2.7	3.4	3.6	4.0	4.4	4.6	5.2
服务业	91.8	93.1	93.0	92.9	92.7	92.7	92.2

资料来源：香港政府统计处（2018）．香港统计年刊 2018 年版．香港统计处网站。

7.1.2　雇佣劳动和就业的发展

在工业化之前，香港的资本化仍然不发达。香港的经济变革始于 19 世纪末，随着经济结构转型而开始，即从以农业为基础的经济向以工业和知识为基础的经济转变。雇佣劳动和就业模式的变化开始出现，并沿着资本化的途径逐渐发展。在 1842 年《南京条约》签订香港被割让给英国之前，很少有人被雇佣为有薪劳动者。在今天的港岛地区，那时已经有几个不同大小的市镇、小村庄和几个较大的沿海渔村。村民们基本上都是依靠农业和渔业为生的农民和渔民。此外，香港亦有一批在本地市场售卖货物的船民及工匠。然而，农业和渔业仍然是当时居民从事的主要职业（Hayes，2003）。

从 19 世纪末开始，香港开始成为远东的转口港，贸易已成为香港的重要产业。虽然农业和渔业仍然为一部分村民和从事畜牧业的人口提供直接就业，但当时绝大多数居民开始从事贸易、航运和其他相关服务，成为受雇的有薪劳动力。香港的人口不仅包括本地居民，而且还有来自世界各地的商人和金融家。在随后的 20 世纪 30 年代，随着大陆资本、技术和企业家的到来，制造业逐渐成为一项重要的经济活动，并雇用了社会上很大一部分劳动力。根据 1931 年的人口普查，超过 10 万名工人，相当于近 1/4 的劳动人口或者 1/7 的全港人口在中国的工厂就业（见表 7－2）。

表 7－2　1931 年人口普查在香港的工作人口

口经	人数	百分比
总人口	849 751	
工作人口	470 794	100%
从事制造业的人数	111 156	23.6%
从事商业和金融的人数	97 026	20.6%
从事运输和通信的人数	71 264	15.1%
从事渔业和农业的人数	64 420	13.7%

资料来源：Ngo，Tak－Wing（2003）. Industrial History and the Artifice of Laissez-faire Colonialism. In Faure，D.（ed.）. *Hong Kong：A Reader in Social History*. Oxford University Press.

制造业就业的增长随着当地生产的扩大，创造了对劳动力的巨大需求。很多来自内地邻近城镇和乡村的人口来港，为了寻找香港工业发展所带来的经济机会。他们当中的大多数为成年男性，受雇于正在迅速发展的工业，如造船和修船业。1937 年日本扩大对华侵略后，1938 年广州沦陷，大量难民涌入香港，寻求相对稳定的环境和更好的商业和就业机会。香港这时期的经济得益于内地大量的劳动力供应，以及吸引了资金雄厚、商业网络强大的企业家从邻近省份迁至香港。特别是来自上海和其他城市的纺织和服装企业家开始在香港大量投资建厂，产生了对工业劳动力的巨大需求。

日本在第二次世界大战期间对香港的占领，使香港的工业发展停滞，工厂和劳工的数量在这一时期均急剧减少。1945 年，香港的人口已经减少到 60 万，不到战前 160 万人口的一半（古学斌，2002）。1949 年一批人从中国大陆移民到香港。相对稳定的环境，加上廉价劳动力供应的扩大，促进了香港制造业的复苏和发展。

在二十世纪五六十年代，制造业成为香港经济中最重要的产业时，新建造的工厂提供了大量的就业机会。在战后工业发展中，就业机会主要源自制造业、纺织品、服装、塑料和电子工业。在20世纪50年代末，已达到充分就业。“很少有男子和妇女寻找不到全职工作。在一些部门，雇主发现很难吸引和留住所需要的劳动力”（Brown，1971）。根据Chau的估计，1961年至1971年间，有61%的香港就业增长是由5个快速增长的出口制造业提供的（Chau，1988）。经历了快速增长的行业，例如服装、电子产品、玩具和玩偶，吸收了越来越多的制造业劳动力。如表7－3所示，从1947年至1965年，制造业雇用了超过90%的私营部门员工，而其他经济部门，如采矿和采石、商业和服务，在就业分配方面的重要性逐渐下降。

表7－3 香港按主要经济部门划分的工作人口总数及其百分比（1947～1965年）

行业部门/领域	1947年	1953年	1959年	1965年
采矿和采石		2 320	2 069	2 355
		（2.3%）	（1.1%）	（0.7%）
制造业	47 356	92 178	177 271	329 214
	（92.2%）	（91.4%）	（93.8%）	（92.1%）
电力、水和卫生服务	1 719	1 286	1 716	3 704
	（3.3%）	（1.3%）	（0.9%）	（1.0%）
商业	644	416	612	763
	（1.3%）	（0.4%）	（0.3%）	（0.2%）
运输、储存和通信	1 593	3 180	4 660	17 804
	（3.1%）	（3.2%）	（2.5%）	（5.0%）
服务业	26	1 475	2 708	3 657
	（0.1%）	（1.5%）	（1.4%）	（1.0%）
工作人口总数	51 338	100 855	189 036	357 497

资料来源：Hong Kong Census and Statistics Department.（1969）. *Hong Kong Statistics*（1947～1967）. Hong Kong：Government Printer.

20 世纪 60 年代后期，制造业就业的高度集中伴随着经济转型，随之而来的是以制造业为代表的地区生产总值所占份额逐渐下降。由于制造业需要的员工逐渐减少，许多工人失业。他们当中的一部分人开始在服务业和金融部门等新兴发展的行业就业。1971 年，制造业雇用的劳动力比例为 75%。这一数字在 1976 年和 1980 年分别降至 51.8% 和 50.1%。而金融、保险、地产、商用服务业，以及社区、社会及个人服务业所提供的就业机会，则由 1971 年的 12.3% 分别上升至 1976 年的 13.2% 及 1980 年的 15.6%[①]。在这段时期之后，香港开始了与内地更紧密地融合。1978 年底，内地的开放政策加速了香港经济的转变。从 20 世纪 80 年代开始，香港开始放弃以制造业为基础的经济，转而对服务和商业的依赖程度越来越高。这直接导致了制造业就业机会的大量减少，就业发生了深刻的结构性变化。香港大部分劳动密集型的产业迁往内地，而增加了对金融、旅游和零售等服务行业的投资及就业。

从 1990 年开始，香港的服务业得以迅速发展，成为推动整体经济增长的主要动力。以服务为本的第三产业为香港的大部分市民提供了就业机会。其在总就业中所占的比例从 1989 年的 59.7% 上升到 2009 年的 88%（见图 7－3）。具体来说，进出口、批发和零售贸易以及住宿和餐饮服务占

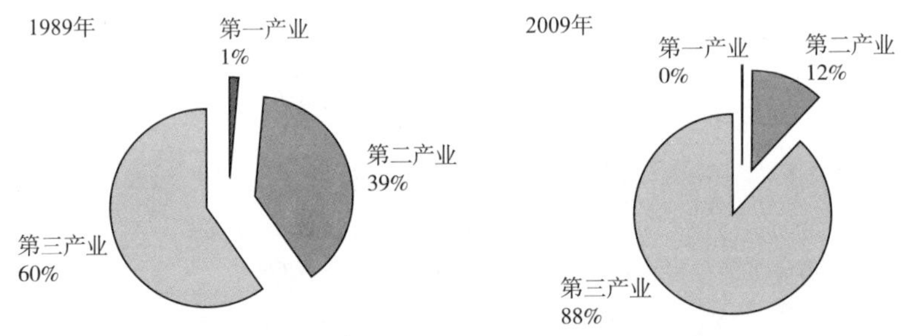

图 7－3 香港按第一、第二、第三产业划分的就业（1989，2009）

资料来源：HKSAR.（2009）. *Hong Kong* 2009. Hong Kong：Government Printer.

① 相关数据由香港政府统计处公布的数据计算得出。Hong Kong Census and Statistics Department.（1981）. *Hong Kong Annual Digest of Statistics.* Hong Kong：Government Printer. Table 3－10，42.

2009 年总就业人数的 33%，然后是公共行政、社会和个人服务(25%)、金融保险、房地产、专业和商业服务(18%)，以及运输、仓储、邮政和快递服务以及信息通信(23%)(见表 7－4)。

表 7－4　香港按行业划分的就业人数及百分比(2009)

行业部门/领域	就业人数及其占总就业人口的百分比
进出口、批发和零售贸易以及住宿和餐饮服务	1 149 000(33%)
公共行政、社会和个人服务	879 000(25%)
金融保险、房地产、专业和商业服务	638 700(18%)
运输、仓储、邮政和快递服务以及信息通信	414 500(12%)
建造业	266 700(8%)
制造业	133 300(4%)

资料来源：HKSAR. (2009). *Hong Kong* 2009. Hong Kong: Government Printer.

与劳动密集型的、需要大量熟练技术工人的制造业相比，服务业相对来说是技能密集型的，需要技术型及知识型员工，金融和商业服务尤其需要具有专门知识的高素质人才。然而，当服务业的专业化程度越来越高时，就需要更加多样化的劳动力，员工需要具备更高的教育水平。为了符合不同职业所要求的特定资格，员工通常需要经过相当长时间的艰苦培训。

虽然传统服务部门雇用了许多本地员工，但一些快速增长的服务业则对于员工具有更高的就业要求，例如设计、数字娱乐、教育服务以及文化和创意产业。与世界上其他先进的现代化城市一样，香港吸引了大量来自内地和海外的高技能人才。他们满足了香港知识密集型产业对员工的需求。然而，现在提供给低技术工人的工作机会越来越少，而他们也更有可能获得较低的收入。

7.1.3 城市化和人口流动

在鸦片战争后,香港呈现出移民社会的特征。人口的增长主要是来自其他地方的移民增加。在19世纪下半叶,香港的对外贸易迅速发展,人口的增加导致维多利亚市的扩大和九龙半岛南岸新城的建立。1871年,居住在维多利亚市周围的人口达到近8万人,占香港总人口的88%(刘蜀永,2009)。经济的发展,就业和商业机会的扩大吸引了大批来自内地周边地区的中国人,以及成千上万的欧洲人和亚洲人。然而,对他们中的许多人来说,香港并不是一个永久的居住地,而是一个临时的居所。很多移民,特别是中国人,大部分都是与留在家乡的家庭成员保持密切联系的年轻人。

香港在19世纪末成为重要的转口港。其作为重要交通枢纽的地位亦使得人口大幅增加,年人口增长率从1871~1881年的2.59%增加到1881~1891年的3.28%。到1901年,香港岛和九龙的居民人数约为283 975人,新界有85 000人,总人口接近37万。新界在1898年割让给英国人,占全港行政区域的91.8%,但人口却只占全港居民的23%,他们几乎全部从事农业生产(刘蜀永,2009)。由于商业活动和企业大多集中在香港岛,香港人口的增加主要为居住在维多利亚市和南九龙新建城镇的居民。然而,从19世纪末开始,由于这些地区土地短缺,香港政府进行了多次填海和筑路工程,以解决市中心土地短缺的问题。

20世纪上半叶,香港的经济快速增长,制造业得以迅速扩张,新建的工厂扩大了对就业的需求。许多居民迁移到新建的市镇,而把他们的家人留在农村地区。在此期间,长年无休止的战争增加了从中国大陆移民到香港的人口,到1931年,香港的人口已增加到840 473人。在接下来的10年里,来自内地的人数激增。特别是1937年开始的日本侵华战争带来了难民移民潮,很多人在二十世纪三四十年代移居香港。1938年,日本人袭击广东省省会广州,形势变得更为糟糕。据香港政府估计,至1937年底,香港接受了27.5万名难民,1938年底为45万人,1939年底则达到了70万人(Podmore,1971)。其结果是从1931~1941年,香港人口几乎翻了一番,从840 473人增加到1 639 000人,年增长率为6.91%(刘蜀永,2009)。

香港的建筑重建咨询委员会(Building Reconstruction Advisory Committee)在1941年引用的数字表明,在164万总人口中,城市人口占129万,几乎所有的城市居民都生活在维多利亚市和九龙(Dwyer,1971)。由于战争的影响,城市人口高度密集,城市核心地区的土地短缺,特别是维多利亚市,人口流动非常频繁。因此,政府认为有必要开发新的地区,以满足住房和工业对土地的大量需求。填海工程为建造住房、医院、学校和现代交通等新建筑提供了相当大的潜力,足以容纳迅速增长的城市人口。而在当时,许多人没有住房,不得不睡在街头或贫民区。

市区的迅速发展和扩展是在战后期间发生的。当时有大批难民来港逃避战争。第二次世界大战后,为了应付不断上升的人口需求,香港政府开始发展九龙北部地区,供市区使用。据统计,到1957年,香港人口已达270万,香港岛和九龙半岛各占40%(刘蜀永,2009:205)。他们当中的绝大多数人都是城市居民。香港的商业活动亦逐渐由港岛区扩展至九龙半岛。

从满足社会迫切需要出发到全面规划城市扩展,香港的城市化经历了漫长的历程。19世纪末20世纪上半叶,面对人口的不断增长,大规模的填海扩大了香港岛和南九龙半岛的可开发市区。然而,直至20世纪50年代中期,香港政府才开始考虑新界新市镇的发展。市区的迅速扩展了城市的疆域,而城市化亦由港岛和九龙岛的双城发展逐渐扩展至香港的整个地区。现在,香港是一个以城市人口为主的国际大都会,城市化正在改变而且还将持续改变城市面貌及其人民的生活。

7.1.4 与家庭有关的社会政策

香港在对个人和家庭福祉起重要作用的社会福利项目,如社会保障、医疗卫生服务、教育、住房和其他服务方面,经历了一条基于“放任”原则和政府不干预原则的发展道路。这与北京等内地城市的发展截然不同。香港今天的政策和社会福利服务,在某种程度上是建立在过去的基础上,并由其独特的历史背景而形成。因此,当我们分析今天香港的家庭政策时,首先要回顾香港的社会服务和家庭政策的发展历史。

20 世纪以前,香港并没有福利制度,也没有任何由政府建立或赞助的社会机构。照顾和支持家庭成员被视为家庭的责任。1965 年的一份政府政策文件指出,必须保留传统的价值观和义务,例如照顾老年人或体弱多病的人(Hong Kong Government,1965)。因此,在早期,香港内唯一的福利机构是由宗教团体设立的,以帮助被遗弃的儿童和其他需要帮助的群体(Boldrick,1958)。第二次世界大战后,为缓解人口迅速增长所带来的日益增加的压力,政府采取了一系列旨在改善民生和为市民提供的有组织的社会服务措施。港英政府于 1948 年正式成立了社会福利办事处,隶属处理中国事务的政府部门。1958 年,社会福利办事处正式成为社会福利署作为政府的一个独立部门。住房委员会于 1954 年正式成立。

在 20 世纪 60 年代和 20 世纪 70 年代,为了促进工业的迅速发展和满足现代社会的需要,政府承担了一部分社会福利责任,制定了一系列旨在改善人民生计,同时加强社会团结的社会政策。在 20 世纪 70 年代宣布了一项包括房屋、教育和社会福利在内的重大发展计划,包括“十年房屋建设计划”“居者有其屋计划”,以及通过“九年教育”推行免费小学和初中教育。发展计划还支持社会福利的发展,扩大了社会保障方案的覆盖面(Scott,1989;Chan,2002)。为老年人所设计的多项福利方案几乎同时也在进行。“社区关怀”(care in the community)成为政府提供社会福利的主要指导原则。这一系列促进和扩大社会福利服务的做法表明政府和社会开始承担更多的责任，取代了过去一些曾经由个体家庭所履行的职能，为不同的目标群体提供相应的保护。此外，通过向不同收入群体的家庭提供普遍性的服务，政府在保障以及提供相应的福利中也发挥了越来越重要的作用。

港英政府在20世纪70年代为市民所制定的社会政策和服务为下一个10年的政策改革奠定了基础。从1980年开始，港英政府福利发展的主导特征为“市场化”。尽管在此期间，社会福利有了一定程度的发展，但事实是在引入市场价值和市场做法的同时，相应的福利和服务增长受到限制(Chan,2002)，所导致的结果是政府在为市民，特别是弱势群体提供服务和福利方面的作用不足以满足迅速发展的社会需要，家庭和社区仍然必须在为成员提供保护和照顾方面发挥积极作用。鉴于社会福利政策范围极为广泛，以下将主要概括与家庭福利直接相关的四个政策领域：社会保障、住房、卫生和教育政策。

香港社会保障和福利的发展，可追溯至1965年第一份社会福利白皮书发表之时。在经过了50多年的发展之后，今天香港政府所推行的3项主要的社会援助计划为：综合社会保障援助(Comprehensive Social Security Assistance, CSSA)、社会保障津贴(Social Security Allowances,SSA)和强制性公积金(Mandatory Provident Fund,MPF)。综援(CSSA)是一项需要经资格审查的计划，目的是“使有需要的人士及家庭的收入达到指定水平，以满足他们的基本及特殊需要”(Social Welfare Department,1998)。综援是最全面和最基本的保障，亦是香港社会保障制度的中坚力量。截至2009年底，综援个案共有289 139宗。其中“高龄”(53.1%)、“单亲”(12.5%)及“失业”(11.5%)占大多数(Hong Kong Census and Statistics Department,2010)。

社会保障津贴(SSA)则是一项非资格审查及非供款计划,其中包括伤残津贴(适用于严重残疾人士)及高龄津贴(适用于65岁或以上人士)。社会保障津贴于1973年推出,以应付因年老或残疾而引致的特别需要。在2008~2009年度,社会福利金计划共支付了87.96亿港元,占社会福利支出总额的22.43%(Social Welfare Department,2009)。强制性公积金是首个供款的退休金计划,于2000年实施,目的是为劳动人口提供退休时的收入保障。这是一项与就业有关的养老金计划,雇主在应计福利中支付的金额加上雇员的缴款将直接加入政府所认可的投资和养老金计划,并获得投资回报。在强积金实施前,只有约1/3的工作人口,包括公务员、司法人员及资助学校的教师在内,约有340万人享有某种形式的退休保障(HKSAR,2010)。新建立的强积金制度旨在涵盖所有雇员及年龄介乎18至65岁的自雇人士。截至2009年10月底,有99.9%的雇主、98.9%的雇员及76.3%的自雇人士加入强积金计划(HKSAR,2010)。

香港的社会保障为公民提供基本的选择性保护,并在一定程度上惠及所有个人和家庭。香港市民的整体生活水平和生活质量均大幅度提高。然而,目前的社会保障制度总的来说既不足以满足香港日益增长的需求,也缺乏效率。例如,强积金所提供的并不是普遍的保障,许多人被排除在该系统之外,包括现有65岁或65岁以上的老年人和之前从未工作过的人(Tsoi,2002)。作为一种固定供款计划,强积金只能为雇员提供有限的退休保障,累积福利水平相当低(Gillion et al.,2000;Tsoi,2002)。综援和社会福利金只为弱势群体提供援助,例如残疾人士、长者、单亲家庭和低收入家庭,并不能纾缓导致贫穷的问题。在“富余社会政策模式”下,政府在福利提供方面的作用是有限和暂时性的。另外,港英政府确实鼓励个人和家庭自力更生,为自己的福祉而工作(Hong Kong Government,1998)。

除了社会保障外,香港政府还为公众提供广泛的福利服务和方案,其中包括住房、教育和医疗,也有针对家庭、老年人、儿童和青年等特定群体的方案。值得一提的是公共住房政策。该政策旨在为无法负担私人市场房屋租赁费用的低收入家庭提供出租住房,并通过帮助中低收入家庭获得合适和负担得起的住房扩大到满足中低收入家庭的需要。最近,政府为“夹心阶层”家庭推行了多项计划,使他们可以在私人市场购买自己的居住单元。根据2006年的人口普查,在香港总共660万人中,49.3%住在私人永久住房,31.0%住在出租公屋,17.8%住在政府补贴出售居住单元(Hong Kong Census and Statistics Department,2011)。就在不久之前,行政长官还提出了6项房屋新政,希望透过增加公营房屋供应、修改住宅预售制度、成立过渡性房屋专责小组等措施解决民众的住房问题。

在医疗保健方面,香港逐步建立起一个包含私营和公营部门的混合医疗系统。公共部门提供免费或低成本的医疗和个人健康服务,并覆盖到大部分地区的社区。同时,个人也可以通过私营部门购买额外的医疗保险。值得指出的是,在现有的医疗体系下,所有香港居民均有资格接受公立医院及医院管理局(医管局)管辖之下的一般及专业门诊所提供的优质健康及医疗服务(Harvard Team,1999)。由于健康保险和医疗储蓄计划在香港并不是强制性的,公共卫生部门目前占据了一级和二级医疗的绝大多数服务提供(Harvard Team,1999;Health and Welfare Bureau,2000)。正因为高效和低付费的公共医疗体系的建立,香港的健康指标,如粗死亡率、婴儿死亡率和预期寿命都有非常大的改善。近年来,面对医疗费用的迅速增加以及公共医疗系统所面临的持续压力,香港在医疗保健领域实行了若干改革,改革之后个人所需要支付的医疗费用未来将会有所增加。香港的医疗卫生,特别是公共卫生体系,仍然为其居民提供了强有力的安全保障,尽管未来财政的可持续性仍值得仔细评估(Chan,2002)。

从教育政策来看,香港在过去的20多年中取得了重大进展,其主要成就包括扩大补贴学校和高等教育部门,以及为相关年龄组的民众提供免费教育。此外,政府通过创建公立和享受政府补贴的学校、高等教育机构等措施,让更多不同家庭背景的民众以负担得起的价格获得高质量的教育。现时,政府已将九年免费义务教育计划延长至12年免费教育,包括小学6年、初中3年和高中3年。与此同时,政府还为专上教育(主要指高中以上教育)提供了许多奖学金和贷款方案,以帮助学生在不依赖家庭支持的情况下继续接受教育。以上措施的结果是香港人的教育程度普遍有所提高。2010年,总共77.7%的15岁及以上青年接受了中等教育,25%接受了中学后教育(Education Bureau,2011)。

与一般的房屋、医疗、教育政策相比,政府和非政府机构为香港特定群体提供的各项福利服务,都是有选择性和补充性的。例如,目前提供的许多福利服务多为补救性质,主要针对那些迫切需要和面临特别困难的人(Social Welfare Advisory Committee,2010)。此外,自20世纪90年代以来,对当前和未来的公共财政状况的担心使得服务日益集中于追求私有化和市场化(Chan,2002)。越来越多的服务已从政府转移到非政府组织和其他私营部门。服务的提供则越来越多地基于民众的支付能力,而不是基于需求的分配。因此,许多服务并不足以满足个人或家庭的各种福利需要。例如,政府资助安老院宿位的轮候时间,从安老院的约22个月至护理院的40个月不等(HKU Research Team,2009)。

除了以上的各项福利和服务政策,香港的生育政策在缩小家庭规模方面发挥了重要作用,导致了生育率的降低。虽然在以前,香港并没有强制性的生育政策,但从20世纪50年代开始,家庭计划协会(Family Planning Association,FPA)建立并提供家庭计划服务,以及有关计划生育的公共信息。这在一定程度上导致了出生率的大幅度下降。例如,许多研究指出,FPA的计划生育信息和服务使得更多的市民开始接触并了解到节育方法。特别是一些学者指出,宫内节育器(IUD)的提倡与1965年之后的生育率急剧下降有关(Freedman,1970;Wat & Hodge,1972;吴白弢,1985)。事实上,香港的粗出生率在20世纪60年代中期和后期急剧下降。1964年为

30.7‰,1969年为21.4‰,1981年为16.9‰(吴白弢,1985)。虽然这一时期出生率的急剧下降与年龄结构有关,特别是育龄妇女的人数,但有证据表明,这是现代化以及家庭计划协会工作的结果(吴白弢,1985;Podmore,1971;Wat & Hodge,1972)。

从以上的描述可以看出,香港社会福利的发展与现代化的进程是同步的。一般来说,香港的社会福利制度为个人和家庭提供了广泛的支援和各种专业服务,内容涵盖社会保障、教育、房屋和健康等多个政策范畴。为儿童、青年、老年人和残疾人等不同社会群体所提供多种服务的目的是满足他们的各种特殊需要,使不同群体之间能够更好地融入社区。公共机构通过不断扩大和改善的服务和支持表明政府在一定程度上承担了向公民提供基本保护和服务的责任。不过,由于一些计划的覆盖范围较窄,很多计划有选择性而且以入息审查为基础,以及透过福利服务(例如强积金)提供援助的标准偏低,表明政府在提供社会保障方面的作用仍然有限。此外,在需求上升和资源减少的压力下,公共福利服务不太可能有大幅的扩展。相反,强调家庭责任的儒家价值观,特别是对老年人的关怀,却一再得到强调。为了应对变革所带来的挑战,促进个人、家庭和社区共同承担责任,政府鼓励民众在自由市场中更多地通过自力更生获得经济等方面的独立。

7.2　香港家庭结构和养老方式的变迁

在现代性的影响下,香港的家庭结构和规模经历了快速且激烈的变化。20世纪60年代之前,几乎没有香港的平均家庭规模的准确统计数据。1966年人口普查数据显示,约85%的香港家庭由7人或更少的人员组成(Podmore,1971)。自20世纪70年代以来,香港人口增长向低生育率和越来越长的预期寿命转变。家庭生活的变化和社会经济条件的改变导致了平均家庭规模的缩小。从1971年到2017年,香港的平均家庭规模从1971

年的4.5人下降到2017年的2.8人。1～3人住户的比率由1971年的39.7%上升至1991年的52.1%,2017年更是达到了70%(见表7－5)。这反映出越来越多的人倾向于独居,以及较多的年轻人婚后选择不与父母同住。

表7－5　1971～2017年选定年份不同家庭规模所占百分比

年份	不同家庭规模的百分比(%)					平均家庭人数(人)
	单人	2人家庭	3人家庭	4人家庭	5人及以上家庭	
1971年	14.7	12.9	12.1	12.8	47.5	4.5
1976年	14.7	14.1	13.5	14.7	43.0	4.2
1981年	15.2	15.4	15.4	17.2	36.8	3.9
1986年	14.8	16.3	17.3	20.6	31.0	3.7
1991年	14.3	18.4	19.4	22.7	25.2	3.4
1996年	14.9	19.2	20.1	24.0	21.8	3.3
2001年	15.7	21.8	21.3	23.4	17.8	3.1
2006年	16.5	24.1	23.2	22.7	13.5	3.0
2012年	16.5	26.1	24.6	20.4	11.8	2.9
2017年	18.0	27.6	24.4	18.7	11.2	2.8

资料来源：Hong Kong Census and Statistics Department. (1996). *Hong Kong Annual Digest of Statistics*. Hong Kong: Government Printer; Hong Kong Census and Statistic Department (2001). 2001 *Population Census Main Report*. Hong Kong: Government Printer; Hong Kong Census and Statistic Department (2006 a). 2006 *Population By－census Main Report*. Hong Kong: Government Printer. Hong Kong Census and Statistics Department. (2018). *Hong Kong Annual Digest of Statistics*. Hong Kong: Government Printer.

近几十年来香港家庭组成的变化反映了类似的趋势。随着社会的发展,家庭制度在结构上发生了深刻的变化,以适应不断变化的环境。例如,香港大学在1968年进行的一项调查发现,三代家庭即包括祖父母、父母和子女的家庭占比例相对较高(Podmore,1971)。调查指出,居住在政府公共住房和私人住房的家庭之间,以及移民家庭和当地居民组成的家庭之间存在很大差距。此外,在20世纪50年代和60年代,直系和扩展家庭以及其他形式的家庭所占比例相对较高。

根据上一节所述的家庭规模逐渐缩小的趋势，过去20年来核心家庭的比重不断增加（表7－6）。纵向和横向大核心家庭的比重大幅度下降，2006年分别只占7.4%和0.7%。

表7－6　香港选定年份按住户组成划分的家庭类型分布　（%）

家庭结构	1976年	1981年	1986年	1991年	1996年	2001年	2006年
单人家庭	14.8	15.2	12.9	14.8	14.9	15.6	16.5
核心家庭	60.1	54.4	59.2	61.6	63.6	66.2	67.0
纵向扩展的核心家庭	9.4	13.6	11.9	10.7	9.9	8.5	7.4
横向扩展的核心家庭	2.0	2.4	2.1	1.8	1.2	0.9	0.7
其他	13.7	14.4	13.9	11.1	10.3	8.8	8.4

资料来源：Hong Kong Census and Statistics Department，1981、1996、2006。

注：根据政府统计处对家庭住户的分类，纵向扩展的核心家庭是指不同世代与核心家庭同住在一起，而横向扩展的核心家庭是指同一代成员与核心家庭同住在一起。

此外，从香港家庭的其他统计资料可以看出，现在家庭的组成与过去相比呈现更大的多样性。在过去的30多年中，单亲家庭、无子女家庭和继母家庭等家庭类型已成为人们普遍接受的类型。例如，香港的离婚人数从1996年的9 500人增加到2008年的178 000人，导致单亲家庭数量迅速增加，从1996年的42 000户增加到2006年的72 000户，单亲家庭占所有家庭的近3.3%（Social Welfare Advisory Committee，2010）。尤其值得留意的是，人口迅速老龄化对于家庭结构和有老年人的住户数目影响巨大。在香港家庭总数中，有1名或1名以上65岁及以上老年人的家庭所占百分比从1991年的23.2%上升到2006年的26.7%，2016年则达到了32.3%（Hong Kong Census and Statistics Department，2006；Hong Kong Statistics Department，2017）。在2016年，纯老年人家庭户数目达到了261 421户，而在这些老年住户中，大部分（58.3%）为独居。如果再细分来看，独居老年人的住户数目在过去的10多年中有显著增长，由2006年的98 829户上升至2016年的152 536户，大幅上升了54.3%；而由2名老年人组成的纯老年人住户比例则由40.2%上升至41.0%(Hong Kong Statistics Department, 2017)。此外,随着香港老年人口比例的增加,居住于各类院舍的比率也大幅增长。例如,1996年,香港长者居于院舍的比例仅为5.5%,2006年上升到10%(Hong Kong Census and Statistics Department,2006)。

香港家庭功能的转变

在香港,家庭被认为是照顾老年人的主要来源和依靠。一般认为"尊重老年人是一种美德……尽可能照顾老年人是家庭的责任"(White paper,1991)。在20世纪70年代中期的一项研究中,罗森(Rosen)研究了美孚邨的中产阶级家庭。其调查结果表明,频繁的沟通和联系使家庭成员之间能够互相提供经济援助和帮助,通常表现为在有需要时向亲属提供经济援助,并定期向父母提供经济上的支持(Rosen,1976)。Lau的一项研究也发现,香港人仍然普遍认同传统的对年迈父母履行义务的准则。特别是大多数被访者(73.3%)报告说,他们向其父母和其他亲属提供了财物和其他援助(Lau,1981)。其他研究人员,如Lau和Kuan的研究也得出了类似的结论(Lau & Kuan,1988)。

然而,随着社会现代化,社会和家庭结构的重大转变改变了家庭为老年成员提供照料的可能性。家庭成员的地理距离的分离、生活安排的变化和态度的改变也影响到家庭成员,特别是成年子女为其父母所提供帮助的类型和多少。由于老年人在社会经济条件、非正式支持资源和家庭关系方面存在着巨大差异,因此对其照料的需求也因此而不同。此外,传统家庭支助模式发生的变化使得更适应现代社会需要的新模式得以出现(Chan,1997)。

宏观的现代化进程带来的变化影响着一般的家庭照顾提供模式。家庭成员的地理分离明显影响到成年子女向父母提供的实际帮助。此外,由于现代社会经济体系需要相对自由的流动和全职工作的需要,家庭成员在家里的时间相对较少。尽管很大一部分老年人(2006年为53.4%)仍与子女生活在一起。假设所有人都愿意为父母提供照料,但他们能够利用的业余时间仍然非常有限。这种情况导致一些中产及富裕家庭的成年子女雇佣家庭佣工来帮助家务,而不是自己身体力行;老年人则可能更多地依赖他们的配偶或寻求其他亲属的帮助。在访谈中,李先生和郑太太谈到了这些不同之处:

[**案例 HKE 04**]“过去,照顾家庭(年长父母)是子女不可推卸的责任……现在我的孩子(1 个儿子和 2 个女儿)都是全职工作。他们不能辞掉工作来照顾我们。我妻子走不了多久(因为腿部问题),所以他们(子女)付钱给菲利普诺(Philippino)照顾我们,也做一些家务。”

[**案例 HKE 01**]“当时,我的父母身体不好,所以我们照顾他们。在他们(父母)这一代人中,很少有双职家庭。父亲通常负责赚钱养家。(然而)当他们不工作或者身体不好的时候,所有的照顾责任都要由孩子来承担。”

为了解决无法为父母提供实际帮助的问题,许多成年子女更倾向于提供经济援助,而不是直接参与其中。在访谈中,一些被访者指出,有工作的子女定期(通常是每月)向父母提供经济援助是一种传统,尽管这种援助的性质和形式对不同家庭来讲有很大差异。例如,与父母分开居住的吴太太解释说:

[**案例 HKA 01**]“传统上来说,女儿结婚后只需要给父母一些零用钱。但现在儿子和女儿之间没有区别。像我们家,我们(子女)每个月都给父母同样数额的钱。同时,我们一同雇了一名家务助理照顾他们(父母)。”

此外,随着越来越多的老年人在经济上更加独立,来自成年子女的经济帮助似乎就不那么重要了。对一些子女来说,给父母钱更多地被看作尊重和孝顺的象征,而不是一个重要的收入来源。然而,对一些缺乏退休保障的老年人来说,子女的经济支持仍然发挥着重要作用。正因为如此,不同家庭的成年子女所提供给父母的经济帮助有很大的不同。

除了金钱上的支持以外,老年人和他们的成年子女之间仍然有很强的联系以及相互之间情感的支持。分开生活（建立独立的家庭）并不一定会削弱父母和孩子之间的情感纽带（Chow，1983；李明堃，1991）。虽然大多数老年受访者并没有与其子女生活在一起，但他们之间仍然保持着经常的联系。例如，大多数受访者表示，他们至少每周都会与子女通电话。同时，受传统习俗的影响，老年父母经常与成年子女喝茶和吃早餐，特别是在周末或公众假期。以下是两个例子：

［**案例 HKA 03**］38 岁的谢女士谈到她和父母之间的情感联系。她说："我们（和父母）分开居住，但我经常会给他们打电话，至少每周一次。通常我们（我和父母）每个周末也一起出去喝早茶。"

［**案例 HKA 01**］唐女士说："我经常每星期探望父母 2～3 次。如果我有一段时间没见他们（父母），他们会问我原因。我的父母已经 80 多岁了，但他们经常像孩子一样争吵……每当这种时候，他们就会打电话给我，互相抱怨。当他们有什么想法，特别是悲伤或难过的时候，他们也会告诉我寻求安慰。"

然而，成人子女提供帮助的形式和多少因个体家庭的差异，如生活安排、社会经济条件和家庭关系而有所不同。在香港，父母与子女之间的互助似乎非常普遍。在某些情况下，经济援助的流动通常不是单向的，不仅仅从成年子女流向父母，有时候也从父母流向子女。例如，有部分受访长者表示，当子女在经济上有困难时，例如购买住房，他们便会向子女提供金钱上的支持。相比之下，成年子女向父母提供的经济援助，特别对于收入贫乏的老年人来说相当重要，特别是香港现时大部分老年人的退休保障有限。因此，他们须依赖政府的经济援助，例如综援及高龄津贴或子女的经济支援。

照顾的需求和供应差异是不同家庭在不同生活安排上的考虑点之一。一些与子女同住的老年人帮助子女做家务，例如做饭和洗衣服。他们可能从子女那里得到更多的情感和实际支持。而对于其他没有与子女同住的老年人来说，每天得到的照顾或实际帮助相对较少。67 岁的李先生谈到了他的孩子们所提供的照顾：

［**案例 HKE 04**］“我的孩子们给我们（父母）提供了很多支持，特别是在经济和情感方面。但平时总是我们（自己）待在家里，生活很无聊。他们（孩子）太忙了，我们只能在周末聚会……我真希望他们（子女）能多来看看我们。”

对香港成年子女和老年人的深入访谈以及其他学者的研究结果表明，在香港对老年人的家庭支持仍然广泛存在，但其形式有所变化。虽然大多数老年人尽可能保持独立，但他们仍然倾向于向其子女寻求帮助，并将子女视为重要的支持来源。受传统孝道价值观的影响，成年子女仍然愿意为父母提供多方面的支持。现实的情况表明，虽然由于生活安排的变化和资源的有限，子女在提供实际的帮助和情感支持在一定程度上有所减少，但在其他方面的支援，例如经济上的支持有所增加。然而，不同家庭所能为老年人提供的支持类型和多少在一定程度上因其社会经济条件、家庭关系和是否有其他支持来源而有所不同。

第八章

现代性与对中国养老方式转变的解释

8.1 现代性与云南文林村、北京市、香港的家庭变迁

现代性理论认为,家庭结构和功能的变化与现代性过程中的社会经济和政治发展过程之间存在着因果关系。简而言之,在现代性的不同阶段,人们会选择不同的家庭模式,而不论现代性的不同历史发展道路以及不同的经济模式,也不论价值观和文化传统的差异。如果家庭的发展以及相应的变化在不同的现代性发展阶段是明显的,那么假定的结构变化与家庭功能转变之间的联系似乎是合理的。相反,如果认为该理论的因果关系并不具共性,则需要提出替代理论或做出进一步的解释。

本章在实地考察和收集统计数据的基础上,比较了云南文林村、北京市、香港不同社会的现代性水平,并分析和比较了家庭结构和对老年家庭成员的支持方面所发生的变化。此外,本章还说明及解释了三个社会中家庭的组成和老年人照料模式的变化,并寻求社会学上的理论概括。最后,

本研究提出了一个解释现代性与家庭变化的理论模型，选择—适应模型（Geo - adaptation model）。该模型使我们能够从理论和实践的角度进一步深入研究家庭变化的原因，从而全面了解社会经济快速发展过程中可能影响中国家庭结构和养老功能变化的机制。

8.1.1　宏观结构层面对现代性的衡量

为了有效地比较和讨论三个选定地区的宏观的经济、社会结构发展水平，必须制定一套涵盖主要现代性维度的指标。然而，适当指标的选择与选取的研究环境密切相关，通常取决于研究场地、研究问题以及数据的可用性或可获取性。因此，为了符合以上目的，本研究只选择了既对现代性概念来说非常重要又与家庭变化密切相关的指标，从而使研究结果在概念上更具有可比性，在理论上则更具有累积性和代表性。

工业化的衡量

从最狭义的技术层面上来看，工业化常常被视为“在两个主要方面逐渐改变社会生产所有商品的构成过程：第一，由制造而非农业生产而产生的所有产品的份额（数量）显著增加；第二，所有商品制造的过程发生的重大变化，即制造过程不是由手工/人工进行而是通过机械加工……”（Inkeles，1998）。基于不同的研究背景，本文选择了不同的指标来衡量工业化的水平或所处的阶段。

本研究旨在测量和比较三个选定的研究环境下的工业化水平/阶段，因此使用某些宏观指标来反映一般的对比模式是比较适合的。在实践上，我们选取了按广泛的经济部门所划分的地区 GDP，其原因为它提供了关于宏观经济结构和经济后果的相关信息。此外，农业、制造业和服务业在地区生产总值中所占的相对比例有助于比较工业化的不同阶段，该指标与所研究的三个领域的生产和经济模式有关。

除了按广泛的经济部门划分的地区生产总值作为比较指标外,本研究还选择了另外一些相关指标,包括地区生产总值、地区人均生产总值和人均收入。选择这些指标的最重要原因之一是它们与工业化水平高度相关,直接反映了工业化的几个发展层面,而工业化反过来又可能产生相应的社会和经济后果。地区生产总值和地区人均生产总值的比较基于工业化程度与经济增长率成正向关系的假设。因此,工业化将通过提高人们普遍的生活水平和经济条件对家庭产生重大影响。此外,英克尔斯(Inkeles)和切内尔(Chenerey)等学者提出,人均收入在世界范围内被广泛用于衡量工业化的发展阶段(Inkeles,1998;Chenerey & Syrquin,1986)。工业化程度较高地区的人均收入高于工业化程度较低地区的人均收入,从而导致生活质量的差异,继而影响到个体家庭,特别是不同生活方式、物质和经济条件等方面。为了便于比较,本研究根据汇率将人民币收入换算成当时的美元收入计算。

城市化的衡量

城市化是现代性的另一个重要方面,人们普遍认为城市化与工业化密切相关,两者是相辅相成的过程。与工业化一样,城市化水平的衡量也有其复杂的特点,在计算方法上也有很大的差异。然而,为了使结果更具可比性,衡量城市化水平的最广泛使用的指标是城市人口在整个人口中的比例(Gibbs,1966;Kojima,1995;Henderson,2002)。例如,乌丘(Oucho)和古尔德(Gould)指出,"可以从两方面来看待城市人口的增长:一是城市的发展,二是城市人口占国家人口比例的增长,正如城市化一词本身所表述的那样"(Oucho & Gould,1993)。

本研究采用三个区域内的城市人口比例作为衡量三个选定地区的城市化水平指标。这一相对指标反映了目前居住在城市地区的人口比例,使结果具有可比性。然而,值得指出的是,在比较研究三个不同地点的城市化水平时,文林村没有官方数据。因此,文林村城市化程度被定义为人口总数中迁移到城市地区的比例。

然而,用城市人口所占比例这一传统指标衡量城市化水平只揭示了城市化的一个层面。事实上,与北京市和香港居民的数量级相比,文林村(大约两千人)的城市人口规模很小。如果仅比较这一指标似乎是武断的。换言之,我们需要用其他相关资料补充以反映城市化所带来的实际变化。因此,本研究考虑了人口流动问题。这是因为(1)人口流动与城市化进程密切相关,且往往被视为城市化进程的动力;(2)人口流动,特别是农村—城市间移徙被认为是改变了家庭成员之间的地理距离,而对家庭产生了重大影响。

官方统计数据的局限性和数据的不可获取性使得人口流动的比较非常难以计算。在这种情况下,研究将更多地描述发生在特定环境中的人口流动情况,而不是给出准确的数字进行比较。

社会政策的衡量

社会政策这个术语有着不同的含义。根据梅志利(Midgley)的定义,“影响公民福利的公共政策称为社会政策”(Midgley,2000)。由于其定义的广泛性和复杂性,没有一套统一的标准来衡量和比较不同社会的社会政策。然而,人们普遍认为核心的政策包括社会保险、卫生和福利服务、教育和住房政策。

本研究旨在比较社会政策在三个研究地点的发展,并从家庭结构和功能两个方面分析社会政策对家庭的影响。在分析当中,本研究并不试图涵盖所有社会政策,而仅是侧重于那些与家庭有关的政策,并考察社会所提供的某些重要服务。考虑到比较和理论发展的可行性,与家庭福利和家庭组成有关的指标是合适的。此外,社会福利和计划生育政策则作为本研究所考察的另外几个具体的重要指标。

1. 社会福利政策。社会福利政策包括各种不同类别的政策和福利方案。本研究以社会保障、退休金、教育、医疗及房屋政策为例,分析社会福

利发展对家庭的影响。选择这些指标有几个原因。第一,它们是社会福利政策的主要组成部分,可视为政府为个人和家庭提供的各种政策和服务。在社会照顾、教育、住房和医疗方面提供的公共服务被视为取代了家庭的某些职能,并可能代替一部分家庭责任。第二,上述福利政策的制定反映了政府在社会保护、公平和发展方面发挥的更大作用,这直接带来了预期寿命和识字率的提高。这些福利后果极大地影响到个人和家庭,特别是对非正式支持和援助的需求。第三,作为主要的社会福利政策,这些指标被认为是发展现代经济所必需的,并与社会经济发展密切相关。然而,不同社会的不同意识形态反映了其政策和福利规定的多样性。因此,通过对这些政策的发展进行分析和比较,可以为我们提供一个独特的视角来看待政府、社会和家庭的不同角色。

2. 生育政策。人们普遍认为生育政策在很大程度上导致了人口转型和人口结构的变化。特别是在中国,严格的计划生育政策促成了生育率的急剧下降和家庭结构的变化(Gu、Wang、Guo et al., 2007;王跃生,2006)。生育政策包含一套关于家庭规模的规则和条例,导致个体家庭内可能提供照料者的人数减少,从而影响到为老年成员提供的照料资源。计划生育政策通过规范和调整个人和家庭行为,体现了政府行政策略或干预措施的重要性。

8.1.2 对云南文林村、北京市和香港的现代性发展比较

现代性由一组表达“现代”意义的要素组成,在不同的语境中有不同的含义。然而,现代性是一个经常用来描述与传统农业生活方式相比较的现代工业社会发展中的社会经济、政治和文化变化的过程。在回顾现代性的含义,且比较不同社会中现代性的主要特征时,本研究将以之前章节所概述的现代性的四大特征作为评价和分析的基础。在以下讨论中,本节将

对云南文林村、北京市和香港现代性的四个主要方面进行详细的考察:工业化水平、城市化和流动性水平、分工及专业化以及与家庭有关的公共政策。

工业化水平

工业化是现代性最重要的过程。这一过程发生在以农业为主的社会转变为主要依赖制造业的社会,以及之后发展到以服务和知识经济为基础的社会。人们普遍认为通过工业化,社会变得富裕,经济增长速度更快(Inkeles,1998)。结果是现代性的发展为各国带来了更多的财富,使人民生活水平不断提高成为可能。在之后的章节中,我们将对工业化的发展进行概述,表现为按主要区域经济部门划分的地区生产总值。此外,我们也将就地区 GDP、人均地区生产总值和人均收入进行比较,以说明文林村、北京市和香港这三个选定社会的工业化水平。

从一般的意义上看,文林村仍然是一个农业社会。过去几十年来,基本的农业生产和生活方式方面没有发生重大变化。唯一的区别在于生产的组织方式。从 20 世纪 50 年代至 20 世纪 70 年代后期的人民公社集体生产过渡到自 20 世纪 70 年代末经济改革以来一直占主导地位的家庭联产承包责任制,即所谓的以家庭为基础的农业生产。即使是近几十年,农牧业仍占文林村全部经济收入的 90% 以上,非农耕人口占全村人口的比例还不到 5% 。

由于文林村地处山区,与外界隔绝,经济在很大程度上仍然是自给自足的。大规模的农业机械并没有像在中国北方的其他农村地区那样得到广泛的应用,这与北方的绵延数千里的平原有所不同,山区的地形在很大程度上限制了大型现代农业的使用。此外,由于其相对封闭的地理位置,在其他农村社会转型中起着重要作用的农村商业和工业,在文林村仍未得到发展。虽然农村经济改革解放了农业生产力,但文林村的社会经济由于其所处的地理环境,发展一直比较缓慢。近年来,电话、电视机等家用电器

在“家电下乡”政策的影响下开始普及到家庭，给人们的日常生活带来了一些变化。与过去的传统农业社会相比，文林村的公共交通得到了很大的促进和发展，但在经济上，其传统的耕作方式并没有变化，村里的经济仍然以传统农业及畜牧业为主。

与香港相比，北京市的工业化经济发展相对较晚。在二十世纪三四十年代，工业部门仍微不足道，城市经济主要依靠农业和以家庭为基础的小型作坊生产手工艺品。1949 年后，在苏联模式的影响下，北京市逐渐从传统的农业社会过渡到现代社会，但这条发展道路在五六十年代中期由于各种原因而停止，其中包括各种频繁的政治运动。由于社会主义生产方式强调中央计划在经济发展中的主导作用以及对重工业的大量投资，这一时期的工业发展速度较快，但发展不平衡，效率较低。工业发展的一个重要分水岭始于 20 世纪 70 年代后期，经济改革后，国家的经济体系发生了巨大变化，工业结构也随之发生了调整。在坚持国家对宏观经济运行的监督和调控作用的同时，社会经济发展中强调市场的作用，极大地促进了经济的增长。1978 年至 1990 年，北京市的工业化发展迅速，第二产业在国民经济中所占的比重不断上升，并成为国民经济中最重要的经济部门。

20 世纪 90 年代，随着经济的迅猛增长，北京市的产业结构开始进行新一轮的调整，社会主义市场经济允许行业间及行业内竞争加速了工业发展。其结果是第二产业所占份额下降，而第三产业所占比例逐步上升。劳动和资源密集型产业逐渐被知识和技能密集型产业所取代，第二产业占 GDP 的比重持续下降。21 世纪初，北京市已成为一个以知识、信息、技术、服务为基础的社会，高新技术产业和电子信息产业所占比重越来越大。

与北京市相比，香港的工业化始于 19 世纪末，受到外来资本主义制度的深刻影响。在此之前，香港是一个以渔业、农业为主要经济的农业社会。工业化发展的早期阶段发生在第二次世界大战(20 世纪 40 年代末和 50 年代)之后，在此期间，香港工业急剧发展。港英政府制定的政策允许香港与英国和英联邦市场自由贸易,加上大量来自内地(主要为上海及邻近的广东和福建)的资本,进一步促进了工业的发展。制造业开始取代传统上在香港经济中占据主导地位的商业和贸易。20 世纪 60 年代末,制造业已成为香港经济最重要的支柱,并影响到经济结构。

二十世纪七八十年代,香港已迈向更先进的工业化阶段。许多制造业被转移到内地以利用大量廉价劳动力以及优惠的土地政策和相关服务。随着经济的快速发展,产业结构开始调整,第三产业占 GDP 的比重急剧扩大,其所占比重超过了之前作为整个经济支柱的第一产业和第二产业。自此,香港的经济变得越来越以金融、专业服务为导向,以知识及技能为基础。目前,香港已成为一个高度发达的工业化社会,金融、服务和商业在国民经济中扮演着重要的角色。

以 2008 年为基准,表 8-1 对比了这三个区域的工业发展程度。由于文林村缺乏相关数据,主要数据均按地区内生产总值(GNP)计算。又因为文林村人口相对稳定,地区内生产总值大致等于地区生产总值(GDP)。由该表显示,第三产业在地区 GDP 中所占比例在香港和北京市为最高,而在文林所占比例最高的则为第一产业。三个地区在地区生产总值(GDP)、人均地区生产总值(GDP per capita)和人均收入方面存在很大差距。这三个指标在香港最高,其次是北京市,文林村则为最低。

表 8-1　云南文林村、北京市及香港的工业水平比较

	云南文林村	北京市	香港
经济模式	农业经济	工业经济	高度发达的工业经济
按第一、第二、第三产业划分的地区生产总值(百分比)	96%(第一产业)、4%(第二及第三产业)	1.1%、25.7%、73.2%	0.1%、8%、92%
地区 GDP	7 160 000 RMB(112 万美元)	1 048 800 RMB(1 634.34 亿美元)	1 677 011 HK $(2 148.82 亿美元)

续表

	云南文林村	北京市	香港
人均 GDP	3 228 RMB (503 美元)	63 029 RMB (9 822 美元)	240 339 HK $ (30 796 美元)
人均收入	1 587 RMB (247.2 美元)	城市 24 725/ 农村 10 747 RMB (城市 3 851 美元/ 农村 1 674 美元)	31 420 HK $ (4 400 美元)

注:地区生产总值及人均地区生产总值按照当时 1 美元 =6.42 元,1 美元 =7.81 港元换算;北京市及香港的人均收入按购买力平价方法计算。

资料来源:Hong Kong Census and Statistics Department. (2008). *Hong Kong Statistics: Gross Domestic Product (GDP), implicit price deflator of GDP and per capita GDP.* Retrieved from http://www.censtatd.gov.hk/; Beijing Municipal Bureau of Statistics. (2008). *Beijing Statistical Information Net.* Retrieved from http://www.bjstats.gov.cn/; Word Bank (2008), *Database Gross national income per capita, Atlas method and PPP.*

城市化和流动性水平

城市化和流动性与工业化密切相关。许多工业化国家的工业化进程均伴随城市化和流动性的增加而改变。城市化既可以从广义上定义,也可以从狭义上加以界定。狭义上的城市化是指农业人口向非农业人口的转变。在一般意义上,城市化包括城市人口和城市土地利用率的不断扩大,以及城市社会、经济和技术变革逐渐渗透到农村地区的过程。通过比较三个地区的城市人口在整个人口中所占的比例,可以简单地比较这三个地区的城市化程度(表 8-2)。

表 8-2　云南文林村、北京市和香港城市化水平比较

	云南文林村	北京市	香港
城市化和流动性	封闭及低人口迁移率	快速的城市化、高流动性	高度城市化、高流动性
城市人口(%)	少于 3% (2008)	84.9% (2008)	99.8% (2009 年中)
农村人口(%)	超过 97% (2008)	15.1% (2008)	0.2% (2009 年中)

资料来源:Beijing Municipal Bureau of Statistics. (2009). *Beijing Statistical Yearbook*2009. Beijing: China Statistics Press; HKSAR. (2009). *Hong Kong* 2009. Hong Kong: Government Printer.

表8－2显示,文林村的农村人口占总人口的95%以上。过去,由于地理环境(特别是交通运输)以及户籍制度的限制,这一地区的人口流动仅限于邻近的村庄,从农村地区到城市地区的人口流动很少。例如,在文林村的实地调查表明,许多老村民从未去过比九龙镇更远的地方。此外,由于地处山区,村民较少受到附近城镇迅速工业化和现代化所带来的经济及社会发展的影响。近年来,由于受到城市的影响,以及政策更加灵活化,人口流动性越来越高,其主要特征为年轻人外出打工或上大学。但对于大多数中老年人来说,外出的机会仍然很少。

作为一个新兴工业化城市,北京市一直处于城市化的快车道上。二十世纪五六十年代的户籍制度在一定程度上限制了农村地区和城市与城市之间的流动。因此,在改革开放以前,北京市的城市化并没有随着工业化呈现快速发展的态势。

在过去30多年间,北京市的城市化进程不断加快,人口流动性也呈现出迅猛发展的态势。主要体现在,20世纪80年代中期的工业发展创造了大量的就业机会,政府放宽了对城乡人口迁移的限制。随着城市的不断扩张,扩大了城市规模和人口,大量的工人由外地迁入北京市。此外,乡镇企业的兴起和快速发展,中小型城镇的建立为容纳农村剩余劳动力,促进城市可持续发展提供了强大的动力。除了城市化之外,还伴随高人口流动。据人口统计数字显示,2005年有360万人从中国其他省份移民到北京市,年增长率为6.9%(北京市统计局,2006)。目前,移民人口已成为北京市人口的重要组成部分。

与北京市相比,在过去的几十年里,香港的城市化进程更加复杂和多变。香港早期的城市化伴随经济的快速增长,与工业化和大规模的移民潮齐头并进。二十世纪三四十年代,由于中日战争,大陆到香港的难民激增。在此期间,香港的人口几乎翻了一番,从1931年的840 473人迅速增加到1941年的1 639 000人(Liu,2009)。难民在香港人口中所占比例最大。第二次大规模的移民潮和人口流动开始于第二次世界大战(20 世纪 40 年代中期)之后,很多人(主要为广东、福建等邻近省份)离开故乡来到香港。这一时期还伴随经济的快速增长和制造业的扩张。结果是香港的人口急剧增加,城市化的步伐亦加快。

20 世纪 70 ~ 90 年代期间,由于新市镇的兴建,加速了城市化步伐,使得大量人口从农村迁往城市,农村地区(特别是新界)的土地逐步被开发。到了 20 世纪 90 年代末,香港的大部分已经是城市地区,城市化的速度也逐渐放缓。如表 8 - 2 所示,到 2009 年年中,香港总人口的 99.8% 是从事非农业活动的城市人口。随着近年来对于高技能、知识人才的持续需求,以及香港与内地之间越来越频繁的经济联系,两地之间的往来和移民仍然频繁。

社会政策

公共政策,特别是社会福利和生育政策,与社会转型密切相关。此外,它也受到其他政治和经济因素以及文化的影响。考虑到社会经济系统的复杂性及其在不同形式,通常很难找到一个通用的模型来进行社会之间的比较。然而,作为现代性进程的一个组成部分,公共政策是作为回应社会和经济的变化而产生和发展的。从宏观上看,社会政策与社会发展的各个层面相适应。公共政策的意义不同,在不同的社会发展阶段,对个人、家庭和社会的影响也不同。为方便比较,以下将会详细解释一些与家庭有关的主要福利项目,包括教育、医疗、社会保障、房屋及生育政策。

文林村的社会福利保障水平相比较低。主要的援助对象为相对处于弱势的群体,例如老年人和儿童,但大多数行动和措施都是补救性的。这是因为以前城乡二元福利制度本质上是与工作挂钩的,且主要与城市工业或国有部门的就业有关。对于大多数农村地区的人来说,家庭、亲戚、朋友和邻居被认为是承担社会福利的主要责任,也是唯一的支持来源(Selden & You,1997),只有在家庭资源不足时才会提供福利支持和相应的社会资源。

然而，近几十年来，随着经济的快速发展和社会福利制度的改革，农村发展和人口迁移的需求得到了一定程度的改善。例如，政府以 9 年义务教育政策的形式承担了初等教育的责任，此外还承担了医疗费用和养老金的一部分。但就整个社会而言，农村的社会保障水平相比城市仍然较低。在很多农村地区，养老保障仍在试验阶段，津贴数量有限且标准不一。新农村合作医疗制度已经建立，在一定程度上缓解了农村地区缺乏医疗保障的情况，但无论从体系的建设以及实际的执行过程当中仍有很多问题需要解决。

虽然北京市和香港的管理体制不同，但社会福利的发展与两个地区的经济发展并驾齐驱。北京市的社会福利制度已经从过去以工作单位为基础的社会福利制度转变为国家保障制度。具体来说，从 20 世纪 50 年代初到 70 年代末，福利制度基本上是建立在“社会主义国家模式”的基础上，以促进工业化和工人阶级的形成为基础（Selden & You，1997）。如前所述，它为国有或集体企业和政府部门的所有城市雇员提供慷慨的退休养老金、免费医疗、廉价住房和各种支持。相反，大量生活在农村地区和广大在民营企业工作的员工被排除在外（Leung & Nann，1995；Selden & You，1997）。到 20 世纪 70 年代末，国家福利覆盖了绝大多数在国有部门工作的城市雇员。因此，家庭在提供保护和支持方面所起的作用逐渐减少。但是，总的来说，当时的社会福利的覆盖面有限，“全面且慷慨”的福利服务对政府来说是昂贵的。此外，双轨制的福利结构扩大了城乡差距。

20 世纪 70 年代末和 80 年代初的经济改革伴随着福利制度的变革，其目的在于满足迅速增长的私营和非国有企业的需要，并促进从中央计划经济向以市场为基础的中央计划经济的过渡。在社会保障覆盖范围扩大的情况下，还包括了更多的福利项目。政府将某些责任下放给社会、个人和家庭，导致总的保障水平有所下降。虽然新的福利制度扩大了覆盖范围，将更多的人群包括在内，但福利和保障水平却有所下降。然而，值得留意的是在从旧制度向新制度过渡的过程中，不同时代的群体之间存在着很大的差异。例如，目前的老年人仍然有相当一部分人有资格享受未改革之前的国家福利和养老金。他们基本上有足够的退休金能支持晚年生活。然而，以社区为本的服务形式和相应的社区支援却仍然处于建立和初期的发展阶段，能够获得的社区资源相对较少。

与北京市相比，香港的社会福利发展方向有所不同，发展的方式也存在差异。在前工业时代(19 世纪末和 20 世纪初)，宗教团体主要以救济的形式提供各种社会福利，以帮助孤儿、寡妇和急需帮助的人。基于"自由放任"和政府"不干预"的原则，照顾和提供支持被认为是家庭的责任，殖民政府承担的责任非常有限。为了促进工业化和社会经济的发展，20 世纪 50 年代中期逐步形成了一个广泛而综合的社会福利体系。正如之前章节所叙述，社会福利的主要发展是在 20 世纪 70 年代，当时港英政府宣布了涵盖房屋、教育和社会服务的福利计划。扩大的福利项目和社会服务表明政府和社区逐渐开始承担更多的责任，为个人和家庭提供保护。

然而，20 世纪 80 年代以来，香港的社会福利和服务的发展是以"市场化"为基础的，其中引入了市场机制和运行方法，在各种福利方案提供的保障程度上存在差异。例如，在小学和中学教育以及医疗保健方面，政府承担了更多的责任。然而在退休和养老金方面，政府提供的支持很少。除了社会保障外，香港亦设立了较为完善和多元化的社会服务，为不同组别的人士提供服务，例如老人或儿童。

除上述社会福利方案外，另一项与家庭有关的重要公共政策是家庭计划或者称为生育政策。一般来说，在走向现代化的道路上，许多国家和地区实施了与其经济和社会发展水平相适应的人口政策。当社会经济欠发达时，通常生育率也较高，这时国家的政策侧重于生育控制和计划生育，但当经济高度发达时，通常生育率急剧下降，许多国家和地区转而鼓励生育(United Nations,2003)。在云南文林村、北京市和香港，在经济仍然欠发达的时期,政府均采取了各种不同措施来控制生育,导致生育率在短期内急剧下降。例如,在20世纪70年代末,中国实行计划生育政策以减缓人口的快速增长,同时促进社会经济发展。虽然香港没有强制性生育政策,但在20世纪50年代末至70年代,家庭计划委员会(Family Planning Committeee)曾在社会范围内进行广泛宣传,鼓励生育2个孩子,并推行节育措施以减低当时过高的生育率。

表8-3对比了云南文林村、北京市和香港近年来与家庭福利有关的社会政策。正如前几章所讨论的,三个地区的社会福利和生育政策差别很大的原因在于它们是在不同的社会制度和不同的社会经济与政治条件下制定的。在文林村,由于其自给自足的经济,加上较强的家庭联系和互助精神,对村民的社会福利和保护非常有限。相比之下,北京市和香港为个人和家庭提供了更全面的保护。由于其不同的发展道路和基本意识形态差异,体现在每一项具体的社会政策和方案中的区别显而易见。

表8-3　云南文林村、北京市和香港与家庭有关的社会政策比较

社会福利政策	云南文林村	北京市	香港
社会保障	有限的社会保障(五保户制度以及有限的养老保障)	适度的社会保障和福利计划(如养老保险),以及有限的社区服务	全面的社会保障和服务,但退休保障不足
教育	9年义务制教育	9年义务制教育	12年免费义务教育
医疗	新农村合作医疗(保障水平较低)	社会统筹+个人账户(中等保障水平)	公共部门提供免费或低成本的医疗及护理服务(高保障水平)
房屋	—	住房市场私有化,但对低收入家庭的保护有限	住房市场私有化,对低收入家庭提供公共住房和补贴住房
生育政策	计划生育	计划生育	—

整体的现代性

从上述分析可以看出，从工业化、城市化和社会政策的发展来看，文林村、北京市和香港处于不同的现代性水平。总的说来，今天的文林村虽然在某些方面发生了变化，但仍处于前现代社会阶段。虽然村民们在生活的许多方面都有很大的进步，然而，传统社会的一些核心特征仍然存在。例如，农业仍然是主要和最重要的经济产业，人口流动率低，农村人口占总人口的绝对比例。此外，劳动分工简单，主要基于性别和年龄，对村民的社会福利和保护非常有限。

北京市和香港的现代性水平之间没有明显的结构性差异。然而，就上述几个方面而言，香港的现代性水平相对较高，这体现在一些具体指标的差异上。举例来说，香港是一个先进的现代社会，人均本地生产总值和人均收入较高。第三产业增加值占 GDP 的 90% 以上，城市化水平高于北京市。然而，这两个城市在社会政策方面差别很大。例如，在医疗方面，虽然香港市民享有廉价甚至免费的公共医疗服务。香港有一个相对全面的社会保障和服务体系，但在北京市，以社区为基础的服务仍然有限。然而，北京市民有相对慷慨的养老金和退休保障，尤其是对于目前退休的老年人群体而言。相比之下，香港的退休金计划无论是从受保障程度还是保障的水平来说都较低。许多老年人仍须依靠家人提供经济支援和帮助。

总而言之，文林村表现为一个前现代社会，但在很大程度上受周围城市圈的影响。而作为一个发展迅速的城市，北京市正处在现代（modern）与先进的现代（advanced modern）社会的交汇处。它不仅在某些关键方面是一个工业化社会，而且具有现代社会的混合特征。由于工业化发展较早，持续时间较长，香港是一个先进的现代社会，在现代性各个方面的发展比较完整和稳定。

8.1.3 云南文林村、北京市、香港的家庭结构比较

通过实地调查和相关统计资料分析对云南文林村、北京市和香港的家庭结构进行比较，可以发现不同时期云南文林村、北京市、香港的家庭结构变化与其社会经济发展之间存在一定的联系。随着现代性的发展，传统家长制家庭的等级化的年龄和性别等特征被打破。适应现有社会经济发展的新家庭模式应运而生。云南文林村、北京市、香港处于不同的现代性水平，家庭结构在不断的变化过程中表现出明显差异。

文林村家庭结构的变化主要表现为家庭规模的缩小和家庭结构的变化。尽管在新中国成立前缺乏关于家庭状况的准确数据，但学者们对同一时期类似村庄进行的调查（如费孝通，1986）表明，在当时的条件下，主干家庭占据了绝对优势。破碎和扩展家庭的比例较高。因为没有计划生育政策，一般家庭拥有更多的子女。但受经济和其他因素的限制，尽管生育率很高，但死亡率并不低。大多数家庭由4～6名成员组成。从20世纪50年代到70年代初，乡村经济增长缓慢，但由于社会逐步稳定，生活和卫生条件改善，不完整的家庭在数量上大幅减少。特别是随着经济体制改革的推进，社会经济的发展以及周围城市家庭的影响，核心家庭数量增加。20世纪80年代初开始实行的计划生育政策，也使得家庭规模大幅度缩小。近年来，外出务工人员的增多改变了农村家庭的代际关系和内部权力分配方面，导致了家庭内部出现了很多新的变化。以上情况导致了文林村核心家庭数量增加，但总的来说，主干和扩展家庭仍占据了较高的比例。

北京市和香港有许多相似之处。在工业化之前，特别是在二十世纪三四十年代的长期战争年代，社会经济状况仍不发达，死亡率和生育率均很高，破碎家庭（不完整家庭）的比例也很高。同时，受中国传统孝道思想的影响，家庭成员间相互帮助，有许多主干和扩展家庭。从相关文献和实地

调查可以看出,当时的家庭除了受到社会经济变化的影响外,还在很大程度上受到许多历史事件的影响。其中一个例子是,由于20世纪四五十年代内地的战争影响,例如抗日战争和国内战争,大批难民来港避难,成了香港人口的重要组成部分。这时期的家庭结构受到移民和政治事件的严重影响。第二次世界大战后,两地因社会制度和政治制度不同而走上了不同的发展道路。北京市按照苏联的现代化模式,绝大多数城市居民受雇于国有和集体所有制企业。双职家庭变得非常普遍。由于住房短缺,许多新婚夫妇在结婚后不得不在一段时间内与父母一起生活,尽管核心家庭的数量迅速增加,但主干家庭仍然占很大比例。有证据表明,香港自20世纪60年代以来,核心家庭一直是最常见的家庭模式。根据70年代的统计数据显示,核心家庭占家庭总数的2/3以上。

20世纪80年代和90年代,香港和北京市的核心家庭比例继续上升,而其他家庭模式,特别是扩展家庭的数量持续下降。从20世纪80年代起,核心家庭成为北京市的主要家庭类型,而主干家庭和扩展家庭开始不断减少。但近年来家庭结构的变化并不能完全通过统计数据来显示。随着社会经济的发展,人们对婚姻和家庭的价值观发生了变化。晚婚、高离婚率和同居不结婚等因素对家庭产生了很大的影响。到21世纪,来自农村的外来务工人员占北京市人口的很大一部分,这对家庭结构产生了重大影响。此外,由于城市和不同省份之间的人口流动性加剧,许多空巢家庭出现了。与北京市相比,香港家庭的结构变化有所不同,但家庭模式也因发展而呈现出多样化的趋势。在这个国际化的城市,由于移民政策的相对宽松和人口流动性加强,跨境家庭的数量得以增加。

8.1.4 云南文林村、北京市和香港老年人的家庭养老比较

家庭赡养老年人是传统的美德,且被大多数中国人所接受和肯定。家

庭对老年人的支持则是这一美德最主要的方面。然而，随着现代性的发展，老年人的家庭支持模式发生了很大的变化。在三个选定区域进行的实地研究发现，对大多数成年子女来说，尽管在如何照顾老年人方面存在许多个体差异，照顾老年人仍被视为一种责任和义务。

在文林村，照顾老年人是基于他们的威望，也是对他们表示尊敬的象征，在照顾家中长辈时，儿女肩负着不同的责任。家庭养老与共同居住密切相关。当子女与年迈的父母生活在一起时，子女可以提供即时的帮助。在农村，花钱机会往往有限，然而为了满足父母的经济需要，子女通常也会以提供粮食、食物和衣服等形式为他们提供物质支援。然而，随着近年来社会经济的变化，传统的养老方式也发生了一定的改变。很显然，随着一些家庭获得更好的经济条件，对老年人的家庭支持模式也发生了变化。例如，由于越来越多的子女外出务工，子女的传统照料责任不再被严格遵循。然而，作为经济上的一种补偿，在外工作的子女往往给家庭带来更多的收入和额外的福利。

与文林村相比，北京市和香港的情况要复杂得多。在20世纪40年代以前，由于缺乏社会保障，赡养老人的责任主要由家庭承担，具体来说大部分由成年子女承担。大多数老年人和他们的孩子住在一起，借此获得实际的经济和情感上的支持。在接下来的几十年间，随着社会经济的发展，社会和政府在教育、医疗和退休保障方面承担了一定的责任，为老年人提供了一定程度的支持。随着就业模式的改变，为老年人提供照顾的方式也变得多样化了。一般来说，是否住在一起已不再是影响照顾父母的决定性因素。家庭成员的地理距离分离并未切断家庭之间的沟通和联系。相反，在实地考察中发现许多家庭成员之间依然关系密切。唯一的区别在于提供照顾和支持的方式。儿子和女儿不再像过去按照传统承担其不同的孝道责任。现在的大多数家庭当中，无论是儿子还是女儿都在为父母提供支持和帮助。

以北京市为例,子女们对父母的经济支持主要体现在困难时期的经济支持和帮助,比如需要看医生或买药。但我们也注意到,子女的经济支持大多是补助性的,因为大多数老年人退休后的养老金已经足够日常花费。在香港,由于大多数老年人并没有足够的养老金,子女们定期给父母钱(通常是每月)是一种习惯的做法。对许多家庭来说,这也是父母收入的重要来源。从日常照顾的角度来看,随着社会分工的变化,许多子女需要全职就业或者生活安排等原因,无法为父母提供即时的帮助。对一些家庭来说,配偶和朋友之间的相互援助非常常见。经济状况良好的家庭往往雇用家庭佣工。在情感关怀和沟通方面,北京市和香港之间的比较可以看到其相似和不同之处。例如,无论在北京市还是香港,子女倾向于通过现代通信方式与父母沟通和交流,尤其是电话和网络的广泛使用使得远程通信成为可能。然而不同之处在于,当沟通和交流受到当地习俗和文化的影响时,其方式有所不同。例如,在北京市,定期拜访和家庭聚会非常常见,而在香港,一起喝早茶则是家庭成员之间情感交流和信息沟通的重要渠道。

表 8 - 4 比较了三个地区提供家庭照顾的情况。可见,在社会经济较发达的北京市和香港,在照顾老人的方式和方法方面,家庭养老呈现出日益多样化的特点,而文林村则仍有许多传统社会的特点和习惯。在文林村,向父母提供的照顾和支持通常以共享住房、提供食物、衣服和其他生活必需品的形式,而很少以转移收入或直接给予现金的形式提供。北京市与香港在其文化和现代化水平(例如其工业化、城市化、资本主义、社会政策)仍存在差异,然而在家庭支持方面并无多大分别。这可能是因为老年人得到的照顾和支持更可能与特定地区的文化和习俗有关。

表 8-4 云南文林村、北京市、香港老年人家庭照顾/支持的比较

研究地点	提供家庭照顾的方式	家庭照顾/支持的特点(以提供的实际帮助、经济支持以及情感支持为例)
云南文林村	传统简单	·儿子和女儿承担不同的养老责任 ·提供物资援助(如粮食、食品、服装)而非现金 ·家庭成员之间的及时帮助及沟通
北京市	多样化	·儿子和女儿之间没有基于性别的养老责任划分 ·在需要时更倾向于提供现金,而不是物质援助 ·定时探视、使用现代通信方法(如电话、网络视频等)作为情感沟通和支持的主要方式
香港	多样化	·儿子和女儿之间没有基于性别的养老责任划分 ·更倾向于定期向父母提供现金,而不是物质援助 ·更倾向于支付服务,而不是直接提供照顾 ·定期家庭聚会(如节假日和假期与父母一起喝早茶),使用现代通信方法(如电话、网络视频等)作为情感沟通和支持的主要方式

8.2 对现代性和家庭养老变化的解释

云南文林村、北京市、香港的实地调查探讨了现代性水平与家庭结构演变以及家庭养老支持之间的关系。根据理论和经验证据,以下部分将探讨与家庭变化有关的关键因素。具体来说,我们将从宏观和微观两个角度分析这些因素对家庭变化的影响。已有大量文献解释了家庭的组成与结构变化,因此以下分析将集中于探讨现代性对老年人家庭养老的影响。

8.2.1 影响老年人家庭支持的宏观因素

与老年人家庭养老相关的宏观因素很多,且是密不可分的、相互关联

和相互影响的。为了更全面地看待现代性对家庭的影响，我们将结合现代性的四个过程进行分析：工业化、城市化以及社会政策。此外，由于社会文化传统对家庭的组成和发展有很大的影响，因此在以下的分析中也将包括对于某些文化因素，特别是对生活安排的态度改变以及家庭在照顾老年人方面的作用变迁。

工业化

在传统的农业社会中，家庭是一个基本的自给自足的经济单位。家庭成员则是农业生产中的主要劳动者，为家庭收入做出贡献。中国有句老话"多子多福"，表明了一个大家庭能够确保劳动力的适当分配，从而提高农业生产力。从对文林村的实地调查中可以看出，在福利保障有限的情况下，家庭成员和亲属在帮助有需要的家庭成员，特别是老年家庭成员方面发挥着重要作用。此外，共同生活对老年人和成年子女都有益处。家庭成员之间的分工使得年轻人可以在农闲时从事非农业活动的兼职工作，从而增加家庭收入。反过来，子女也为其老年父母提供必要的支持。经济上的互助和相互依存加强了各代人之间的和谐。文林村的调查表明，村民们保留了一些传统家庭生活的习惯，然而随着越来越多的年轻人外出工作，老年人的权威有所下降。这可能是因为当成年子女向外迁移时（特别是外出务工），父母对子女的直接经济控制程度逐渐下降。

在工业化的过程中，现代生产方式取代了传统的农业生产，成为主要的经济活动。家庭成为消费单位，家庭成员之间联系的减少使得家庭生产活动逐渐消失（Goode，1963；Hareven，1976）。此外，随着工资成为家庭收入的主要来源，所有家庭成员共同为家庭经济做出贡献。有养老金的老年人显然在经济上变得更独立，甚至通过为家庭经济提供支持，使得很多老年人在决定家庭事务方面仍然具有权力。相反，农村老年人往往不得不依靠其成年子女提供经济支持，而经济上的依赖意味着他们对家庭决策的影响正在下降。

工业化的另一个后果是社会繁荣和人民生活水平的提高。举例来说，在二十世纪六七十年代，香港经济迅速增长，人均本地生产总值由 1971 年的 5 162 港元大幅上升至 1981 年的 32 080 港元。此外，家庭收入急剧增加。Chen 和 Liang（2002）的研究也注意到了这一转变。经济条件的改善导致生活水平的提高和生活方式的改变。例如，住房条件的改善和收入的增加使得人们，特别是年轻一代能够在市场上购买住房，从而增加了独居的可能性。有专家认为："从北京市来讲，子女结婚，如果是儿子，家里要给提供房子、车和结婚的费用。买房，如果是有条件的给全款买，没有的提供。如果是女儿，一般给买车，或者也有一些条件好的给提供房子。家庭支持孩子的婚姻是一种普遍的做法。"结果是，父母与子女共同生活的机会减少了，从而也减少了子女向老年父母提供照顾的机会。此外，年轻一代和老一辈可能在社会、情感上和认识上日渐分离。

另外，人们也普遍认识到，新技术的发明和使用也是工业化的一个重要特征。特别是科学和技术受到前所未有的高度重视，其中之一就是交通和通信的发展。还有专家认为："随着信息技术的不断更新，电话、手机、电子邮件和实时通信技术得到了广泛应用，人们之间的联系也越来越紧密。这使得父母和孩子之间的交流更加方便，并使得远距离沟通成为可能。"因此，即使人们更有可能单独生活，甚至父母和子女生活在不同的城市或国家，他们的接触和情感互动也不会减少。此外，现代的通信和交通方式改变了传统的互动模式。在传统的模式中，绝大多数人只能认识和接触一小部分人。交通的便利使得家庭成员更容易相互联系。即使人们选择分开生活，但如果他们愿意的话，仍然可以保持彼此之间密切的联系。方便的交通也为亲属之间的即时帮助提供了可能性，特别是当他们遇到困难或是生病时。此外，通信工具的广泛使用成为家庭成员之间信息交换和情感交流的重要渠道。这些调查结果也得到肯迪格（Kendig，1987）等学者的支持。他们在报告中表示，在西方，例如在澳大利亚，老年夫妇通过广泛使用现代通信手段,如打电话、搭乘大众或公共交通,仍然与子女保持着密切联系。

城市化

城市化的两个主要后果是大量移民和频繁的人口流动。虽然引起这些后果的原因可能是复杂的(例如某些历史事件的影像),但无可否认的事实是,这与工业化和城市化的兴起有关。由于现代的城市提供了越来越多的经济机会,吸引了大量移民进入寻找新的就业机会。在快速的城市化进程中,移民成为整个城市人口的重要组成部分。例如,在二十世纪六七十年代,香港大部分家庭都是移民家庭,大多数夫妇来自中国东南沿海地区或北方某些地区的城镇和村庄,只有大约 1/5 的人在香港出生(Wong,1974)。以下我们就移民和人口流动对影响老年人家庭照顾方式的因素从两个角度加以详细讨论。

1. 由于地理环境的限制,移民家庭往往规模小,结构简单,有时甚至不完整。其原因主要在于某些开支对城市生活至关重要,如食品、住房和医疗保健,而这一事实限制了家庭规模的扩展。例如,在二十世纪五六十年代,很多内地移民来港寻找工作机会,把父母留在家乡。随着家庭的建立,他们在一定程度上实现了更好的经济条件,工作和生活模式的经验改变了他们的生活方式和价值观。生活方式和习俗的差异往往会扩大代际差距和情感上的距离,从而影响到家庭的组成以及对父母的支持。例如,家庭成员分散可能导致支持网络的变化,从而对正规专业服务的需求增加。

2. 家庭成员的地域分离对向老年人提供的家庭支持有很大影响。一方面,移民带动了收入水平的增加,可能会加强子女对父母的经济支持,也可能改善老年人的社会经济状况。另一方面,代际分离也可能导致家庭成员提供照顾的减少,这尤其反映在提供实际支持的可能性减少上。例如,外出打工补充家庭收入正成为文林村民日益重要的一种生活模式。

近年来，越来越多的成年子女（年轻人）离开村庄，在邻近的城镇从事长期职业。

城市化的另一个显著特点是大量的职业流动。人们因为学习或工作的关系从一个城市到另一个城市、从一个省份到另一个省份，甚至从一个国家到另一个国家，工作地和居住变得更为灵活和自由。与学习和工作有关的流动导致家庭成员之间的地理上的分隔，并可能在一定程度上削弱了与父母的联系。例如，北京市作为一个国际性的大都市与其他一般城市相比非常具有吸引力，并且相对于其他地方为高薪工作提供了更多的机会，因此绝大多数毕业生选择继续留在北京市。虽然他们当中的有些父母在子女稳定之后选择定居北京市，与子女生活在一起，但绝大多数父母仍然选择继续留在熟悉的城市。因此，绝大多数留在北京市的子女更倾向于组成简单的，由年轻夫妇（和他们的子女）所组成的家庭。相比较传统的“父母在，不远游”的观念——父母仍然在世的时候不应该去遥远的地方，已不再适用于现代的世界。越来越多的核心和空巢家庭是地理分离所带来的直接后果。

与家庭有关的公共政策

公共政策的产生和发展，特别是社会福利政策，是一个与社会经济发展相适应的过程。与家庭有关的社会政策对家庭福利、家庭结构以及养老支持功能的变化都有很大影响。在以下的讨论中，我们将审视5项主要的福利政策对家庭的影响，分别是教育、养老金计划、医疗保健、住房和生育政策。

社会福利项目

社会福利是社会发展的结果。从云南文林村、北京市、香港的调查中可以看出，在社会发展的早期，国家和政府对社会福利承担了较少责任。个人不得不主要依靠家庭、亲戚和一些慈善机构来获得基本的支持和保护。随着现代性的发展，社会福利已成为政府职责的一部分，家庭原本所承担的许多职能已逐渐下放给其他社会组织和机构，如学校、医院和社会服务机构等(Mason,1992)。

1. 教育

现代教育是一系列的学习过程，涉及现代社会对科学技术知识和技能的需求。教育政策和教育制度的发展常被认为与现代性的兴起有关。在以服务和知识为导向的社会中，教育必须适应工业化和城市化的需要。实行义务教育有助于促进教育机会平等和提高全民总体教育程度以上两方面都带来了许多社会经济后果，如预期寿命延长、获得避孕知识和途径的机会增加以及更强的社会向上流动性。在香港，受过高等教育的女性往往比受教育程度较低的女性生育更少的子女，即使在控制年龄因素的情况下也是如此(吴白弢,1985)。在北京市，生育率与教育水平呈负相关(唐灿,2005)。

教育水平提升的另一个后果是夫妻之间关系变得更加平等。众所周知，中国传统家庭在性质上是父系的。只有部分男子享有接受教育的特权，而女性往往被完全排除在教育系统之外。在工业化之前，绝大多数民众很少接受正规教育。随着现代教育制度的建立和初等教育的普及，女性获得了平等的受教育权利，这使她们有更多的机会加入劳动力队伍。与此同时，受教育时间较长的女性越来越多，亦在一定程度上导致了晚婚、推迟生育和增加女性保持单身的可能性。以香港的例子来说，女性的结婚年龄中位数从 1981 年的 24. 7 岁上升到 2006 年的 29. 4 岁；男性则从 1981 年的 28. 1 岁上升到 2006 年的 33. 1 岁(Hong Kong Census and Statistic Department,2010)。这反过来又可能降低年轻一代潜在家庭照顾者的人数(Mason,1992)。

2. 养老金计划

通常，社会经济发展水平保持在较低水平时，国家不可能向老年群体提供普遍性的保护,赡养老年人的责任主要由个人和家庭,特别是成年子女承担,政府只向无子女和无生活来源等处境不利的个人提供物质和经济援助。当现代社会建立起养老金计划时,越来越多的老年人得到了经济上的支持(Ikels,1990;Friedmann,1985)。由于不同的文化和历史传统,各个国家养老金计划的性质和形式可能有很大差异。然而在现代社会中,国家普遍对过去由家庭负担的养老承担了一定程度的责任,这在很大程度上也减轻了个人和家庭的负担(Perkins,1985)。

养老金制度无疑对个人和家庭有着非常大的影响。养老金制度或保险计划提供的退休福利导致家庭成员对家庭援助的需求减少。否则,很多老年人可能不得不继续工作到老年,并在晚年依靠家庭的支助(Chang,1992;Mason,1992)。在实地调查中的发现也支持这一结论。例如,在北京市,随着养老保障覆盖面的扩大,养老金成为许多老年人收入的重要组成部分,他们的经济独立性大大提高,而来自子女的经济支持仅起到补充作用。2001 年对北京市 1% 人口的调查表明,养老金是大多数老年人的主要生活来源。约 69.3% 的老年人表示养老金是最主要的收入。而据报告,认为来自家庭成员的支持是非常重要的占 23.4%,只有 7.3% 的人依赖于工资收入等其他经济来源(北京市老龄问题研究中心,2006)。相比之下,香港由于过去缺乏普遍的养老金计划和与工作相关的保险计划,对于现有的老年人提供的退休保护不足,来自家庭,主要是子女的经济支持变得非常重要。

3. 医疗卫生

健康和医疗服务的发展直接导致死亡率下降,特别是出生预期寿命的延长。当预期寿命增加时,将会有越来越多的人活得更长。例如,在香港,1981 年的预期寿命,男性为 72.3 岁,女性为 78.5 岁。到 2006 年,相应的数据显示,男性为 79.4 岁,女性为 85.5 岁(Hong Kong Census and Statistics

Department,2010)。同样,中华人民共和国成立后,北京市公共卫生服务的发展导致死亡率在短时间内的急剧下降。据相关数据显示,1950 年的预期寿命低至 52. 84 岁,1982 年为 73. 62 岁,到 2000 年增加到了 76. 7 岁。据北京市老龄协会最近发布的《2018 年北京市老龄事业发展报告》指出,北京市户籍居民平均预期寿命为 82. 2 岁。全民医疗保健制度的发展使人们的健康水平得到了的极大的改善,使越来越多人的寿命延长到老年。2005 年对北京市 1% 的人口进行的一项调查发现,绝大多数老年人是健康的。约 85% 的老年人报告健康状况良好,但约有 14% 的老年人报告说自己无法工作或照顾自己。这表明这一部分老年人的健康状况不佳(北京市老龄问题研究中心,2006)。当人们的健康状况普遍得到改善时,大多数人都会保持活力,仅在很短一段时间内身体状况不佳。然而,高龄老年人的增加这也意味着有更高比例的老年人由于残疾或疾病,在生命的最后几年需要长期照料和重症监护。此外,随着高龄老年人患痴呆症和其他慢性病的风险加大,导致医疗费用的急剧增加,可能给家庭成员带来经济压力(Chang,1992)。

4. 住房

住房政策对家庭的组成和居住安排有重大影响。住房条件的改善在一定程度上加快了小家庭,特别是核心家庭的增长。有专家认为:“住房条件的改善和收入的增加,使更多的人能够负担与父母分开居住”。但是,由于社会经济条件和居住环境的不同,不同地区的住房条件和面积各不相同。例如,在香港,许多公共和私人住宅单位面积小,并不足够允许家人们都住在一起。在经济条件允许的情况下,许多新婚夫妇会选择搬出去独自居住(李明堃,1991;Chan,1997)。与此相对比的是,北京市的住房改革之前,住房的分配取决于个人的工作单位。由于住房短缺,很少夫妇在结婚后并不能立即获得住房,不得不在相当长的一段时间内与父母继续一起生活。20 世纪 80 年代城市住房的私有化改革带来了房地产的迅猛发展，而住宅价格飞涨成为大多数家庭的主要负担。一些新婚夫妇只能负担得起远离市区的住所，而有些则不得不租房（李君甫，2009）。然而，分开居住并不一定导致家庭关系的破坏。在实地调查的结果发现，一些家庭中虽然子女与父母分开居住，然而彼此选择在同一个小区或者距离比较近的地方，在需要的时候彼此相互提供帮助和支持。

5. 生育政策

生育政策对家庭大小以及结构有着重大影响。在出生率很高，死亡率下降的情况下，计划生育政策的目的在于控制人口急剧增长，这带来了平均家庭规模的缩小。例如，从 20 世纪 50 年代到 70 年代，有 2 个及以上孩子的家庭在北京市占绝大多数。20 世纪 80 年代后，严格的计划生育政策（即“晚、稀、少”）导致了出生率大幅下降。在 1999 年 11 月 1 日至 2000 年 10 月 31 日期间的一项调查中，被访育龄妇女中，87.4% 仅有 1 名子女，11.9% 有 2 名子女，只有 0.7% 有 3 名子女（唐灿，2005）。与此相比，虽然香港没有强制性的生育政策，但政府鼓励生育更少和更健康的孩子。20 世纪五六十年代，家庭计划协会（FPA）为出生率的大幅度下降和随之发生的家庭规模缩小做出了贡献（吴白弢，1985）。

生育政策的另一个潜在后果将是未来出生子女人数的减少，从而减少了为老年人提供家庭照顾的资源。自 20 世纪 80 年代初实施计划生育政策以来，北京市独生子女家庭数量大幅增长。当他们到了结婚年龄，将出现越来越多的“4—2—1”[①]的家庭模式，意味着“上有老、下有小”的家庭负担，导致家庭照顾资源的减少。

基于以上分析，表 8-5 总结了现代性宏观因素对家庭变迁的影响。

① “4—2—1”家庭即 4 位老人、2 个子女以及 1 个未成年儿童。

表 8-5 现代性宏观因素对老年人家庭支持的影响

现代性	关键性的转变以及家庭养老的变化
工业化	·现在生产方式的转变→社会繁荣及人们生活水平的提高;居住方式以及对老年人家庭支持的能力的改变(如,对独立住房的偏好以及负担能力的提高) ·科学技术进步→沟通交流方式的改变,使得子女与父母之间能够更容易地进行信息沟通及情感交流
城市化	·移民的增加→更多移民家庭;改变了家庭支持网络的分布 ·人口流动→家庭成员在地理上的分隔;对家庭的支持资源带来了压力和限制 ·职业流动→家庭成员之间的居住分离,可能削弱家庭成员之间的联系
社会政策	·社会福利项目 教育→教育和就业机会的平等带来了更加平等的家庭关系 养老金计划→个人的经济独立性及老年人的经济保障 健康及医疗保险→死亡率降低、预期寿命延长,但可能导致更多的高龄老年人需要特别护理 住房政策→住房条件的改善,但可能导致分居以及对老年人的支持模式改变 生育政策→家庭规模缩小及家庭照顾资源的改变(减少)

从表 8-5 及以上分析可以看出,影响家庭的宏观因素是多种多样且复杂的。然而这些因素在导致家庭变化及减少了支持资源的同时,也创造了更多的可能性。例如,虽然人口流动可能导致家庭成员分离,导致居住安排发生变化,但通信和交通技术的发展使家庭成员之间更容易进行信息交流和情感沟通。同样,当女性参与劳动和就业的人数增加,可能导致潜在的家庭照顾资源的减少并缩短了提供照顾的时间,然而女性赡养父母的经济能力得到了极大的提升。因此,当我们考虑现代性对家庭的影响时,应该考虑采用更全面的视角和系统性的分析。

现代性所带来的态度及世俗变化

在中国,家庭无论从结构和功能来讲都受到了现代性的冲击,但仍深受中国文化传统的影响,例如对于婚姻的态度以及家庭观念。如同西方国家所经历的,中国现在也面临离婚和同居率上升的问题。来自北京市和香港的数据显示,随着再婚和同居率的上升,离婚率也在上升。然而,许多传统的价值观,如孝道,并没有消失且仍然存在。以下部分我们将探讨现代性对两代人对家庭生活及居住安排的态度,以及家庭在照顾老年人方面的作用。

谁应该照顾老年人

儒家关于家庭责任的价值观要求人们应该尊重自己的父母、祖父母,并爱护兄弟姐妹和他们的孩子。在这样的情况下,照顾年迈的父母被认为是文化传统和个人义务。随着现代性的发展,中国发生了翻天覆地的变化,变革对社会产生了一定的影响,降低了老年人的地位,同时亦保留了子女在家庭照顾中承担责任的观念。

在北京市和香港的调查似乎存在悖论。对于老年被访者的调查显示,即使在年老时,大部分老年人希望尽量保持独立,同时亦不想对子女施加很大压力。当被问及他们对"孝顺老年人的责任"相关意见时,很多老年人表示,从道德的角度来看,子女是有义务照顾父母,但从个人的角度上来说,他们并不强制要求子女的照顾。一些老年人表示他们更加关心自己的子女,希望减轻家庭照料的负担。以下是三个例子:

[**案例 BJE 02**]杜女士说:"我认为孩子们不必承担照顾我们的责任。他们的首要任务是照顾自己的家庭。对我们来说,需要保持健康,同时拥有自己的生活。"

[**案例 BJE 06**]邱先生说:"我们不需要孩子来赡养我们。他(我儿子)愿意,但无法在日常生活中帮到我们。他在工作上已经承受了很大的压力。他不会说他帮不了我们,但他能在多大程度上能够为我们提供帮助是另一个问题。"

[**案例 BJE 09**]吴女士说:"中国传统要求子女照顾父母。但从我们的角度来看,我们不希望他们承担这一责任。他们有很多工作要做,我们不想增加他们的工作量。"

虽然年长的受访者普遍认为孝顺是责任,但年轻的受访者更倾向于认为子女为父母提供支持和帮助的义务大于其他亲属(例如配偶)。在一个关于成年子女在赡养父母方面的作用的问题中,大多数年轻的受访者表示这是他们的责任和义务,也是一个不可回避或无法改变的承诺。他们一般认为,子女与父母之间的联系是一种特殊的亲属和血缘关系,在这种关系中存在着共同的责任和义务。此外,一些受访者表示,子女的照料更多的是对于养育的反哺,而不是一项具体的要求和必须承担的义务。

8.2.2 与老年人家庭支持相关的微观因素

为老年人提供家庭照顾的方式受到宏观的社会、经济和政策的影响。与此同时,老年人家庭照顾的潜在资源和实际提供的照顾多少与个人因素有关,例如不同的个性、价值观、社会和经济条件、个人经验以及重要事件。以下的讨论将重点聚焦五个主要因素:

- 老年人的个人状况,包括他们的健康和依赖状况
- 与照顾有关的关键性事件
- 成年子女的社会经济状况
- 家庭关系
- 可获得的非正式支持

老年人的个人状况、健康和依赖性

有专家认为:“对于那些处于贫困的老年人来说,他们最想要的是财政支持;对于那些收入高的老年人来说,情感支持可能是最重要的;对于那些身体虚弱的老年人来说,实际的照料是最需要的。”事实上,没有一定规则支配照料的提供。老年人是否能够自理影响着照顾的需要。以下对于子女为父母提供经济支持的分析说明了在不同情况下个人所采取的不同策略。

从几次的深度访谈中可以明显看出,老年人所需的经济支持因其经济状况而异。较富裕的老年人,即可以从退休金、其他津贴、企业年金或储蓄中获得收入的高收入者,比只能维持基本生活水平的低收入者在经济上更加独立。因此,成年子女在照顾父母的方式上也会做出相应的调整。以下是一个例子:

[**案例 HKE 02**] 黄伯伯现在 66 岁。退休之后,他只有有限的退休金和老年津贴。由于他身体仍然很好,子女并不需要给黄伯伯很多日常帮助,但在经济方面,他还是需要依靠三个子女每月的经济支持。

在另一个案例中,包先生描述了他对父母经济支持方面的考虑。

[**案例 HKA 10**]“我认为我给父母的最大支持是钱。我的父母没有任何退休保障,他们不可能在经济上独立。我必须承担起在经济上支持他们的责任,当然我也承认和父母之间的良好关系是另一个重要因素。”

成年子女在通常情况下会调整对收入水平较高的老年父母的经济支持。例如,傅先生的观点。

[**案例 BJA 02**]“我们并不会定期给我母亲钱(父亲已经去世了),因为她有足够的退休金养活自己。我通常在每个节日和春节给她 2 000 ~ 3 000元。但是当她需要钱的时候,例如如果她生病了,我肯定会在经济上支持她。”

[**案例 HKA 01**] 唐女士说:“我通常每周去看望他们(父母)一两次。他们不需要我们在经济上支持,因为他们有足够的储蓄和其他收入。我只是在节日和生日时给他们一些额外的零花钱。”

与照顾有关的关键性事件

大多数老年人,特别是 80 岁以下老年人,都有较长的一段相对独立的时间。在此期间,他们只需要少量的帮助,如做饭、购物和清洁。然而,患病或失去配偶等重大事件会改变家庭照顾的安排,特别是当失能、个人护理和经济支持出现问题的时候。子女在一般情况下会调整所需的财政或

其他正式援助的策略。这种变化尤其体现在照顾服务的需求上。此外,健康状况相对较好的老年人与需要持续照顾的老年人在实际支持和照顾的提供方面存在差异。实地调查的结果表明,当父母仍然健康,子女提供的实际照顾有限。然而,当父母遇到健康问题时,家庭成员可能会重新考虑他们所能提供照顾的数量和程度。子女可能直接参与个人照顾或提供实际的帮助,也可以购买个人或相关机构所提供的专业服务。

[**案例 BJA 04**]宋太太说:“通常我们(成年孩子)会在生病时照顾自己的父母。只有在我们不能同时顾及工作和照顾的时候,我们会共同付钱请保姆照顾。”

此外,成年子女可能会在父母离婚和丧失配偶的情况下提供额外的金钱或者其他经济援助以及给予父母情感方面的支持和帮助。

成年子女的社会经济状况

几次的实地调查表明,子女不同的社会经济状况极大地影响了为年长父母提供的照顾的资源和能力。不同家庭在照顾父母的能力和条件上存在差异,例如,从事全职工作且工作10年或更长时间的专业人士与刚刚参加工作的兼职人员的情况有很大不同。个人收入、储蓄和其他因素,如住房和抚养子女的压力、长时间工作造成的压力,影响到成年子女在照顾父母时采取的不同方式。个人的社会经济状况可能极大地影响到成年子女为父母所提供的经济支持。正如专家指出,“最糟糕的情况可能是,当子女收入有限,他们在提供赡养方面感到力不从心,导致他们无力支付照顾费用,或无力为年迈的父母提供经济支持”。20世纪80年以后出生的一些年轻人尤其如此。以下是两个例子:

[**案例 HKA 11**] 邓先生现在30多岁,在做一些兼职工作。他的父母都已经退休,但没有任何养老金。他说:“我有很大压力。我觉得很难在经济上支持他们。我给我父母的支持是非常有限的。”

[**案例 HKA 08**]钱先生说:“我的孩子已经大学毕业了。但你知道,现

在的经济形势并不那么很好。我的许多朋友的孩子已经30岁或者更大年纪了，但他们甚至不能在经济上养活自己，更不用说支持他们的父母了。”

事实上，成年子女根据其不同的社会经济条件，选择了不同的适应策略。社会经济条件如果较差会限制子女在经济上供养父母的能力，也可能导致对父母提供的实际帮助和情感支持的减少。

家庭关系

成年子女与其父母之间的家庭关系是影响家庭照顾提供的另一个重要因素。老年人很少承认或抱怨他们与子女之间的不良关系，然而当家庭成员受到干扰、忽视或虐待以及家庭成员分离等情况造成低质量照顾的时候，老年人就会受到很大影响。情感上的距离往往会对照顾者与被照顾者之间的互动产生负面影响，并限制成年子女作为潜在支持来源的可能性。

[**案例 HKE 07**]70岁的曹奶奶和丈夫生活在一起，年龄为80岁左右。他们有2个儿子和1个女儿。现在他们和最小的儿子及儿子家人住在一起。由于没有家庭佣工，曹奶奶和丈夫帮助照顾孙辈，但很明显，他们(曹奶奶和丈夫以及儿子的家庭)之间的关系并不好。她说：“只有我们的女儿每月给我们500港币，而我们也有额外的高龄津贴，所以总共有2 000港币，每人1 000港币。除此之外，我们没有其他收入来源。小儿子因为和我们住在一起可以退税，但他从不给我们钱。你知道，现在的情况是‘父母抚养子女，子女抚养孙子、孙女’。”

从上述描述可以看出，紧张的家庭关系可能导致子女对年迈的父母的消极态度或行为，从而影响到他们获得照顾的多少和质量。更为重要的是，它可能会使老年人处于被疏忽照顾的危险之中，并且影响到他们的心理健康。

可获得的非正式支持

子女为父母提供照顾的多少也受到父母是否有其他的照顾资源，例如配偶或亲属提供照料的影响。在实地调查中，一些老年受访者表示，他们的配偶、兄弟姐妹和朋友是每天为他们提供照顾的人。亲属和其他非正式来源的支持可以替代子女应提供的帮助。在提供实际帮助方面尤其如此。很明显的情况是，很多老年人在寻求孩子的支持之前，更愿意先询问他们的兄弟姐妹、朋友和邻居。

[**案例 BJE 02**]杜女士说："我的孩子们太忙了，我不想打扰他们。当我需要帮助，我通常会问我的朋友和邻居。我们（我的朋友和邻居）以前都在同一个企业工作，现在又生活在同一个社区。我们之间经常相互帮助。"

[**案例 HKA 06**] 丛女士说："我妈妈从不要求我们（丛女士和她丈夫）去看她。自从离婚以来，她一直和 5 个家庭佣工生活在一起，她们（家庭佣工）在很多年前曾是家里的佣人。"

从未结婚、无子女的老年人缺乏传统的家庭支持。当他们面临健康问题和需要帮助时，他们可能会求助于配偶（如有）、兄弟姐妹和朋友。然而，他们也更倾向于寻求正式支持和援助。

8.3 选择—适应模型

个人的经历可以看作是广泛的社会变革中的一个部分。不同的世代，如成年子女和老年父母，都会有自己独特的生活经历，并有自己这一世代的思考方式。在家庭内部，这些差异反映在成年子女及其老年父母为组织家庭生活和处理家庭问题而采取的不同的适应策略。传统的解释强调了宏观结构因素在现实中的影响，但缺乏对家庭成员之间，特别是成年子女与父母之间互动的全面分析。本研究认为，当社会发展到个人能够获得更多机会，以及个人和群体之间的差异越来越大时，将宏观和微观因素结合起来分析的方法可以更好地解释家庭结构和功能的变化。

对文林村（云南）、北京市和香港老年人的家庭结构和家庭支持的比较研究表明,不应仅仅从宏观或微观因素来解释及评价家庭变化的后果。虽然人们普遍认为现代性给家庭带来了许多变化,但每个家庭的独特性和多样性通常被忽视。古典的现代性理论强调,必须根据宏观层面的社会、经济和政治发展来理解家庭的变化,然而个体在社会经济以及家庭关系中的地位被低估,但这些都是造成家庭终身差异的问题。因此,本研究的证据仅在一定程度上支持古典现代性的观点。

相关调查数据以及 62 个半结构化家庭访谈的结果表明,现代性的宏观因素与微观适应策略之间的相互作用是理解不同家庭类型中老年人家庭支持变化的关键。基于此,有必要转向另一种思考家庭变化的方式。这也就是本研究所提出的“选择—适应”模型(见图 8 –1)。

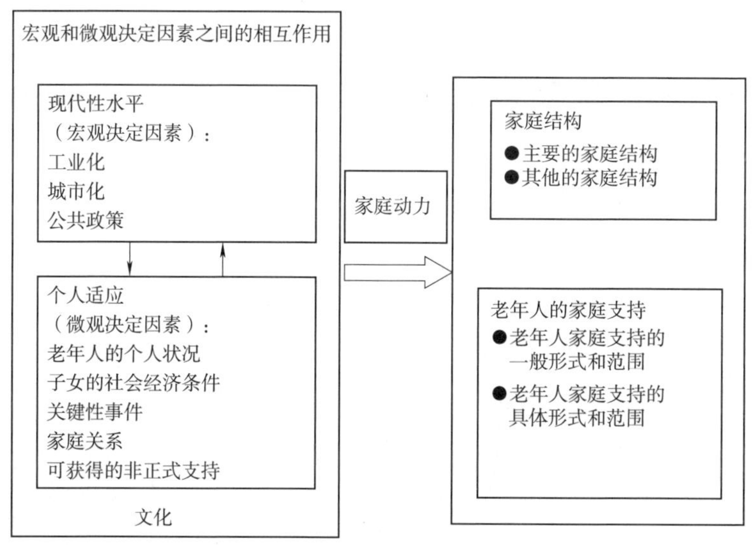

图 8 –1　选择—适应模型

通过模型的解释,我们认为家庭变化是现代性水平与具体的个人适应策略相互作用的结果。虽然每个家庭都在类似的经济、政治和社会文化背景下存在,但每个家庭有着各自的特点和应对变化的策略。现代性的广泛传播明显地带来了家庭成员的普遍的心理和行为变化。然而,个体适应策略也受到个人特征、家庭经历和关键事件发生的影响。从这个意义上说,家庭的形成以及家庭成员在特定社会中的决定,不仅取决于经济、社会和政治条件等外部因素,而且还取决于这些因素与每个人不同的心理和行为特征之间复杂的相互作用。

在各种类型的社会中——无论是前现代社会(如农耕社会、狩猎和采集社会),还是现代社会(如工业和后工业社会),人们更倾向于某些类型的家庭,因为这样的家庭形式有助于社会内部的调整。此外,个人也将基于不同的情况选择适合自己特点和条件的策略。因此,家庭结构和功能是通过宏观社会经济因素和微观个人条件之间的折中过程中形成的。这种妥协也是普遍理想与个人现实之间相互作用的结果。

8.4 选定因素及其对老年人家庭支持的影响

本研究对现代性的基本因素及其对家庭照顾功能的影响进行了概括性的分析,并在此基础上深入探讨了现代性的主要宏观因素及其与个体微观适应之间的相互作用。

图 8 -2 以示意图的形式展示了对老年人的家庭支持方面的重大变化在现代性的发展当中是如何产生的。在示意图中,因果关系用单头箭头表示。为了说明这些过程,具体的分析过程将分为两个层次。第一层次为社会层面的分析,并说明了社会福利、劳动专业化、人口流动(迁移)和孝道对家庭结构转变的影响。第二层次是基于现代性宏观因素和微观因素相互作用的个体层面分析,分别从外部和内部两个角度解释了人们如何选择适应的策略来应对个人和家庭的挑战。

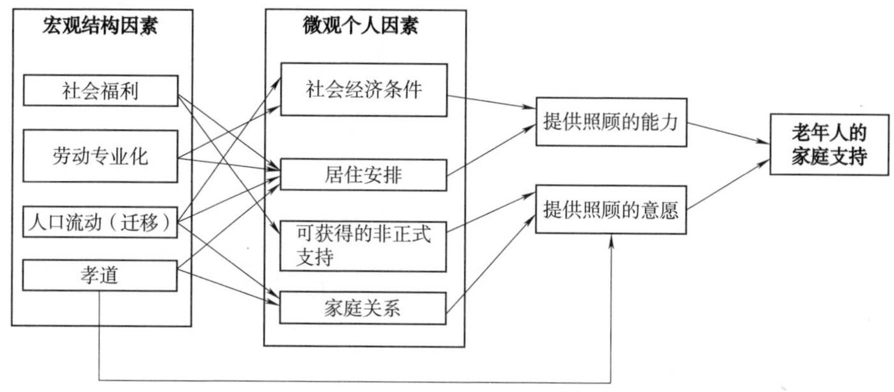

图 8－2　社会福利、人口流动(迁移)、劳动专业化、孝道之间的相互作用及其对老年人家庭支持的影响

8.4.1　总体趋势和一般模式——宏观因素的影响

图 8－2 展现了 4 个选定的宏观经济和社会变化与家庭转变之间的相互联系和变化过程。以下,我们将结合图 8－2 分析现代性的四个宏观因素对家庭的结构性变迁的影响。

社会福利、劳动专业化、人口流动(迁移)和孝道

社会福利的发展对居住安排和正式支持的可获得性有着复杂多样的影响。总的来说,随着福利制度的发展,个人从社会、经济和文化等领域得到更多的经济和服务支持。同时,不同的社会福利项目对个人和家庭有着不同影响,并提供了不同程度的支持。从经济角度看,养老金计划提高了老年人的经济独立性,确保他们获得更大的独立生活的机会(Ikels,1990;Mason,1992)。然而,提供支持的程度因不同体制和政策差异而不同。以香港为例,强积金是社会保障的重要组成部分,但提供的退休保障却远未足够,其结果是老年人获得的正式支援不足。相比之下,北京市的退休保障水平更高。大多数老年人可以依靠养老金支付日常生活必需品

(见表8-6)。然而,相比而言,在医疗方面,北京市提供的保障比香港低,而家庭和儿童对经济支持和相关服务的需求亦较高。

表8-6 云南文林村、北京市和香港老年人的主要收入来源

	有足够的退休金			有退休金但不足够			没有退休金		
	主要收入来源			主要收入来源			主要收入来源		
	退休金	子女	其他	退休金	子女	其他	其他社会福利项目	子女	其他
云南文林村	2	—	—	—	—	—	—	8	—
北京市	9	—	—	—	—	—	—	1	—
香港	1	—	—	—	2	1	1	2	3
总计	12	—	—	—	2	1	1	11	3

不同社会的住房制度在很大程度上也影响着人们的生活安排。随着城市化的推进,越来越多的人选择居住在城市。与农村地区相比,城市地区的居住空间较小,这一现实影响了家庭居住安排的改变。一方面,当市场供应扩大,生活条件改善时,家庭当中世代分开居住的可能性更大。但是另一方面,随着住房私有化,私人住房市场价格就变得非常昂贵。举例来说,在香港,一般的普通市民难以负担超过80平方米以上的房屋,但普通房屋却不能够容纳大家庭的所有成员。在访谈中也证实了这样的情况。例如,考虑到住屋问题,很多香港市民更倾向于选择核心家庭和独立的居住环境。当然,这并不排除几代人——年迈的父母、成年的子女和孙辈,共同生活的可能性。事实上,政府在制定政策的过程中也鼓励大家庭的居住方式,例如,在申请公屋的过程中,两代人一起申请同一个单位享有优先权。以下是唐女士的例子。

[**案例 HKA 01**]唐女士说:"在香港,600或700平方英尺(折合60~70平方米)的房子算起来足够大。但对于一对夫妇和一两个孩子来说是不够

宽敞的，更不用说和父母住在一起。除非你能负担得起一所大房子，否则（三代以上）家庭成员就不可能住在一起。”

在现代社会中，劳动专业化在很大程度上促进了个体和家庭之间社会经济条件的差异。例如，松井（Matsui）和波斯特维尔（Postlewaite，1997）在研究中发现，劳动专业化是造成收入差距的主要原因。我们的实地调查结果也支持这一结论，劳动分工及专业化导致不同职业的个人之间的收入差距更大。具体来说，在分工简单的文林村，大多数村民从事农业生产，个人和家庭收入并没有明显的差别。但在北京市和香港，不同行业及不同职位的个人之间的收入差异是非常明显的，其主要原因在于高度专业化要求不同技能和不同岗位承担不同的责任，带来了不同经济部门之间巨大差异，而这种差异又反过来影响了个人和家庭的社会经济条件。例如，对于一些需要专业知识或高水平专业技能的职业，如在大学从事教学或研究的教授、律师和医生，其平均收入水平明显高于其他行业。因此，拥有这些技能的个人拥有更多的资源和更强的购买服务的能力，从而能够为老年家庭成员提供更多的经济支持。

当然，职业分工也与不同的社会制度有关。例如，在经济改革之前，国有及集体所有制企业员工工资是通过中央计划制度确定，大多数员工收入相差不大。改革之后的个人收入水平主要取决于市场定价，因而在不同行业、职业之间出现了差异。此外，劳动专业化也影响到家庭的居住安排。例如，某些工作要求高度的地理流动性，造成个人及其家庭之间的地理分离。在北京市的采访中，很多人表示因为工作和职业的原因留下，与居住在其他城市的父母分隔两地。

人口流动（迁移）对老年人的家庭支持具有双重影响。一方面，家庭成员的分离可能导致潜在的家庭支持资源减少。另一方面，对老年人家庭照顾的动力可能会得到加强（姚远，2001）。然而，实地研究表明，流动和迁移并不一定会给家庭社会经济状况带来积极变化。例如，在文林村，年轻人为了工作而移居城市。一般来说,有子女移居城市的家庭比没有孩子移居城市的家庭有更好的经济条件。从当地一般情况来看,汇款主要用于支付生活费用和建造新房。但并不是所有的家庭都能从离开村子去城市工作的家庭成员那里受益。有些家庭成员(特别是子女)到文林村外找工作,但他们的家庭经济状况没有得到改善。这是因为这些移民的收入还不足以支付工作和生活的成本和开支,更谈不上为家庭和老年父母谋福利。此外,移移还导致生活方式和代际关系发生变化。对一些家庭来说,子女迁移到外地(主要为城市)使他们更有可能独居或与配偶生活在一起。然而,值得指出的是,移移对家庭的影响并不是单向的。对于有些家庭而言,一个或多个子女的迁移并不影响老年人的生活方式。有证据表明,年长的父母会选择和其他成年子女居住在一起。例如,北京市的实地调查发现,年迈的父母选择与没有迁移的子女住在一起。其他的子女则继续留在外地工作。有时可能而是老年人自己更喜欢分开生活。此外,迁移还影响到家庭关系的变化,特别是子女与父母之间的关系。地域分离导致家庭成员之间面对面交流机会减少,这可能会扩大他们之间的差距。在文林村的研究表明,在外出的子女当中,一些仍然会与家人保持联系,而另外一些子女则可能一年到头都没有联系。

在传统儒家文化中,孝道对家庭养老的影响最大。传统上,“孝”要求子女与年迈的父母住在一起,并照顾他们。随着现代性和工业化的发展,孝道的本质依然存在,但其表现形式和具体实践方式则多种多样(Chan,1997;Lee,1994;陈皆明,2010)。例如,文林村的子女普遍认为,只有当与父母在一起时,才能为父母提供足够的支援和帮助;而在现代社会,例如北京市和香港,很多子女认为与父母同住或不同住并不影响他们对父母的照顾。通信技术的发展使人们有可能与父母保持经常的联系,即使他们不生活在一起;现代交通使得子女能够在需要时为父母提供必要的支持和帮助。然而,正如前一节所讨论的,诸如疾病或失去配偶等重大事件可能改变家庭的生活安排。因此,从这个意义上说,中国儒学中的孝道对居住及生活安排有着不同的影响。

此外,孝道对家庭关系的影响也不容忽视。在儒家文化中,孝道观念强调“孝”和“悌”[①],这有助于建立良好的家庭关系和代际团结。然而,随着社会的发展,人们越来越不受传统思想的束缚,而是更加追求独立和自由,这就对家庭关系产生了复杂的影响。对大多数子女来说,尊重父母与寻求自立和自力更生之间没有矛盾。因此,他们仍旧可以保持和谐和相互支持的代际关系。但对于另外一些子女,特别是那些远离家乡工作的子女,更容易受到个人主义、自由等现代观念的影响。对于他们来说,孝道正在逐渐衰落。例如,一项研究表明,当移民远离家庭工作时,有些人可能会将资金汇给他们的父母,而另一些人则不会(Bartlett & Philips,1997)。

综上所述,现代性的宏观因素对家庭的影响是复杂多样的。在宏观层面上,这些宏观因素影响了家庭变化的总体方向和模式,并从整体上改变了家庭的构成和成员之间的互动。但需要指出的是,家庭的变化和发展并不是单向的,而是一个复杂和多样化的过程。现代性带来了更多的可能性,个人可以拥有比过去更多的选择。个体家庭在现代性的影响下,会采取适合其家庭条件和个人情况相适应的策略。

8.4.2 适应——宏观和微观因素之间的相互作用

从本研究中我们发现,虽然宏观因素可以解释家庭变化模式的一些共同趋势,但也决定了微观个体条件的差异,如社会经济地位和生活环境。其结果是,个人和家庭在照顾老年人的能力和意愿方面存在很大差异。个人和家庭的适应策略反映了宏观和微观因素之间相互作用的结果,并有助于解释为什么个体家庭有着不同的意愿和能力来支持其老年家庭成员。

① “孝”指的是子女应该赡养及照顾父母,而“悌”指的是兄弟姐妹之间的爱和尊重。

宏观因素和微观因素相互影响的过程如图 8－2 所示。下文是对此过程的详细解释。

提供家庭支持及照顾的能力

个人及家庭在社会经济条件下的差异影响到为老年人提供家庭支持及照顾的能力。从经济角度来看,经济收入与向老年父母提供经济支持的能力成正比。与收入较低的个人相比,收入较高的个人能够为其年长的父母提供更多的经济支持。例如,在以农业为主要生活来源的文林村,子女收入一般较低,这决定了他们很可能只能为父母提供基本生活费用。在现代社会,随着普遍生活水平的提高及收入增加,子女向父母提供经济支持和帮助的能力有所提高。然而,与此同时,就业模式和劳动的专业化对家庭内的照料资源产生了重大影响。对于社会经济条件较好的双职家庭来讲,他们有更多的经济资源来支持父母,即使缺乏足够的时间和精力,他们也能通过购买服务获得相应的照顾资源。相比之下,社会经济条件较差的子女不仅缺乏能力向父母提供经济支持,而且还需要向父母寻求经济援助。因此,社会经济条件的差异决定了子女提供照顾的能力的程度,并影响到父母能够得到的照顾资源。

[**案例 HKA 10**]鲍先生说:“我的父母没有养老金,基本上取决于我姐姐和我(供养)。有一段时间,我每月给父母 40% 到 50% 的收入。现在我有更高的收入,我每月给他们大约 10 000 港币。这当然与我的收入增加密切相关。现在很多人做行政工作,一个月给父母四五千元已经是比较困难的了。”

与鲍先生相比,邓先生的经济状况较差。

[**案例 HKA 11**] 邓先生说:“我现在正在找工作,因为以前的合同已经到期。我目前的收入来自一些兼职工作。我的父母都退休了,但是他们没有任何养老金。我觉得我在各个方面都有很大的压力。我没有能力给他们提供太多的支持,我能做的就是抽出更多的时间陪他们。”

此外,居住安排与子女照顾父母的能力密切相关,特别是在提供日常生活帮助等方面。当然,这种影响被认为是相对的,而不是绝对的。在现代性水平较低的农村地区,生活及居住安排与子女照顾父母的能力之间的联系较强,而在城市地区则不那么明显。从实地调查中可以看出,这种相对性和绝对性与实际的社会发展条件有关。例如,在文林村这样的农村地区,大多数老年人在晚年缺乏足够的经济保障,他们不得不与子女住在一起,而子女则为他们提供日常必需品和即时帮助。但在许多城市,由于核心家庭的比例很高,生活和居住安排与过去大不相同。与父母分开居住确实对老人的照顾带来了很多新的变化。例如,地理距离上的分离导致子女在提供日常帮助方面的限制,而且相比共同居住,家庭成员之间情感上的支持可能更少。但是从另一方面看,现代交通和通信的发展使得在紧急情况下,父母仍然能够从子女那里得到帮助。在这项研究中,我们发现尽管父母和子女没有住在一起,但有一部分子女仍然选择住在父母家附近。

[**案例 HKA 12**] 袁先生说:"当我买下这套新公寓时,我就考虑住在我父母家附近。通过这种方式,在需要的时候,我可以更方便地为他们提供支持。事实上,几乎每天晚上我都会去父母家和他们吃晚餐,和他们聊天,和他们交流一些有趣的事情……"

提供家庭支持及照顾的意愿

除了提供家庭支持的能力外,子女的意愿是影响家庭养老的另一个因素。从以上分析可以看出,家庭关系对子女为父母提供照料的意愿有积极的影响,而正规照料的可获得性的影响及其必要性仍然是一个值得讨论的问题。对于后者来说,在现代性的影响下,政府和社会提供了更多的正式支持和养老服务(包括广泛的老年福利项目),这些都极大地影响了父母对子女的支持需求。例如,当父母在经济上独立时,其子女对照顾及护理的需求明显下降;如果父母没有足够的养老金作为收入来源,子女需要向他们提供更多的财政援助。但值得注意的是,情感支持是一个例外,因为家庭成员之间的情感交流很难被其他机构或非正式支持所取代,因此,福利的扩展是否会影响提供照顾及护理服务的意愿,仍有争议。

至于经济上相对独立的父母,对于照顾的需求并不太大,因此对子女提供照料的意愿的影响似乎是显而易见的。以文林村为例,在农村地区,孩子长大后必须赡养及照顾父母被认为是理所当然。无论家庭关系是否良好,照顾父母既是一种义务,也是一种传统习俗。这是因为个体行为不仅受到传统孝道文化的制约,也受到邻里亲属的约束。但在现代社会,这种来自亲属和邻里的约束力逐渐减弱。就家庭支持的行为而言,代际关系直接影响到子女为父母提供照料的意愿。对于拥有支持性和良好关系的家庭,父母和子女之间存在互惠关系。正如在调查中,很多子女表示当他们在年幼时期,其父母付出了很多时间和精力(例如教育),所以当父母年老时,他们愿意在各个方面提供支援。然而,在父母和子女之间发生冲突的情况下,家庭关系可能会恶化。在这种情况下,子女在父母年老的情况下并不愿意提供照顾。这一发现也得到了弗里德曼(Friedmann)和陈皆明等学者的支持,他们认为父母对子女的经济和情感投入与父母在老年时所获得的支持和帮助相关(Feriedmann,1991;陈皆明,2010)。下面的案例说明了一个良好家庭关系的例子。

[**案例 HKA 08**] 钱先生说:"在我的兄弟、姐妹和我开始工作之前,我看到我的父母在感情和金钱方面给我们很多。现在我妈妈 81 岁了,我父亲 17 年前去世,照顾父母是很自然的事。在大多数情况下,我们尊重母亲的选择。我们愿意尽最大努力让她开心。"

8.4.3 对于相似性和差异性的解释

从上述分析中可以看出,家庭照顾的选择是一个复杂的互动过程。现代性的宏观因素在一定程度上决定了个体层面的微观差异,从而影响到个体和家庭的适应策略。从宏观层面看，随着现代性发展，传统的生活方式发生了巨大的变革，家庭也面临着诸多挑战。现代性所带来的劳动专业化、流动迁移、社会福利、孝道等方面的变化导致了社会的结构性变化。这体现在个人的社会经济条件、生活和居住安排、家庭关系以及为老年人提供的正式支持等方面的广泛变化。然而，在微观层面上，由于家庭的构成、生活安排以及家庭内部和外部资源的不同模式决定了每个家庭的变化是不同的。对老年父母的家庭支持是可变的，因为它受到个人和家庭为适应其个人条件和状况所选择的适应策略的影响。

此外，家庭对老年父母的支持最终将取决于子女提供支持的能力和意愿。尤其值得注意的是，中国虽然在家庭结构方面与西方发达国家的发展趋势类似，但中国家庭对老年人提供照料的逻辑仍然是“传统”的。现代性的影响主要体现在个人对老年人照顾方式的选择。在赡养和支持的意愿上，儒家的孝道价值观仍然是决定家庭成员，特别是成年子女如何提供照顾的重要因素。本研究表明，在现代性的发展过程中，为父母提供经济支持的能力提高并不一定会提升子女提供照顾的意愿。家庭关系的连续性和正规照料资源的可获得性在很大程度上影响了子女提供支持和照顾的意愿。因此，从某种意义上说，现代性给家庭带来了很多挑战，但并不会因此而改变家庭成员之间的情感和心理互动。虽然家庭结构和居住安排发生了巨大变化，但这些变化并不总是与老年人家庭支持的减少或削弱有关。只要维持良好家庭关系和提供赡养的意愿仍然存在，个人会选择不同的适应策略去应对所面临的改变和挑战。

第九章

结论及建议

9.1 概述与总结

家庭反映的是社会的一个方面,个人和家庭在社会经济、文化和政治变革中的变化和发展反映了这种适应性。在本研究中,第三章回顾的中国古代家庭的演变过程表明,个体家庭逐渐从氏族和宗族中脱离出来,独立和自给自足的家庭形式逐渐出现。随着时间的推移,由于个人在社会、经济和政治条件的巨大差异,从属于不同社会群体的个体家庭在不同的历史时期出现了结构和功能变化。显然,几百年来的社会经济、文化、政治发展对社会结构产生了巨大影响,从而表现在不同阶段,家庭的结构和功能随之呈现出不同的模式和变化。在个人层面上,不同社会群体之间在家庭经历等方面存在的巨大差异可以通过社会变化与个人具体情况之间的互动过程来解释。通过对家庭在六个历史时期的变迁的深入考察,揭示了以一个全面和综合的角度来理解家庭发展的必要性,其中强调了宏观的文化和社会发展与微观因素之间的相互作用。它为分析和探讨近现代中国家庭发展提供了一个绝佳的角度及历史背景。

自19世纪末20世纪初以来,中国经历了一场历史性变革。现代性的兴起——以城市化、工业化、资本主义和政治变革的形式,给中国社会及家庭生活带来了巨大的影响。正如本研究的调查结果所揭示,在北京市和香港等现代化城市,直系和扩展家庭越来越少,而核心和多样化的家庭形式,如单亲家庭、重组家庭和单人家庭则变得越来越普遍。近几十年来,人口老龄化以前所未有的速度发展。预计到2020年和2050年中国65岁及以上的人口将达到1.71亿和3.18亿,占总人口比例的11.9%和23.2%(杜鹏、翟振武、陈卫,2005),无论是数量和比重上都有极大的上升。鉴于未来老年人人口规模的增加和家庭结构的越发多样化,人们可能会问:未来的家庭将会向何处去?面对庞大的老年人口和变迁中的家庭,是否会对未来的家庭养老带来影响?

在中国文化中,家庭一直被视为家庭成员,特别是老年人的主要照顾和支持来源。家庭的变化引起了人们对近年来出现的新家庭结构和家庭动态的关注。从扩展结构或主干结构到核心和多样化形式,家庭结构的变化反映了宏观(社会—经济转型)和微观个体因素(个人适应)之间的相互作用。正如在文林村的实地考察所揭示,村里的老年人通常与他们的成年子女一起生活,邻里和亲友之间的联系一定程度上促进了赡养家庭义务的实践。然而,正如对北京市和香港的调查结果所显示的那样,现代社会家庭结构的变化改变了家庭成员之间的关系。变革为社会带来了全面繁荣和经济发展,也为个人创造了更多的可能性及选择。但与此同时,也给照顾老年家庭成员带来了潜在的困难。其中一个重要的原因在于,人们现在的寿命更长,分担照料责任的子女更少,子女和父母倾向于独立居住。

克拉克(Clarke)的研究证明,短期来看,老年人家庭照料的前景没有受到家庭结构变化的影响,因为当前的老年人群体既没有经历高离婚率,也很少有无子女现象(Clarke,1995)。然而,婚姻模式和家庭结构的变化表明,未来无子女的老年人中,从未结过婚或目前处于单身的比例将相对较高。一生当中有过两次或两次以上婚姻的人数有所增加。因此,他们与自己和配偶的子女有着复杂的关系(Chang,1992;Mason,1992)。这种复杂的关系肯定会对未来的家庭养老产生影响。然而,具体的机制和影响的范围还需要长期的追踪和研究。很显然,现代性在给我们的社会带来巨大变化的同时,也带来了挑战和机遇。北京市和香港在老年人家庭支持及照顾方面的差异反映出社会政策在形成及适应家庭转变所带来的个人行为方面所扮演的重要角色。政策制定对提供公共服务(包括养老金、社会保障、住房和就业)以及未来所需的特定类型的社会福利服务具有重要影响。在家庭结构改变的情况下,今天的年青一代是否仍然愿意照顾年迈的父母呢?在现代性,特别是西方价值观的影响下,家庭赡养的传统伦理还会继续存在吗?

本研究的结果显示,目前仍缺乏证据支持家庭功能衰退,以及老年人家庭养老弱化的结论。事实上,随着现代性的进步,当个人变得更加独立自主时,在家庭支持的某些方面,例如向父母提供的经济支持倾向于增加而不是减少。这是因为决定家庭成员的非正式照顾,特别是成年子女对父母的支持行为,是内部因素——如对赡养责任的理解,包括社会经济和文化原因在内的外部因素而共同决定的。因此,家庭作为老年人照顾来源的主要挑战来自社会、政治和经济变化以及个人的适应战略。本书的第八章清楚地说明了宏观因素和微观因素相互作用对家庭支持的影响。其研究结果显示,虽然在宏观结构层面上可以清楚地看到家庭发生的巨大变革,但在不同的社会经济条件、生活和居住安排、家庭关系和是否有正式支持的情况下,个人的适应策略有很大的差异。因此,需要特别注意的是,老年父母所接受的家庭照顾和支持取决于家庭成员,特别是成年子女的意愿和能力。尽管在现代社会,子女亲身照顾老年人的能力有所限制,大部分子女仍有关心和照顾父母的意愿,但在实践过程中其形式和方法有所改变。

理解这一事实十分重要,因为它为我们指出了未来可能的解决办法,以及鼓励和促进老年人家庭照顾的未来发展方向。

作为基本的社会单位,家庭有着其他机构所不能代替及履行的职能。在中国文化中,家庭生活的一个重要组成部分是孩子与其父母之间的密切联系,这使得两代人彼此都有需要和被需要的感觉。正如一位受访者所指出的那样,“中国老年人认为,他们的生活价值不仅仅体现在工作或事业上的成功,同时在他们的家庭和孩子的福祉中也得到了体现。当父母变老的时候,没有什么比孩子们的成就能更加令父母感受到幸福”。在这样的文化中,父母愿意花时间和精力来支持子女,让他们过上更好的生活,至于子女也一样。当他们长大的时候反过来照顾父母,被更多地看作一种情感上的义务,而不是法律上的责任。如在北京市和香港的调查结果表明,成年子女及其父母的地理分隔并不意味着家庭互动的减少。相反,在大多数家庭中,家庭成员之间在有需要的情况下会以其他的方式弥补或者解决相互扶持和相互照顾的问题。

现代性,尽管其进程对家庭作为一个有效的支持网络造成的压力,但同时也创造了新的可能性。本研究的结论说明,孝道文化价值以及政府相应的扶持政策和服务,可以增强子女照顾老年人的能力和意愿。因此,如果有一个代际友好的环境,加上良好的公共政策和适宜的正式照顾服务,在一定程度上能够减轻家庭所面对的压力及承受的挑战。因此,个人、家庭、政府、社会需要进行合作和分担责任。正式的老年人照顾及支持系统,特别是以社区为基础的服务应加以改进,以应对照顾及护理需求的增加。公共政策应向个人提供支持,以弥补家庭在未来可能遇到的不可预见的压力。然而,政府的政策不应削弱家庭的作用,而应协助家庭承担起支持、照护老年家庭成员的职责和功能。此外,全社会都要重视和鼓励儒家的孝道价值观。正如另一位受访者所说:“改善正规照顾及护理体系并不一定意味着我们不需要依靠家庭来照顾老年人。这不是在选择 A 和选择 B 之间做出一个直接的判断，而是我们可以同时做。例如，我们可以在增加社区照顾的同时，鼓励子女与父母同住，从而为他们提供照顾。”

9.2 现代性对家庭影响的重新评估及研究假设的检验

9.2.1 现代性对家庭影响的再评价

正如本研究结论所指出，现代性水平与家庭的变化之间存在因果关系。现代性的出现作为社会发展的一个至关重要的属性，有助于在全球范围内改变家庭结构——从直系和扩展到核心和多样化的家庭形式。有研究者认为，现代性对家庭的影响是普遍的，在某种程度上，家庭模式的改变符合古典社会学理论——当社会走向现代阶段，核心家庭的比例会大幅增加。现代性的层次所代表的是不同的家庭结构。此外，许多古典社会学家（如 Goode，1963；Parsons，1951；Parsons & Bales，1955）已经指出，核心家庭是现代社会最理想的家庭形式，因为它与现代工业系统相适应。其他的家庭形式则被认为是不能充分满足不断扩大的工业系统的要求。然而，在现实中，现代性如何影响家庭结构以及这种家庭结构如何适应现代性的发展，在具有不同文化的现代社会中仍存在相当大的不同和变化。现代社会的家庭结构在某种程度上仍继承了较早的传统家庭制度。例如，与西方国家相比，在许多现代化的亚洲国家仍有相当多的主干家庭以及更高的代际共居比例。此外，除了核心家庭以外，其他的家庭形式，如单亲家庭、重组父母和跨代家庭继续存在（杜鹏，1999；Chan，2005）。总体来说，在过去 20 年间，现代化社会中家庭的多样性有所增加。

古典社会学理论认为，核心家庭的普及会减少家庭成员之间的接触，从而削弱老年人的孝道责任。基于此结论学者们讨论的重点是现代性对代际家庭关系和照顾功能的影响问题。帕森斯和波普洛德(Popenode)等学者指出,随着家庭结构的变化,亲属关系的重要性正在下降,老年人往往与子女和其他的家庭及亲属关系隔离(Parsons,1951,1955;Popenode,1993)。然而,中国的经验性证据表明,虽然大多数成年子女在结婚后选择与父母分开生活,但他们仍然与年长的父母和其他近亲保持密切联系。家庭成员及亲友之间相互帮助,特别是以经济援助和实际支持的方式为代表。经典的现代性理论并未能对这些行为做出解释。

通过对我国实际情况的分析,本研究认为,传统的现代性理论仍存在一些理论上的空白可以填补。

首先,从宏观的角度来说,本研究论证了现代性与现代社会中核心家庭比例的增加有关。其理论强调,家庭形式与重要的社会结构变化之间存在着特定的关联,而这些结构性的变化被认为塑造了现代化进程,如工业化和城市化。在宏观层面上,古典理论试图解释主导的家庭结构从扩展到核心家庭的转移,但却未能解释为什么现代社会仍然存在其他形式的家庭。如同在本研究中发现的那样,其他家庭形式在现代社会并没有消失。在某些条件下,大家庭和其他类型的家庭形式仍然适应了现代社会的要求。古典理论对个人态度和行为的变化给予了特别的关注,并将这种变化归因于城市化、工业化和社会政策的发展过程。然而,不同社会文化传统的影响并未在考察之内。

其次,许多学者,尤其是功能主义学派的学者指出,随着结构性分化,家庭的许多职能已经由诸如商业公司、学校、医院和教会等社会机构代替,这些机构的发展导致了家庭职能的衰弱。因此,家庭在结构上变得孤立,仅在少数特定领域,如儿童社会化和为家庭成员提供情感慰藉等方面发挥作用(Parsons,1965;Parsons & Bale,1995)。然而,正如目前研究所表明,家庭结构的核心化并没有把个体家庭与更广泛的亲属群体或其他社会关系

的成员隔离开来。具体到支持老年人的家庭职能,核心和其他家庭形式的增加并不一定意味着老年人家庭照顾的削弱。家人之间频繁的接触仍然存在。以北京市和香港为例,生活和居住安排的变化可能带来了为父母所提供照顾的方式和多少的变化,但并没有因此而削弱家庭成员间关系。儒家的家庭价值观,包括相互支持和孝道的观念仍然存在,只是在形式上发生了改变。

最后,古典现代性理论旨在提出一种家庭发展的总体趋势,以此涵盖不同文化和历史传统。然而,经验证据并没有完全证实这些假设。虽然最近的研究试图解决与多元现代性有关的问题,并试图在更广泛的研究背景下描述其对家庭的影响,但支持这一论点的经验证据仍然缺乏。此外,当从理论的角度进行分析时,一些重要的概念在分析不同社会中的家庭的过程中没有得到很好的解释。例如,现代性具有"一般性"和"独特性"的双重特征。以下问题的提出对于更深一步理解现代性与家庭是很重要的。例如:不同的政治制度对家庭的发展和变化有不同的影响吗?社会政策在适应社会发展的要求方面起着什么作用?人们对各种福利制度有何反应?这些反应如何影响家庭的形成和家庭成员间关系?对于这些问题,传统的现代性理论并未给出恰当、合理的答案。

因此,本研究试图从古典现代性理论出发,从理论和经验性的角度为家庭社会学提供一个更为全面的视角,从而帮助我们能够更好地理解现代性及其对家庭结构和老年人支持的影响。

1. 通过引入选择—适应模型,本研究分析了中国家庭在不同现代性水平下的发展,阐明了核心家庭在现代社会中成为主要家庭类型,而其他形式的家庭数量减少的原因。透过宏观结构和微观个人层面分析,构建了理解现代性和社会变革对家庭变化影响的框架。在宏观层面,选择—适应模型特别强调了影响家庭的四个主要现代性进程:工业化、资本主义、城市化和社会政策的发展。此外,基于对中国家庭历史及家庭变迁的考察,本研究特别强调了对文化传统有关的重要因素,包括对婚姻和家庭态度改变的考察。从个人适应的角度,本研究亦探讨了家庭成员、家庭关系和家庭发展过程之间的相互作用,并将其纳入分析。

2. 一些基于经验证据的有关亚洲家庭的调查结果表明,对于大多数家庭来说,家庭成员之间保持着密切的联系和相互支持(例如李明堃,1991)。这些学者的发现与本研究的结论一致。然而,多数研究的重点在于对社会文化因素的解释,忽略了涉及经济、社会和文化发展的传统与现代性之间的差异。本研究评估了现代性对老年人家庭支持的影响,具体表现为子女为老年人提供照顾的意愿和能力。所得出的研究结论显示,虽然现代性对家庭成员提供照顾的能力有所限制,具体反映在子女提供亲身支持和帮助的可能性下降,但其承担照料责任的意愿并没有消失。当与“能力”比较时,“意愿”似乎很少受到现代性传播的影响,但受到独特的文化价值观和历史传统的影响较大。中国孝道的价值仍然体现在中国人对于家庭,特别是老年人照顾的态度和行为,且体现在老年人家庭照顾的各种不同方式及实践中。

3. 本研究分析了公共政策,特别是社会政策的产生和发展对家庭变化的影响。影响家庭变革的政策产生于社会福利发展,如社会保障、教育、医疗和住房,以及影响生育率的家庭生育政策。此外,不同的社会政策制定的差异反映在不同的福利制度框架中。本研究认为,现代性的发展并不是一成不变的,公共政策可以缓解现代性所带来的负面影响。正是由于这种原因,家庭照顾老年人的功能注定不会削弱。在某种程度上,公共政策能够通过维持和鼓励过去主干和扩展家庭所提供的核心职能来加强家庭和社会的凝聚力。

4. 本研究比较了不同政治制度下的两个现代社会中家庭结构和照顾老年人方式的变化。在北京市和香港,不同的现代性路径和发展过程体现了不同的社会和政治制度条件下如何促进经济、社会发展,从而带来与家庭有关的更广泛的社会变革。对此,古典现代性理论在解释原因的过程中存在一定的疏漏。由于实证数据的局限性,本研究尚未对这一问题进行深入的解释和讨论,但本研究透过对北京市和香港家庭变迁的考察发现,两个地区既有明显的差异,也有相似之处。

现代并不意味着完全抛弃或否定传统。不同的家庭类型和多样化的家庭养老模式反映了在不断变化的环境和条件下,个人所采取的各种策略。在某些情况下,传统的家庭模式适应了新的变化,其结构和功能几乎没有颠覆性的变化。而在另外的一些情况下,现代社会要求个人和家庭作出重大改变和调整。现代性没有对提供照料的意愿产生影响,但由于实际和地理上的限制,可能导致成年子女的照顾能力受到限制。面临经济或实际困难的家庭特别需要政府和社区提供帮助和支援。

9.2.2 对于研究假设的再思考

在本书的第一部分,针对本研究的目的和所研究问题提出了五个研究假设。本节将基于经验数据的研究结果对这些假设进行检验及解释。

1. 在现代性的影响下,基本价值观、信仰和对家庭的行为可能走向类似于西方国家的现代模式。然而,同时,中国传统的独特文化传统和历史经验可能仍然存在并影响家庭生活。

本研究表明,中国家庭在现代性过程中经历了与西方相似的结构转变。特别是表现为家庭规模的急剧缩小。其中,扩展家庭的数量减少,核心家庭已成为最常见的家庭类型。然而,中国家庭的演变可以清楚地表现出文化差异。例如,尽管扩展家庭的比例逐渐下降,但与其他西方发达国家相比,其仍然较高。在父母晚年需要照料时,至少与一个成年子女居住仍然是中国常见的生活和居住安排形式。在照顾年老的父母方面,某些传统的家庭规范仍然存在。在此方面,虽然家庭发展与西方国家所看到的趋势相似,但受到不同的文化和历史所影响。中国家庭的组成及家庭功能受到传统文化和儒家价值观的极大影响。

2. 在不同的社会经济条件和现代性水平下,中国个体家庭的结构和老年人养老功能各不相同。因此,不能就此推断现代地区的家庭形式可能成为欠发达地区未来将出现的生活模式,但它可能预示着未来发展的趋势。

当中国家庭处于不同的现代性水平时,家庭的模式及居住安排也形成了鲜明的对比。对三个选定地区的家庭结构进行比较研究发现,在前现代化的文林村中,主干家族和扩展家庭的比例相对较高,而核心家庭在以北京市和香港为代表的现代社会中占主导地位。在调查向老年父母提供照料和支持的问题时,处于不同的现代性水平的地区也存在着不同的模式。在前现代化的文林村,提供支持的模式仍然沿用传统,其特点为:至少有一个孩子与老年父母共同居住,子女为父母提供物质援助并提供即时的日常帮助和情感交流。相比之下,北京市和香港对老年父母的照顾和支持的方式和频率表现出多种形式。然而,这并不意味着在前现代化或传统社会中,家庭的变化会跟随现代社会的模式,也不意味着从传统到现代两者之间为线性转变。

3. 通往现代性有多种途径,且可能与家庭结构和老年人的家庭照顾的不同结果相关。关于婚姻和家庭的社会政策对家庭的结构和照料功能产生了极大的影响,从而影响到当今在中国家庭所出现的巨大变化。

北京市和香港的比较展示了在不同框架中现代性的独特发展路径。这两个城市的现代性的起始和发展路径都各不相同。然而,随着时间的推移,现代性的发展表现逐渐趋同,但彼此仍具有明显的体制和文化特征。无论是在社会主义还是在资本主义的背景下,家庭发展模式均呈现出从扩大到核心及多样化的家庭类型发展趋势,从而影响到对老年人家庭照顾的变化。这些变化反映了对现代性所带来的挑战和可能性的不同应对方式。与此同时,这两个城市之间的差异反映在与家庭构成及功能有关的社会政策中。正如早先在文中所描述及讨论的，以北京市为例，在早期的社会主义发展过程中，政府及社会机构承担了家庭的许多功能，甚至直接参与了家庭内部事务，并为政府、国有企业及事业单位雇员等提供了较为慷慨的社会福利。相比之下，在早期的资本主义香港，家庭被认为应该照顾和支持个人，主要是老年家庭成员的主要责任，政府只有在紧急需求和遇到与经济发展相关的问题时才介入和提供帮助。

然而，很明显的是，由于社会发展和日益增长的老年人口的需要，北京市和香港的社会政策都发生了相当大的变化。虽然两个城市之间仍存在着明显差异，但人们一致认为，家庭作为社会的一个基本单位是重要的，必须得到各方面的帮助和支持。个人、家庭和社会共同承担责任，以提高人们的生活质量和福祉成为社会共识。作为现代性的一个发展过程，社会政策，特别是在医疗、教育、住房和社会保障方面的发展，影响了个人和家庭应对和适应现代社会带来的新挑战。

4. 个人的条件差异很大程度上决定了一个人所选择的家庭生活类型。个体差异，如社会经济条件、家庭关系、生活经历和收入水平等，都会影响家庭的结果以及对老年人的照顾和支持。

本研究中收集到的经验数据表明，家庭的变化和发展表现在两个层次：宏观结构和微观个体水平。在宏观层面上，总体趋势从扩展家庭延伸到核心家庭，伴随家庭照顾模式的改变。在微观层面上，个体家庭的差异是显而易见的。这些差异反映了现代的后果，以及与个人和家庭相关的更广泛的社会变革。研究表明，个人特征、生活经历和社会经济条件的差异决定了适应策略的变化，从而在某种程度上影响了个人对婚姻和家庭的态度和看法，并最终影响到家庭的构成和对老年家庭成员的照顾支持。因此，政府在鼓励和发展家庭支持政策及养老服务项目，特别是社区养老服务时，应考虑老年人及其家庭照顾者的具体情况。

5. 家庭变迁是一个充满矛盾和妥协的连续而复杂的过程。理论上，一个人的行为与其信仰、思想和价值观密切相关，但在实践中，个人的思想和行为可能在某种程度上是分离的。在为老人提供家庭照顾方面，家庭成员的能力和意愿可能并不一致。

受现代性的影响，无论是年轻人还是老年人，都把个人独立和个性意识作为日常生活的重要方面。无论是在价值观还是在实际行为上，中国的家庭制度都已经在很大程度上抛弃了父权和封建的家庭价值观，并日益趋向现代。然而，与此同时，人们并没有完全放弃某些传统的家庭规范和理想，尤其是儒家的家庭价值观和伦理道德仍然被人们广泛接受，从而影响到家庭成员之间的互动和代际交流。本研究表明，尽管现代性限制了人们照顾年迈的父母的能力，但其承担家庭责任的意愿并没有根本性的改变。然而，由于个人的资源或社会经济条件差异，一些家庭可能无法给予老年父母足够的支持，因此需要社会提供援助。

9.3　建议

如前几章所述，正规和非正规部门提供的老年人家庭照顾受到政府行为和政策干预的影响。这说明良好和适宜的社会政策可以通过为老年人及其家庭成员创造更有利的环境，帮助他们更好地适应变化中的家庭生活。内地与就业相关的养老金计划有助减轻成年子女的经济负担及压力，目前北京市的老年人有着更好的退休保障。另外，香港为老年人提供了更全面的社会服务和非正式照顾，为成年子女照顾其年长父母提供了更多的选择，使他们能够在从事全职工作的同时，减轻其照顾子女和父母的双重责任。

与选择—适应模型相一致的是，赡养老人的家庭功能在现代性发展过程中并不意味着一定会减弱，因为这样的趋势在某种程度上是可以逆转的。政策干预可以通过创造一个家庭友好型环境和增加代际间的互助来提高个体家庭应对现代性所带来的挑战和压力。以下列出了四种情形下的老年人家庭支持,政府可以根据其不同的情况采取不同的政策干预措施(表9-1)。

表9-1 老年人家庭支持的四种情景

		提供家庭支持的意愿	
		强	弱
提供家庭支持的能力	强	意愿强 能力强	意愿弱 能力强
	弱	意愿强 能力弱	意愿弱 能力弱

情景一:意愿和能力均较强

照顾父母的意愿和能力均较强的成年子女通常具有较高的教育程度,并且在经济上更为富裕。对他们来说,需要政府或其他社会机构提供的支持较少。然而,正如之前所讨论的,老年人的支持还取决于个人的状况,特别是他们的健康和经济状况。例如,经济独立和健康老年人对于政府或社会组织的需求有限。即使当他们生病或经历诸如丧偶等重要事件,或者遇到健康恶化时,从非正式来源获得的支持也是相对充分的。然而,这并不意味着正式支持没有必要。政府和其他正式机构提供的相关照顾和服务是对于家庭照顾的必要补充。从政策制定的角度上看,不仅应鼓励个人承担对于有需要的老年人的照顾责任,而且应通过各种直接或间接的政策干预,向照料者提供援助和支持。政策的重点应集中于:

1. 个人、家庭、社区和政府应作为提供家庭照顾和护理服务方面的合作伙伴。其政策重点不应是解决"谁应是初级照顾提供者"的问题,而应是在个人、家庭、社区和政府之间进行合理分工,以及明确不同角色应发挥的相应作用。

2. 一方面,个人和家庭所发挥的作用可能是老年人非正式支持和社会互动的最重要来源，政府和社会应当强调和鼓励个人和家庭承担相应的责任。另一方面，政府和其他正规机构应增加相应的支持（主要表现为社区养老和助老服务），作为家庭支持和照料的必要补充。

情景二：有意愿但缺乏足够的能力

从实地调查中可以反映出，属于这一类的家庭可能是子女与父母分开生活，也可能是那些子女移居到其他城市或出国的家庭。这可能是因为地理居住地的分离给子女提供照顾的能力造成了限制和压力，或者是工作和家庭的双重责任使子女没有足够的时间和精力来照顾他们的父母。此外，对于社会和经济条件较差的成年子女来说，他们较难提供经济支助和家庭照顾。虽然个人和家庭的情况各不相同，但如果非正式照顾服务不足，对正规照顾和各种形式的养老服务的需求显然更高。面对这一挑战，需要个人、家庭和政府之间的密切分工及合作。应特别注意以下几点：

1. 家庭政策或方案应面向于不同群体。例如，为收入不足的家庭提供服务补贴或援助，为照顾者提供心理疏导和减轻他们的照顾负担。

2. 配合家庭照顾的需要，最大限度地减少家庭照顾者及家庭的经济损失。这些政策可能包括灵活的工作时间、增加兼职工作的机会、工作共享以及为照顾者付费（根据照顾者从事非正式照顾的时间长短提供财务补贴）等。

3. 鼓励经授权组织提供的正规养老服务，降低家庭照顾的费用。这些项目应包括临时的照顾和健康计划（有时也称为喘息服务），旨在为照顾者提供支持，保持他们的幸福感。

情景三：没有意愿，但有能力

就这一群体而言，社会和政府已被置于相当复杂的地位。出现这样的结果的原因并不是显而易见的。可能的原因是，由于成年子女获得的受教育水平很低，即使他们有能力这样做，他们也不认为赡养父母是他们的责任。在调查中发现，成年子女的教育水平与其为父母提供的支持之间存在

因果关系。在这种情况下,因为老年人所能获得的家庭照顾微乎其微,他们可能期望从正规服务中得到更多的支持。尽管政府已经颁布及执行了《老年人权益保障法》,父母可以向拒绝履行赡养义务的子女提出法律主张,但很少有父母愿意如此。特别是在中国孝道文化的影响下,很少有老年人愿意状告他们的成年子女不赡养父母。但是,即便如此,政府可以考虑制定以下政策:

1. 扩大和制定政策来支持以社区为基础的养老服务、与健康有关的医疗保健服务,以及日托方案(如日间照料中心)和家庭照顾服务(如上门护理)等,为老年人提供日常生活的实际援助。

2. 提供财政和其他奖励措施,以扩大和建立非正式照顾系统,例如建立朋友、邻居和其他可能提供照料的个人的互助网络。

3. 通过教育帮助人们认识到老年人在照顾配偶、年老父母、子女和孙辈等其他家庭成员等方面,对社会发挥了重要作用和贡献。

情景四:没有意愿且能力不足

这可能是需要照顾的老年父母所面临的最糟糕的情况。他们的成年子女不仅不愿意提供家庭照顾,而且也没有能力提供这种支持。在这种情况下,依靠成年子女照顾年长家庭成员的可能性就会大大减少。因此,他们可能更多地需要依赖正式服务网络作为提供照顾的来源。造成这种情况的因素很多,一般来说,这可能与家庭成员居住分离、成年子女的教育、他们的职业和工作状况有关。实地调查的证据表明,家庭成员的地理分隔将有可能增加一些家庭的情感距离。今后,社会政策面临的挑战将是通过各种教育普及和提高大众对传统孝道文化的认识,同时向成年子女提供援助和实际支持,鼓励他们为赡养父母承担责任。基于以上,政府可考虑采取以下直接或间接的政策干预措施:

1. 制定并促进一系列具体计划,使包括年青一代在内的家庭能够认识到家庭赡养的文化传统,以及如何为他们的父母提供相应的支持。这些促进家庭成员之间互动和互惠关系的计划可以包括跨代计划、教育推广和额外的支持。

2. 重建传统孝道文化,并通过鼓励代际援助和增加青年与老年人之间的接触和互动,建立和促进家庭友好(family - friendly)的环境。

3. 将孝道教育纳入国家的国民教育规划,教导年轻人尊重老年人,特别是他们的祖父母。

事实上,上述条件矩阵中所列举的4种老年人家庭支持的4种情景并不能涵盖所有情况。除了子女对年长父母的照料意愿和能力外,老年人的健康水平(主要表现为功能水平)、家庭结构和正式服务的可获得性也对家庭照顾模式产生了很大影响。在未来,随着婚姻的变化、预期寿命延长和家庭结构的不同,可能导致未婚、无子女的老年人中没有家庭成员可依赖的比例较高。政策的制定应考虑到未来养老需求的日益复杂和多样性,因此需要多层次、多方位的政策和服务来满足不同群体的需求。政策目标不应仅仅侧重于为老年人提供帮助,还应侧重于鼓励他们拥有更独立的生活方式和积极参与社区。从这一角度看,政策制定应关注:

1. 为老年人提供基本的社会福利,包括养老金、医疗和其他福利方案,尤其对农村地区的家庭特别重要。

2. 长期的计划和具体方案对于弱势群体至关重要,如收入低或有身体残疾的老年人。

最后,值得指出的是,有关家庭支持的政策应该是多维的,而不是仅仅集中在一个政府部门或者仅仅局限于政府机构职能的某一个方面。有必要考虑以下政策的优先事项:

1. 重新评估和评价关于家庭和家庭内部关系的政策以及执行方案,以加强家庭在履行职能方面的作用。

2. 在政策制定过程中,特别是在社会福利和养老服务等领域加强不同政府部门之间的协调,为老年人的家庭支持创造更友好的环境。

9.4 本研究的不足

本研究仍有一些数据和方法上的局限性，主要包含以下几个方面：

理论上的局限性

第一，本研究的分析单位是家庭，而数据则来自家庭的个人。该研究仅从成年子女及其老年父母的角度考虑了其对家庭和居住形式以及老年人支持的看法。年青一代（如孙辈）和其他家庭成员（如远亲亲属）的看法和意见并不包括在内。虽然开放式的访谈提纲是为了解决家庭问题而不是为个人拟订的，但对于问题的回答可能会影响到研究结果的准确性。

第二个理论局限是对研究结果的概括。在目前的研究中，在云南文林村、北京市和香港进行的多案例研究初步支持了适应—选择的理论模型。研究结果应被视为探索性和解释性的。为了达到理论上的有效性，本研究还需要来自其他经验数据的支持。

程序上的限制

在程序上，在云南文林村、北京市和香港进行的专家访谈应在与受访者进行深入访谈后进行，以便对收集的数据进行交叉检验进一步实证验证。然而，由于时间和地理位置（研究地点分散于三个不同区域）的限制，两种访谈是同时进行的，这可能会影响研究的有效性。

本研究的另一个程序性限制涉及在三个地区选择进行深入访谈的案例。为了提供更具有代表性的信息，本研究采用了目的抽样的方法。研究的主要重点为3个地区的主要家庭形式。其他家庭形式，例如重组家庭和单亲家庭并未纳入分析。这可能会导致样本的选择偏差，降低研究结果的普遍性及代表性。

实际条件的限制

由于缺乏普遍性的调查数据，特别是关于农村家庭结构和组成的相关数据,文林村收集的数据主要基于实地调查。而对于调查前后数据的缺乏,未能形成调查之前与之后的相关数据比较,因此较难获得更为全面的信息。北京市和香港的数据缺乏对于某些特定家庭类型的更进一步的分类,如继父母家庭、单亲家庭和空巢家庭。所以,对于了解更详细的家庭结构组成仍需要进一步研究。

家庭成员的地理分离使得我们在采访成年子女和他们的老年父母时遇到了困难。在本研究中,我们仅选择了家庭当中的两组成员进行访谈:成年子女和老年人。在实践过程当中,如果家庭有 2 个及以上的成年子女时,仅选择了可能接触到的子女进行访谈。这可能会导致选择偏差并影响我们对研究结果的解释。

参考文献

[1]北京人口蓝皮书．北京人口发展研究报告2018[R]．北京:社会科学文献出版社, 2018.

[2]北京日报．北京市 2012 年实现养老保险人群全覆盖[EB/OL]．[2011 -7 -13]．http://www.gov.cn/fwxx/sh/2011-07/13/content_1905602.html.

[3]北京市老龄问题研究中心．北京市人口老龄化与社会经济发展(未公开发表)．北京市 2005 年 1% 人口抽样调查研究课题, 2006.

[4]北京市统计局．北京统计年鉴[M]．北京:北京统计出版社,1986.

[5]北京市统计局．北京统计年鉴[M]．北京:北京统计出版社,1992.

[6]北京市统计局．北京统计年鉴[M]．北京:北京统计出版社,1994.

[7]北京市统计局．北京统计年鉴[M]．北京:北京统计出版社,1997.

[8]北京市统计局．北京统计年鉴[M]．北京:北京统计出版社,2001.

[9]北京市统计局．北京市 2005 年 1% 人口抽样调查．[EB/OL]．[2005]．http://www.bjstats.gov.cn/rk-2005.

[10]北京市统计局．北京统计年鉴[M]．北京:北京统计出版社,2009.

[11]北京市统计局．北京统计年鉴[M]．北京:北京统计出版社,2014.

[12]北京市统计局．北京统计年鉴[M]．北京:北京统计出版社,2018.

[13]北京市统计局．北京市 2000 年人口普查数据．[EB/OL]．[2005]. http://www. bjstats. gov. cn/.

[14]蔡俊生．人类社会的形成和原始社会形态[M]．北京:中国社会科学出版社,1988.

[15]陈皆明．中国养老模式:传统文化、家庭边界和代际关系[J]．西安交通大学学报(社会科学版),2010,30(104).

[16]陈锋．中国古代的土地制度与田赋征收[J]．清华大学学报(哲学社会科学版),2007, 4(22).

[17]邓志伟．近代中国家庭的变革[M]．上海:上海人民出版社,1994.

[18]崔承印．改革开放 30 年北京人口发展[J]．北京规划建设,2008,5.

[19]曾毅、李伟、梁志武(1992)．中国家庭结构的现状、区域差异及变动趋势[J]．中国人口科学,1992,2.

[20]陈锦华、梁丽清．社会政策与"积极不干预"．见:谢均才编．我们的地方我们的时间:香港社会新编(315 -341)[M]．香港:牛津大学出版社,2002.

[21]杜鹏．中国老年人居住方式变化的队列分析[J]．中国人口科学,1999,72(3).

[22]杜鹏、翟振武、陈卫．中国人口老龄化百年发展趋势[J]．人口研究,2005, 29(6).

[23]费孝通．乡土中国[M]．上海:上海观察社,1948.

[24]费孝通．三论中国家庭结构的变动[J]．北京大学学报(哲学社会科学版),1986,3.

[25]国家统计局社会统计司编．中国社会统计资料[M]．北京:中国统计出版社,1993.

[26]国家统计局社会统计司编．中国社会统计资料[M]．北京：中国统计出版社，2000.

[27]古学斌．香港人口与香港人．载于谢均才编．我们的地方我们的时间：香港社会新编(40－68)[M]．香港：牛津大学出版社，2002.

[28]郭志刚．北京市家庭户规模的分解研究[J]．人口研究，1999，23(3).

[29]郭志刚．北京市家庭户的变化及外来人口的影响[J]．北京社会科学，2004，3：65～72.

[30]郭志刚、杜鹏、刘小岚．北京市家庭规模结构变动情况分析[J]．中国人口科学，1992，2(29).

[31]翦伯赞．中国史纲要[M]．北京：北京大学出版社，2006.

[32]焦建国、郎大鹏．住房社会保障制度：由来、问题、借鉴与改进意见[J]．经济研究参考，2005，76(1940).

[33]李明堃．香港家庭的组织与变迁．见：乔健主编．中国家庭及其变迁[M]．香港：香港中文大学，1991.

[34]李根蟠．战国西汉小农家庭规模的变化及其运动机制：从五口之家谈起[J]．中国经济史研究，1995.1.

[35]李景汉．农村家庭人口统计的分析[J]．清华大学社会科学，1936，2(1).

[36]李银河．妇女与家庭．见：乔健主编．中国家庭及其伦理研讨会论文集[C]．香港：香港中文大学，1998.

[37]李君甫．北京的住房政策变迁及经验教训[J]．改革与战略，2009，8.

[38]李慕真编．中国人口(北京分册)[M]．北京：中国财政经济出版社，1987.

[39]李亦园、杨国枢．中国人的性格[M]．台北："中央研究院"民族

学研究所,1972.

[40]吕玉瑕、伊庆春．社会变迁中妇女就业与家庭地位[C]．见:乔健主编．中国家庭及其伦理研讨会论文集．香港:香港中文大学,1998.

[41]刘英．中国城市家庭的发展与变化:京津沪宁蓉五城市家庭调查初析．见:中国家庭与其变迁[M]．香港中文大学社会科学院暨香港亚太研究所,1991.

[42]刘蜀永．简明香港史[M]．香港:三联书店(香港)有限公司,2009.

[43]刘宝驹．现代中国城市家庭结构变化研究[J]．社会学研究,2000,6.

[44]刘俊文．唐律与礼的关系试析[J]．北京大学学报(哲学社会科学版),1983,20(5).

[45]穆光宗．中国传统养老方式的变革和展望[J]．中国人民大学学报,2000,5.

[46]庞江倩．北京市常住人口现状及特征分析．见:戴建中主编．2006年中国首都社会发展报告[M]．北京:社会科学文献出版社,2006.

[47]宋镇豪．夏商社会生活史[M]．北京:中国社会科学出版社,1994.

[48]唐灿．北京市城乡社会家庭婚姻制度的变迁[J]．北京行政学院学报,2005,5.

[49]唐钧．北京市社会保障制度的现状与发展趋势报告．见:戴建中主编．2006年中国首都社会发展报告[M]．北京:社会科学文献出版社,2006.

[50]陶毅、明欣．中国婚姻家庭制度史[M]．北京:东方出版社,1994.

[51]王玉波．中国家庭的起源与演变[M]．河北:河北科学技术出版社,1992.

[52]王玉波．中国古代的家[M]．北京:商务印书馆国际公司,1995.

[53]王树新、赵志伟．第一代独生子女父母养老方式的选择与支持研究:以北京市为例[J]．人口与经济,2007,4.

[54]王跃生．18世纪中国婚姻家庭研究:建立在1781～1791年个案基础上的分析[M]．北京:法律出版社,2000.

[55]王跃生．当代中国家庭结构变动分析[J]．中国社会科学,2006,1.

[56]王伯琦．近代法律思潮与中国固有文化[M]．北京:清华大学出版社,2005.

[57]王娟．清末民初北京地区的社会变迁与慈善组织的转型[J]．史学月刊,2006(2).

[58]邬翊光．北京市经济地理[M]．北京:新华出版社,1988.

[59]吴白弢．香港生育率下降的一些社会因素．见:邢慕寰、金耀基编．香港之发展经验．香港:香港中文大学出版社,1985.

[60]谢均才．历史视野下的香港社会．见:谢均才编．我们的地方我们的时间:香港社会新编[M]．香港:牛津大学出版社,2002.

[61]香港乐施会．香港不平等报告．[EB/OL]．[2017]．https://www.oxfam.org.hk/tc/f/news_and_publication.

[62]香港政府统计处．香港2016年中期人口统计—主题性报告:少数族裔人士．[EB/OL]．[2016]．www.censtatd.gov.hk.

[63]香港政府统计处．香港统计年刊2018年版．[EB/OL]．[2018]．www.censtatd.gov.hk.

[64]香港政府统计处．(2008)．香港的发展(1967～2007)．[EB/OL]．[2008]．www.censtatd.gov.hk.

[65]云南省统计局．云南省统计年鉴[M]．北京:中国统计出版社,2001.

[66]姚远．中国家庭养老研究[M]．北京:中国人口出版社,2001.

[67]杨华．汉唐如何惩处“不孝”．//光明日报[EB/OL]．[2016 - 3 - 7]．http://epaper. gmw. cn/gmrb/html/2016 - 03/07/nw. D110000gmrb _ 20160307_1 - 16. htm.

[68]翟振武．中国人口发展:新的挑战与抉择[J]．理论视野,2007,9.

[69]张焱．让老百姓受益—北京市社会服务工作巡礼[J]．前线杂志社,2010,11.

[70]张国刚、王利华编．中国家庭史(卷一至卷五)[M]。广东:广东人民出版社,2007.

[71]朱大谓等．魏晋南北朝社会生活史[M]．北京:中国社会科学出版社,1998.

[72]朱凤瀚．商周家族形态研究[M]．天津:天津古籍出版社,1990.

[73]张志云．唐代悲田养病坊初探[J]．青海社会科学,2005,(2).

[74]郑琴渊、陈章明．赡养到善养:现代中华文化的安老责任情理法[M]．香港:循道卫理书室,2014.

[75]朱海龙、欧阳盼．中国人养老观念的转变与思考[J]．湖南师范大学社会科学学报,2015,1.

[1] ALLAN, G. Family Life [M]. Oxford: Basil Blackwell, 1985.

[2] ALLEN, K. R. Becoming More Inclusive of Diversity in Family Studies [J]. Journal of Marriage and the Family, 2000, 62 (1):4 - 12.

[3] ANDERSON, M. Family, Household and the Industrial Revolution [M]. London: Macmillan, 1971.

[4] ARENSBERG, C. M. & KIMBALL, S. T. (1968). Family and Community in Ireland [M]. USA: Harvard University Press.

[5] ARRIGHI, G. China's Market Economy in the Long Run. // H. F.

Hung (Ed.). China and the Transformation of Global Capitalism [M]. USA: The Johns Hopkins University Press, 2009:22 - 49.

[6] BABBIE, E. Practice of Social Research [M]. 11th ed. USA: Thomoson Learning, Inc., 2007.

[7] BABKINA, A. M. (EDS.). Domestic Economic Modernization in China[M]. NY: Nova Science Publishers, 1997.

[8] BAKER, H. D. R. Chinese family and Kinship [M]. New York: Columbia University Press, 1979.

[9] BEIJING MUNICIPAL BUREAU OF STATISTICS. Beijing Statistical Information Net [EB/OL]. [2008]. http://www.bjstats.gov.cn/.

[10] BECK, U. AND BECK - GERNSHEIM, E. The Normal Chaos of Love [M]. Cambridge: Polity Press, 1995.

[11] BENGTSON, V. L. Beyond the Nuclear Family: the Increasing Importance of Multigenerational Bonds [J]. Journal of Marriage and Family, 2001, 63(1):1 - 16.

[12] BERNARD, H. R. Research Methods in Cultural Anthropology [M]. Newbury Park, CA: Sage, 1988.

[13] BOLDRICK, M. S. Social Welfare in Hong Kong: A Review of Welfare Services in the Past Twenty Years [J]. 1958. The Chung Chi Journal:188 - 195.

[14] BRAMALL, C. Chinese Economic Development [M]. Oxon: Routledge, 2009.

[15] BROWN, E. H. P. The Hong Kong Economy: Achievements and Prospects. // H. Hopkins, (Ed.). Hong Kong: the Industrial Colony [M]. Hong Kong: Oxford University Press, 1971.

[16] CALHOUN, C. J. Classical Sociological Theory [M]. Blackwell Pub-

lishers, 2002.

[17] CHAN, R. K. H. The Struggle of Welfare Development in Hong Kong. // C. Aspalter, (Ed.). Discovering the Welfare State in East Asia[M]. Westport Conn: Praeger, 2002:81 – 113.

[18] CHAN. A. C. M. Filial Scale for Chinese Elderly [M]. Hong Kong: City University of Hong Kong, 1997.

[19] CHAN, A. Aging in Southeast and East Asia: Issues and Policy Directions. Journal of Cross – Cultural Gerontology [J], 2005, 20(4):269 – 284.

[20] CHAN, C. K., NGOK, K. L. AND PHILLIPS, D. Social Policy in China: Development and Well – being [M]. UK: The Policy Press, 2008.

[21] CHANG, K. C. Archaeology of Ancient China [M]. 4th ed. New Haven: Yale University Press, 1986.

[22] CHANG, T. P. Implications of Changing Family Structures on Old – age Support in the ESCAP Region. Asia – Pacific Population Journal, 1992, 7 (2):49 – 66.

[23] CHAU, L. C. Labour and Labour Market. // H. C. Y. Ho, & L. C. Chau, (Eds). The Economic System of Hong Kong [M]. Hong Kong: Asian Research Service, 1988.

[24] CHEAL, D. Family and the State of Theory [M]. Toronto: University of Toronto, 1991.

[25] CHEAL, D. Unity and Difference in Postmodern Families [J]. Journal of Family Issues, 1993, 14(1):5 – 19.

[26] CHENERY, H., ROBINSON, S., AND SYRQUIN, M. Industrialization and Growth: A Comparative Study [M]. Oxford University Press for the World Bank, 1986.

[27] CHIU, STEPHEN W. K., HO, H. C. & LIU, T. L. City – states in

the Global Economy: Industrial Restructuring in Hong Kong and Singapore [M]. Boulder: Westview, 1997.

[28] CHOW, N. W. S. The Chinese Family and Support of the Elderly in Hong Kong. The Gerontologist [J], 1983, 23(6): 584-588.

[29] CLARKE, LYNDA. Family Care and Changing Family Structure: Bad News for the Elderly? // I. Allen, & E. Perkins, (Eds.). The Future of Family Care for Older People [M]. UK: HMSO, 1995:19-50.

[30] CRESWELL, J. W. Research Design: Qualitative, Quantitative and Mixed Methods Approaches [M]. Thousand Oaks, CA: Sage, 2003.

[31] CRESWELL, J. W. Qualitative Inquiry and Research Design: Choosing Among Five Approaches [M]. 2nd ed. California: Sage Publications, Inc., 2007.

[32] CROLL, E. J. Social Welfare Reform: Trends and Tensions. The China Quarterly [J], 1999, 159: 684-699.

[33] DWYER, D. J. Housing provision in Hong Kong. // In D. J. Dwyer (Ed.). Asian Urbanization: A Hong Kong Casebook [M]. Hong Kong University Press, 1971.

[34] DARWIN, C. The Descent of Man and Selection in Relation to Sex [M]. London: John Murray, 1871.

[35] DURKHEIM, E. The Division of Labor in Society (W. D. Halls Trans.) [M]. London: Macmillan, 1984.

[36] DELPHY, C. & LEONARD, D. Familiar Exploitation: A New Analysis of Marriage in Contemporary Western Societies [M]. Cambridge: Polity Press, 1992.

[37] DEMO, D. H. & ACOCK, A. C. Family Diversity and the Division of Domestic Labor: How Much Have Things Really Changed? Family Relation

[J], 1993, 42(3): 323 -331.

[38] DIEM, G. N. The Definition of "family" in A Free Society (Chap. 1 Diversity). [EB/OL]. [1997]. http://libertariannation. org/a/f43d1. html#1.

[39] DONG, M. Y. Republican Beijing: The City and Its Histories [M]. USA: University of California Press, 2003.

[40] DIXON, J. J. The Chinese Welfare System [M]. New York: Praeger, 1981.

[41] Education Bureau HKSAR. Distribution of Education Attainment of Population Aged 15 and Over. [EB/OL]. [2011]. http://www. edb. gov. hk/index. aspx? nodeID = 6504&langno = 1.

[42] ENGELS, F. The Origin of the Family, Private Property and the State [M]. 4th ed. England: Penguin Books, 1986.

[43] ERLANDSON, D. A., HARRIS, E. L., SKIPPER, B. L. & ALLEN, S. D. Doing Naturalistic Inquiry: A Guide to Methods [M]. Newbury Park, CA: Sage, 1993.

[44] EISENSTADT, S. N. Studies of Modernization and Sociological Theory [J], History and Theory, 1974, 13(3): 225 -252.

[45] EISENSTADT, S. N., RIEDEL, J. AND SACHSENMAIER, D. The Context of the Multiple Modernities Paradigm. // D. SACHSENMAIER, J. RIEDEL, AND S. N. EISENSTADT (EDS.), Reflections on Multiple Modernities [M]. Leiden; Boston; Koln: Brill, 2001: 1 -23.

[46] FLETCHER, R. The Family and Marriage in Britain. Fluidity in Family Life. In Elizabeth B. Silva and Carol Smart (Eds.), The New Family? [M] London: Sage Publications, 1966.

[47] FREEDMAN, R. Hong Kong's Fertility Decline, 1961 -1968 [R]. Population Index, 36, 1970.

[48] FRIEDMANN, D. Intergenerational Inequalities and the Chinese Revolution. Modern China [R], 1985, 11(2): 177 -201.

[49] FRIEDMANN, D. Long Lives [M]. Expanded ed. Stanford: Stanford University Press, 1991.

[50] FUNG, KWOK - KIN, YEUNG, A. & LEE KIM - MING. Women and Community Service in Beijing - Limited Support? [J]. Women's Studies International Forum, 2003, 26(3): 265 -276.

[51] GAMBLE,S. PEKING: A SOCIAL SURVEY [M]. New York: George H. Doran, 1921.

[52] GIDENS, A. The Consequence of Modernity [M]. Stanford, California: Stanford University Press, 1990.

[53] GIDDENS, A. The Transformation of Intimacy: Sexuality, Love and Eroticism in Modern Societies [M]. Cambridge: Polity Press, 1992.

[54] GIDDENS, A. Sociology. [M]. 3rd ed. Cambridge: Polity Press, 1997.

[55] GILLION, C., TURNER, J., BAILEY, C., & LATULIPPE, D. (EDS.). Social Security Pensions: Development and Reform [M]. Geneva: international labour office, 2002.

[56] GOODE, W. J. World Revolution and Family Patterns [M]. New York: The Free Press, 1963.

[57] GOODE, W. J. The Family [M]. New Jersey: Englewood Cliffs, 1964.

[58] GOUGH, K. The Origin of the Family [J]. Journal of Marriage and Family, 1971, 33(4): 760 -771.

[59] GU, BAOCHANG, WANG FENG, GUO ZHIGANG, ZHANG ERLI. China's Local and National Fertility Polities at the End of the Twentieth Century [J]. Population and Development Review, 2007, 33 (1): 129 -147.

[60] GUBA, E. G., & LINCOLN, Y. S. Competing Paradigms in Social

Research. // N. K. Denzin, & Y. S. Lincoln, (Eds.). The Landscape of Qualitative Research[M]. London: Sate, 1998:195 - 220.

[61] GIBBS, J. P. Measures of Urbanization [J]. Social Forces, 1966, 45 (2): 170 - 177.

[62] HABERMAS, J. The Philosophical Discourse of Modernity [M]. Polity Press, 1985.

[63] HAREVEN, T. K. Modernization and Family History: Perspectives on Social Change [J]. Journal of Women in Culture and Society, 1976, 2(1): 190 - 206.

[64] HARVARD TEAM. Improving Hong Kong' s Health Care System: Why and for Whom? [M]. Hong Kong: Printing Department of Hong Kong SAR, 1999.

[65] HARRISON, D. The Sociology of Modernization and Development [M]. London: Uniwin Hyman, 1988.

[66] HAYES, J. Hong Kong Island Before 1841. // D. Faure, (Ed.). Hong Kong: A Reader in Social History [M]. Hong Kong: Oxford University Press, 2003: 3 - 37.

[67] Health and Welfare Bureau. Lifelong Investment in Health: Consultation Document on Health Care Reform [R]. Hong Kong: Government of Hong Kong Special Administration Region, 2000.

[68] HENDERSON, J. V. Urbanization in Developing Countries. World Bank Research Observer [R], 2002, 17 (1).

[69] HKSAR. Hong Kong 2009 [M]. Hong Kong: Government Printer, 2009.

[70] HKU Research Team. Elderly Commission' s Study on Residential Care Services for the Elderly. [EB/OL]. [2009]. http://www. elderlycommission. gov. hk/en/download/library/Residential% 20Care% 20Services% 20 - %

20Final% 20Report(eng). pdf.

[71] HO, PUI - YIN. Ways To Urbanization: Postwar Road Development in Hong Kong [M]. Hong Kong University Press, 2008.

[72] HO. Y. P. Hong Kong's Trade and Industry: Changing Patterns and Prospects. In J. Y. S. Cheng, (Ed.). Hong Kong in Transition [M]. Hong Kong: Oxford University Press, 1986.

[73] Hong Kong Census and Statistics Department. Hong Kong Statistics (1947 - 1967) [R]. Hong Kong: Government Printer, 1969.

[74] Hong Kong Census and Statistic Department. 1981 Population Census Main Report[R]. Hong Kong: Government Printer, 1981.

[75] Hong Kong Census and Statistic Department. 1996 Population By - census Main Report[R]. Hong Kong: Government Printer, 1996.

[76] Hong Kong Census and Statistic Department. 2001 Population Census Main Report [R]. Hong Kong: Government Printer, 2001.

[77] Hong Kong Census and Statistic Department. 2006 Population By - census Main Report[R]. Hong Kong: Government Printer, 2006.

[78] Hong Kong Census and Statistic Department. 2006 Population By - census Thematic Report: Household Income distribution in Hong Kong [R]. Hong Kong: Government Printer, 2000.

[79] Hong Kong Census and Statistic Department. Demographic Trends in Hong Kong[R]. Hong Kong: Government Printer, 2006.

[80] Hong Kong Census and Statistic Department. 2006 Population By - census Thematic Report: Older Persons [R]. Hong Kong: Government Printer, 2006.

[81] Hong Kong Census and Statistics Department. Hong Kong Statistics: Gross Domestic Product (GDP), implicit price deflator of GDP and per capita

GDP. [EB/OL]. [2008]. http://www.censtatd.gov.hk/.

[82] Hong Kong Census and Statistical Department. Hong Kong Monthly Digest of Statistics: Feature Article "Statistics on Comprehensive Social Security Assistance Scheme, 1999 to 2009"[R]. Hong Kong: Government Printer, 2010.

[83] Hong Kong Census and Statistic Department. Women and Men in Hong Kong Key Statistics (2010 Edition) [R]. Hong Kong: Government Printer, 2010.

[84] Hong Kong Census and Statistics Department. Economic Development of Hong Kong over the Past 40 Years. [EB/OL]. [2011a]. http://www.censtatd.gov.hk/FileManager/EN/Content_1064/A2_E.pdf.

[85] Hong Kong Census and Statistics Department. Population by Type of Housing: 1996, 2001 and 2006. [EB/OL]. [2011b]. http://www.censtatd.gov.hk/hong_kong_statistics/statistical_tables/index.jsp? charsetID = 1&subjectID = 1&tableID = 160 in 2011. 5. 31.

[86] Hong Kong Census and Statistics Department. 2016 Population By - census. [EB/OL]. [2017]. https://www.bycensus2016.gov.hk/tc/bc - index.html.

[87] Hong Kong Census and Statistics Department. Hong Kong Annual Digest of Statistic [R]. 2018 ed. Hong Kong: Government Printer, 2018.

[88] Hong Kong Government. Aims and Policy for Social Welfare in Hong Kong[R]. Hong Kong: Government Printer, 1965.

[89] Hong Kong Government. Support for Self - Reliance: Report on Review of Comprehensive Social Security Assistance Scheme[R]. Hong Kong: Government Printer, 1998.

[90] Hong Kong Government. Hong Kong: the Facts. Mandatory Provident Fund. [EB/OL]. [2010] http://www.gov.hk/en/about/abouthk/factsheets/

docs/mpf. pdf.

[91] HUANG, R. China: A Macro History [M]. Armonk, NY: M. E. Sharpe, 1997.

[92] HUBERMAN, A. M, & MILES, M. B. Data Management and Analysis Methods. // Y. S. LINCOLN. & N. K. DENZIN, (EDS.). Handbook of Qualitative Research [M]. Thousand Oaks, CA, US: Sage, 1994:428 -444.

[93] INGLEHART, R. AND WELZEL, C. Modernization, Cultural Change, and Democracy: The Human Development Sequence [M]. Cambridge: Cambridge University Press, 2005.

[94] INKELES, A. One World Emerging? Convergence and Divergence in Industrial Societies [M]. Colorado: Westview Press, 1998.

[95] IKELS. C. New Options for the Urban Elderly [M]. Cambridge, Harvard University Press, 1990.

[96] JIN, BEI. Sixty Years of Industrialization in China [J]. English Edition of Qiushi Journal, 2010, 2(1).

[97] JONES. C. The Pacific Challenges, Confucian Welfare State. // C. Jones (Eds.), New Perspectives on the Welfare State in Europe [M]. London: Routledge, 1993:198 -217.

[98] KIERNAN, K. AND WICKS, M. Family Change and Future Policy [M]. London: Joseph Rowntree Fundation, 1990.

[99] KOJIMA, R. Urbanization in China [J]. The Developing Economies, 1995, 33(2).

[100] KENDIG, H. L. Roles of the Aged, Families and Communities in the Context of an Aging Society. // Population Ageing: Review of Emerging Issues. Asian Population Studies Series, 1987, 80: 75 -83.

[101] LANG, O. Chinese Family and Society [M]. Hamden: Archon

Books, 1968.

[102] LASLETT, P. Household and Family in Past Time [M]. Cambridge: Cambridge University Press, 1972.

[103] LASLETT, P. Family Life and Illicit Love in Earlier Generations [M]. Cambridge: Cambridge University Press, 1977.

[104] LAU, S. K. Chinese Familism in an Urban - industrial Setting: the Case of Hong Kong [J]. Journal of Marriage and the Family, 1981, 43: 977 - 992.

[105] LAU, SIU - KAI & KUAN, HSIN - CHI. The Ethos of the Hong Kong Chinese [M]. Hong Kong: The Chinese University Press, 1988.

[106] LEE, R. P. L. , RUAN, D. & LAI, G. Social Structure and Support Networks in Beijing and Hong Kong [J] . Social Networks, 2005, 27: 249 - 274.

[107] LEE, R. D. The Formal Demography of Population Aging Transfers and the Economic Life Cycle [M]. Washington D. C: National Academy Press, 1994.

[108] LEUNG, J. C. B. Family Support for the Elderly in China: Continuity and Change [R]. Social Welfare in China Monograph Series No. 5. Hong Kong: The University of Hong Kong, 1996.

[109] LEUNG. J. C. B. Family Support for the Elderly in China: Issues and Challenges [J] . Journal of Aging and Social Policy, 1997, 9 (3): 87 - 101.

[110] LEUNG, J AND NANN, R. Authority and Benevolence. Social Welfare in China [M]. New York: St. Martin's, 1995.

[111] LITWAK, E. Geographic Mobility and Extended Family Cohesion [J]. American Sociological Review, 1960, 25(3): 85 - 394.

[112] MACPHERSON, C. B. Political Theory of Possessive Individualism [M]. Oxford: Oxford University Press, 1964.

[113] MARX, KARL. Foundations of the Critiques of Political Economy [M]. New York: Vintage Books, 1973.

[114] MARX, KARL. Capital [M]. New York: International Publishers, 1867.

[115] MACIONIS, JOHN J. Sociology [M]. 14th ed. Boston: Pearson, 2012.

[116] MASON, K. O. Family Change and Support of the Elderly in Asia: What Do We Know? [J]. Asia – Pacific Population Journal, 1992, 7 (3): 13 – 32.

[117] MERRIAM, S. Case Study Research in Education: A Qualitative Approach [M]. San Francisco: Jossey – Bass, 1988.

[118] MISHLER, E. G. Validation in Inquiry – Guided Research: The Role of Exemplars in Narrative Studies [J]. Harvard Educational Review, 1990, 60: 415 – 441.

[119] MIDGLEY, J. The Definition of Social Policy. // J. Midgley, M. Tracy, M. Livermore (Eds.). The Handbook of Social Policy [M]. California: Sage Publications, 2000: 3 – 10.

[120] MOODY. PETER R. Tradition and Modernization in China and Japan [M]. California: Wadsworth Publishing Company, 1995.

[121] MORGAN, DAVID H. J. Family Connections: An Introduction to Family Studies [M]. Cambridge: Polity Press, 1996.

[122] MORGAN, D. H. J. Risk and Family Practices: Accounting for Change and Fluidity in Family Life. // E. Silva, & C. Smart, (Eds.). The New Family? [M]. London: Sage, 1999.

[123] MOK, K. H. Social and Political Development in Post – Reform

China [M]. Basingstoke: Macmillan, 2000.

[124] MOK, K. H. Policy of Decentralization and Changing Governance of Higher Education in post – Mao China [J]. Public Administration and Development, 2002, 22: 261 – 273.

[125] MURDOCK, G. P. Social Structure [M]. New York: Macmillan, 1949.

[126] National Bureau of Statistics of China. (2012). [EB/OL]. [2012]. http://www. stats. gov. cn/tjsj/ndsj/2011/indexch. htm.

[127] NEUMAN, W. LAWRENCE. Social Research Methods: Qualitative and Quantitative Approaches [M]. 5th ed. USA: Pearson Education Inc, 2003.

[128] NGO, TAK – WING. Industrial History and the Artifice of Laissez – faire. In D. Faure, (Ed.). Hong Kong: A Reader in Social History [M]. Hong Kong: Oxford University Press, 2003.

[129] NOLAN, P. AND LENSKI, G. E. Human Societies: An Introduction to Macrosociology [M]. 8th ed. New York: MaGraw – Hill, 1999.

[130] OUCHO, J. O., AND GOULD, W. T. S. Internal Migration, Urbanization and Population Distribution. // Demographic Change in Sub – Saharan Africa[R]. National Research Council, 1993.

[131] PARSONS, T. & BALES, R. F. (Eds.). Family, Socialization and Interaction Process [M]. New York: The Free Press, 1955.

[132] PARSONS, T. The Social System [M]. Glencoe, Illinois: Free Press, 1951.

[133] PARSONS, T. The Normal American Family. In S. M. Farber, (Eds.), Man and Civilization: The Family's Search for Survival [M]. New York: McGraw – Hill, 1965.

[134] PERKINS, D. H. The Prospects for China's Economic Reforms [M]. Boulder Westview Press, 1985.

[135] PODMORE, D. The Population of Hong Kong. // K. Hopkins, (Ed.). Hong Kong: the Industrial Colony [M]. Hong Kong: Oxford University Press, 1971:1 - 54.

[136] POPENOE, D. American Family Decline, 1960 - 1990: A Review and Appraisal [J]. Journal of Marriage and Family, 1993, 55(3): 527 - 542.

[137] PRESTON, S. H. Children and the Elderly: Divergent Parths for America's Dependents [J]. Demography, 1984, 21: 435 - 457.

[138] RAPOPORT, R. Ideologies about Family Forms: Towards Diversity. // K. Boh, et al. (Eds.). Changing Patterns of European Family Life: A Comparative Analysis of 14 European Countries [M]. London and New York: Routledge, 1989: 53 - 70.

[139] ROBERTS. J. M. The Triumph of the West [M]. London: Guild Publishing, 1985.

[140] ROSEN, S. Mei Foo Sun Chuen: Middle Class Families in Transition [M]. Taipei: Orient, 1976.

[141] SALAFF. JANET W. Working Daughters of Hong Kong: Filial Piety or Power in the Family? [M]. New York: Columbia University Press, 1981.

[142] SCOTT, I. Political Change and the Crisis of Legitimacy in Hong Kong [M]. Hong Kong: Hurst & Company, 1989.

[143] SILVA, E. & SMART, C. The New Family? [M] London: SAGE Publications, 1999.

[144] SILVERMAN, D. Doing Qualitative Research: A Practical Handbook [M]. 2nd ed. London: Sage, 2005.

[145] SIT, V. F. S. Beijing: The Nature and Planning of a Chinese Capital City [M]. Chichester: Wiley, 1995.

[146] Social Welfare Advisory Committee. Long - term Social Welfare

Planning in Hong Kong (Consultation Paper). [EB/OL]. [2010]. www. swac. org. hk/. . . /SWAC%20Consultation%20Paper%20(Eng). pdf.

[147] Social Welfare Department. Support for Self - reliance: Report on Review of the Comprehensive Social Security Assistance Scheme [R]. Hong Kong: Government Printer, 1998.

[148] Social Welfare Department. Social Welfare Department Review 2007 - 08 & 2008 - 09. [EB/OL]. [2009] http://www. swd. gov. hk/doc/annreport0800/pdf/report_2008_en_low. pdf.

[149] STAKE, R. The Art of Case Study Research [M]. Thousand Oaks, CA: Sage, 1995.

[150] STANCEY, J. In the Name of the Family: Rethinking Family Values in the Postmodern Age [M]. Boston: Beacon Press, 1996.

[151] STRAUSS, A. AND CORBIN, J. Basics of Qualitative Research: Grounded Theory Procedures and Techniques [M]. Newbury Park, CA: Sage, 1990.

[152] STRAUSS, A. AND CORBIN, J. Basics of qualitative research: Grounded Theory, Procedures and Techniques [M]. 2nd. ed. Newbury Park, CA: Sage, 1998.

[153] SZCZEPANIK, E. The Economic Growth of Hong Kong [M]. London: Oxford University Press, 1958.

[154] SELDEN, M. AND YOU. L. The Reform of Social Welfare in China [J]. World Development, 1997, 25 (10): 1657 - 1668.

[155] TROST, J. Do We Mean the Same Thing by the Concept of the Family? [J]. Communication Research, 1990, 17 (4): 431.

[156] TSOI, KCON - WAH. Poverty Eradication and Social Security in Hong Kong. // D. T. L. Shek, et al. (Eds.). Advances in Social Welfare in

Hong Kong [M]. Hong Kong: The Chinese University Press, 2002.

[157] United Nations. Family : Challenges for the Future [M]. Switzerland: United Nations Publications, 1996.

[158] United Nations. Fertility, Contraception and Population Policies [R]. Population Division, Department of Economic and Social Affairs, United Nations Secretariat, 2003.

[159] WAT, SUI - YING AND R. W. HODGE. Social and Economic Factors in Hong Kong's Fertility Decline. Population Studies, 1972, 26 (3): 455 - 464.

[160] WEBER, M. Essays in Sociology. (Hans H. Gerth & C. Wright Mills, Trans. and Eds.) [M]. New York: Oxford Univ. Press, 1946.

[161] WEBER, M. The Protestant Ethic and the Spirit of Capitalism [M]. London: Unwin University Books, 1971.

[162] WEBSTER, A. Introduction of the Sociology of Development [M]. 2nd ed. USA: Humanities Press International Inc.

[163] White Paper. Social Welfare into the 1990s and Beyond [R]. HK: Hong Kong Government, 1991.

[164] WIGGLESWORTH. J. M. The Development of New Towns. // D. J. Dwyer, (Ed.) Asian Urbanization: A Hong Kong Casebook [M]. Hong Kong: Hong Kong University Press, 1978:48 - 69.

[165] WILLIAMS, F. Rethiking Families [M]. London: Calouste Gulbenkian Foundation, 2005.

[166] WILLMOTT, P. Friendship Network and Social Support [M]. London: Policy Studies Institute, 1987.

[167] WONG, C. T. Urbanization and Agriculture: the Impact of Agricultural and Town Development on the Rural Environment in Hong Kong. //

R. D. Hill, & J. M. Bray, (Eds). Geography and the Environment in Southeast Asia [M]. Hong Kong: Hong Kong University Press, 1978.

[168] WONG, FAI – MING. Industrialization and Family Structure in Hong Kong [J]. Journal of Marriage and the Family, 1974, 37 (4): 985 – 1000.

[169] WONG, FAI – MING. Effects of the Employment of Mothers on Marital Role and Power Differentiation in Hong Kong. In A. Y. C King, & P. L. Lee, (Eds.). Social Life and Development in Hong Kong [M]. Hong Kong: The Chinese University Press, 1981: 217 – 233.

[170] WONG, L. AND MOK, K. H. The Reform and the Changing Social Context. In L. Wong and S. Macpherson (eds.), Social Change and Social Policy in Contemporary China [M]. Aldershot: Avebury, 1995.

[171] WRIGLEY, E. A. The Process of Modernization and the Industrial Revolution in England [J]. Journal of Interdisciplinary History, 1972, 3: 69 – 225.

[172] XU, YUEBIN. Family Support for Old People in Rural China [J]. Social Policy and Administration, 2002, 35: 307 – 320.

[173] YANG, C. K. Chinese Communist Society: the Family and the Village [M]. Massachusetts: the M. I. T. Press, 1959.

[174] YANG, C. K. Chinese Communist Society: The Family and the Village [M]. The M. I. T. Press: Cambridge, 1959.

[175] YANG, K. S. Chinese Responses to Modernization: A Psychological Analysis [J]. Asian Journal of Social Psychology, 1998, 1: 75 – 97.

[176] YAN, S. AND DING, C. (Eds.). Urbanization in China: Critical Issues in an Era of Rapid Growth [M]. Lincoln Institute of Land Policy, 2007.

[177] YIN, R. K. Case Study Research: Design and Method [M]. 2nd ed. Thousand Oaks, CA: Sage, 1994.

[178] YIN, R. K. Case Study Research: Design and Method [M]. 3rd ed. Thousand Oaks, CA: Sage, 2003.

[179] YIN, R. K. Case Study Research: Design and Method [M]. 4th ed. Thousand Oaks, CA: Sage, 2009.

[180] YOUNG. M. & WILLMOTT. P. The Symmetrical Family: A Study of Work and Leisure in the London Region [M]. London: Routledge and Kegan Paul, 1973.

[181] YOUNGSON, A. J. Hong Kong Economic Growth and Policy [M]. Hong Kong: Oxford University Press, 1982.

[182] YU ENDE (1930), Beiping gonghui diaocha (A survey of workers' unions in Beiping), Shehui xuejie (Sociological world). // M. Y. Dong. Republican Beijing: The City and Its Histories [M]. University of California Press, 2003: 105.

附录1　访谈提纲（成年子女）

1. 基本信息

1.1　姓名

1.2　性别

1.3　年龄

1.4　受教育程度（从未受过教育、小学、初中、高中以及职业学校、大学及以上）

1.5　民族

1.6　婚姻状况（未婚、已婚、分居、离婚、丧偶、同居）

1.7　职业

1.8　收入水平(1 000 元或者以下,1 001 ~3 000 元,3 001 ~5 000 元,5 001 ~7 000 元,7 001 ~9 000 元,9 001 ~11 000 元,11 001 ~13 000 元,13 001 ~15 000 元,15 001 ~20 000 元,20 001 元及以上）

1.9　收入来源

□固定工资　□资产性收入(房屋出租的租金等)　□投资收入(股票等)　□兼职收入　□其他

1.10　房屋类型

□自置私人住宅　□单位福利分房　□租住单位房屋　□租住私人房屋　□其他

1.11　居住地区

2. 被访者的家庭组成

2.1　您的家庭成员都包括哪些？他们与您是什么关系？（有几个子女，他们的性别以及年龄）

2.2　结婚之前您与谁居住？（包括家庭成员以及同住的家庭佣工，如适用）

（注：此问题可能会随着时间有所变化，比如说可能年轻的时候和父母和爷爷奶奶住，后来和父母住，等等）

2.3　结婚之后，您是否与父母分开居住了？现在您与谁居住？（包括家庭成员及家庭佣工，如适用）

3. 目前的居住方式及选择的原因

3.1　请您谈谈这样居住的原因。（例如，您为什么选择与/不与父母居住？）

3.2　您认为目前的居住方式（同住/不同住）是否会影响到对父母的照顾？为什么？

4. 您怎样看待子女赡养父母？

4.1　您对子女赡养父母是怎么看的？（比如说，您认为子女照顾父母是一种责任、义务还是一项任务，或是其他？）

4.2　谁是您父母日常生活当中最主要的照顾者？

5. 您如何照顾父母

5.1 您有没有给父母亲提供过帮助?(包括生活照料,经济支持,以及精神慰藉)

比如平时怎么与父母联系(是怎样联系的)?有没有定期给钱(怎样给,是定期还是不定期)?有没有给父母提供生活上的照料(怎样提供)?

6. 您对于正式照料及相关服务的看法

6.1 您所在的小区是否有养老院或其他的养老机构?如果有,您是否建议过您的父母入住?为什么?

6.2 您所在的小区是否有一些对老年人的服务(例如煮饭、购物、打扫)?如果有,您是否建议过您的父母使用?为什么?

7. 父母的基本信息

7.1 您父母的年龄

7.2 您父母目前的婚姻状况

7.3 您父母是否有退休金或者其他退休收入?如果有,他们能不能负担自己的日常开销?

7.4 您父母的健康状况如何?(比如他们能不能照顾自己)

7.5 您有几个兄弟姐妹,他们对父母的照料情况是怎样的?

附录2　访谈提纲（老年人）

1. 基本信息

1.1　姓名

1.2　性别

1.3　年龄

1.4　受教育程度（从未受过教育、小学、初中、高中以及职业学校、大学及以上）

1.5　民族

1.6　婚姻状况（未婚、已婚、分居、离婚、丧偶、同居）

1.7　职业

1.8　收入水平（1 000 元或者以下，1 001 ~ 3 000 元，3 001 ~ 5 000 元，5 001 ~ 7 000 元，7 001 ~ 9 000 元，9 001 ~ 11 000 元，11 001 ~ 13 000 元，13 001 ~ 15 000 元，15 001 ~ 20 000 元，20 001 元及以上）

1.9　收入来源

□固定工资或退休金　　□资产性收入（房屋出租的租金等）

□投资收入（股票等）　　□兼职收入　　□其他

1.10　房屋类型

□自置私人住宅　　□单位福利分房　　□租住单位房屋

□租住私人房屋　　□其他

1.11　居住地区

2. 被访者的家庭组成

2.1 您的家庭成员都包括哪些？他们与您是什么关系？（有几个儿子，女儿，孙子）

2.2 结婚之前您与谁居住？（包括家庭成员以及其他，如适用）

（注：这个问题可能会随着时间有所变化，比如说年轻的时候可能和父母和爷爷奶奶住，后来和父母住，等等。）

2.3 结婚之后，您是否与父母分开居住了？为什么？

2.4 那个时候与现在相比有一些什么变化？（比如，您现在都与谁一起居住？）

3. 目前的居住方式及选择的原因

3.1 请您谈谈这样居住的原因？（例如：您为什么选择与/不与子女居住呢？）

3.2 您认为您家庭结构的这些变化有没有影响到您的日常生活？（比如，您去市场买菜、去公园和其他地方是否方便？）

4. 您怎样看待子女赡养父母？

4.1 您对子女/家庭赡养老人是怎么看的？您认为子女应不应该赡养老人？

4.2 谁是您日常生活当中最主要的照顾者？

5. 子女如何赡养父母

5.1 子女有没有给您提供过支持(包括照料,经济支持和精神支持)?(比如平时他们有没有与您联系,是怎样联系的?)有没有定期给钱(怎样给,是定期还是不定期)?有没有给您提供生活上的照料(怎样提供)?

5.2 与过去相比,您觉得在子女照顾父母这个问题上有什么分别?

6. 您对于正式照料及相关服务的看法

6.1 您所在的小区是否有养老院或者其他的养老机构?如果有,您有没有想过入住?为什么?

6.2 您所在的小区是否有一些对老年人的服务(比如做饭、购物、打扫)?如果有,您是否使用过?为什么?

7. 子女的基本信息

7.1 您子女的年龄

7.2 您子女的职业

7.3 您子女的婚姻状况

7.4 您子女的教育程度

7.5 您子女的经济状况(非常富裕,普通,还是贫困?)

附录3　专家访谈提纲

1. 对家庭结构变迁的看法

您认为本地家庭结构发生改变的主要原因是什么?

2. 对家庭养老功能的变迁的看法

2.1　与过去相比,您认为人们对家庭养老的看法有什么改变?形成这种改变的原因是什么?

2.2　您认为本地家庭结构的变迁对家庭的养老功能有影响吗?如果有的话主要是哪些方面?

2.3　对于本地区的老年人来说,您认为家庭的养老功能主要体现在哪些方面?(比如日常照料,经济帮助,精神慰藉)

3. 对家庭养老的内容和方式的看法

3.1　与过去相比,您觉得现在家庭养老在内容上有什么不同?

3.2　与过去相比,您觉得现在家庭养老在方式上有什么不同?

4. 对正式支持(社会养老机构和服务)的看法

4.1　您认为正式支持对于家庭养老是否有帮助?

4.2　您认为小区、政府在哪些方面能够给老年人的家庭养老提供更多的支持?

附录4 被访者基本信息（成年子女，云南）

编码	姓名	性别	年龄	教育程度	民族	婚姻状况	职业	收入来源
YNA01	Zhang F	男	42	小学	彝族	已婚	农民	务农
YNA02	Zhang G	女	42	小学	彝族	已婚	农民	务农
YNA03	Zhang I	男	30	职业高中	彝族	已婚	老师	工资
YNA04	Rao	男	48	小学	彝族	已婚	农民	务农
YNA05	Zhang J	男	48	初中	彝族	已婚	农民	务农
YNA06	Wang	女	27	小学	彝族	已婚	农民	务农
YNA07	Zhang K	男	43	初中	汉族	已婚	农民	务农
YNA08	Zhang L	女	33	初中	彝族	已婚	农民	务农
YNA09	Chen L	男	27	小学	汉族	单身	农民	务农 & 兼职收入
YNA10	Yang F	男	25	小学	彝族	单身	农民	务农 & 兼职收入

附录5 被访者基本信息（成年子女，北京）

编码	姓名	性别	年龄	教育程度	民族	婚姻状况	职业	收入来源	地区
BJA01	Yu	女	40	大学及以上	汉族	已婚	公务员	工资	丰台区
BJA02	Fu	男	39	大学及以上	汉族	已婚	广告设计	工资	石景山区
BJA03	Yao	女	35	职业高中	汉族	已婚	医生	工资	朝阳区
BJA04	Song	女	38	大学及以上	汉族	已婚	老师	工资	石景山区
BJA05	Meng	男	45	大学及以上	汉族	已婚	管理人员	工资	丰台区
BJA06	Hou	女	57	大学及以上	汉族	已婚	医生	工资	海淀区

续表

编码	姓名	性别	年龄	教育程度	民族	婚姻状况	职业	收入来源	地区
BJA07	Liu	男	59	大学及以上	汉族	已婚	老师	工资	东城区
BJA08	Lin	男	31	职业高中	汉族	已婚	船员	工资	海淀区
BJA09	Wan	女	58	大学及以上	汉族	已婚	工程师	工资	石景山区
BJA10	Ren	男	43	初中	汉族	已婚	建筑师	经商	海淀区
BJA11	Su	女	32	大学及以上	白族	已婚	会计	工资	海淀区

附录6　被访者基本信息（成年子女，香港）

编码	姓名	性别	年龄	教育程度	民族	职业	收入来源	地区
HKA01	Tang	女	55	初中	已婚	职员、家庭主妇	工资、丈夫供养	新界
HKA02	Huang	男	33	大学及以上	单身	工程师	工资	新界
HKA03	Xie	女	38	高中	已婚	职员	工资	九龙
HKA04	Wu	女	36	高中	已婚	护士	工资	九龙
HKA05	Liang	女	50	高中	已婚	职员	工资	港岛
HKA06	Cong	女	32	大学及以上	已婚	工程师	工资	九龙
HKA07	Luo	男	42	大学及以上	已婚	工程师	工资	九龙
HKA08	Qian	男	53	大学及以上	已婚	管理人员	储蓄、投资	九龙
HKA09	Pan	男	52	大学及以上	已婚	管理人员	储蓄、投资	九龙
HKA10	Bao	男	36	大学及以上	单身	老师	工资	新界
HKA11	Deng	男	29	高中	单身	待业（找工作中）	储蓄	九龙
HKA12	Yuan	男	32	大学及以上	已婚	高级职员	工资	九龙

附录7　被访者基本信息（老年人，云南）

编码	姓名	性别	年龄	教育程度	民族	婚姻状况	职业	收入来源
YNE01	Zhang Z	男	71	小学	彝族	再婚	农民	子女供养
YNE02	Zhang C	女	81	未上学	彝族	丧偶	农民	子女供养
YNE03	Zhang T	男	61	职业高中	彝族	已婚	老师	退休金
YNE04	Bi	女	72	未上学	彝族	已婚	农民	子女供养
YNE05	Zhang E	女	81	小学	彝族	已婚	公务员	退休金
YNE06	Zhang D	女	65	小学	彝族	已婚	农民	子女供养
YNE07	Zhang H	女	73	未上学	汉族	丧偶	农民	务农 & 子女供养
YNE08	Zhang C	男	61	小学	彝族	丧偶	农民	子女供养
YNE09	Chen	男	60	小学	汉族	已婚	农民	务农 & 子女供养
YNE10	Yang	男	67	小学	彝族	已婚	农民	务农 & 子女供养

附录8　被访者基本信息（老年人，北京）

编码	姓名	性别	年龄	教育程度	民族	职业	收入来源	地区
BJE01	Tan	男	73	大学及以上	已婚	工程师	退休金	西城区
BJE02	Du	女	64	大学及以上	已婚	高级职员	退休金	西城区
BJE03	Cui	女	78	小学	丧偶	农民	子女供养	海淀区
BJE04	Liu	男	76	高中	已婚	保安	退休金	海淀区
BJE05	Zhang A	女	62	职业高中	已婚	工人	退休金	石景山区
BJE06	Qiu	男	71	大学及以上	已婚	公务员	退休金	石景山区

续表

编码	姓名	性别	年龄	教育程度	民族	职业	收入来源	地区
BJE07	Lu	男	72	大学及以上	再婚	科研人员	退休金	石景山区
BJE08	He	男	76	未上学	已婚	技术工人	退休金	石景山区
BJE09	Wu	女	72	初中	丧偶	老师	退休金	石景山区
BJE10	Jiao	女	75	小学	丧偶	老师	退休金	石景山区

附录9 被访者基本信息（老年人，香港）

编码	姓名	性别	年龄	教育程度	民族	职业	收入来源	地区
HKE01	Zheng	女	62	大学及以上	已婚	老师	退休金、储蓄	九龙
HKE02	Huang	男	66	小学	已婚	技术员	储蓄、子女供养	新界
HKE03	Tang	男	66	初中	已婚	职员	房租、子女供养	新界
HKE04	Li	男	67	初中	已婚	船员、高级职员	储蓄、子女供养	九龙
HKE05	Fang	女	63	高中	已婚	职员、家庭主妇	丈夫供养	九龙
HKE06	Sun	女	70	大学及以上	已婚	老师	工资、储蓄	九龙
HKE07	Cao	女	72	未上学	已婚	工人	储蓄	港岛
HKE08	Lu	女	82	未上学	丧偶	工人	CSSA	港岛
HKE09	Peng	女	67	高中	已婚	家庭主妇	储蓄、子女供养	港岛
HKE10	Deng	男	74	小学	已婚	工人	房租	新界

附录 10　专家名册

北京 Beijing：

杜鹏教授:中国人民大学老龄研究所教授（Prof. Du Peng, Professor and Director, Institute of Gerontology, Renmin University of China）

姚远教授：中国人民大学老龄研究所教授（Prof. Yao Yuan, Professor, Institute of Gerontology, Renmin University of China）

张恺悌主任:中国老龄科研中心(Mr. Zhang Kaidi, Chief Director, China Research Center on Aging)

云南 Yunnan：

王建新:云南省老龄委办公室专职副主任（Mr. Wang Jianxin, Associate Director, Yunnan Working Committee on Ageing）

周孜仁:云南老年网络大学校长（ Mr. Zhou Ziren, President, Online University of Yunnan）

张建民:云南省敬老爱民促进会项目部负责人（Mr. Zhang Jianmin, Program Director, Yunnan Association of Caring Elderly and Loving Citizens）

香港 Hong Kong：

徐永德副教授:香港大学（Dr. Chui Wing Tak, Ernest, The University of Hong Kong）

钱黄碧君女士:香港理工大学（Mrs. Tsien Wong Bik - kwan, Teresa, The Hong Kong Polytechnic University）